Der Schützling

Dirk Koch

Der Schützling

Stasi-Agent Adolf Kanter, Helmut Kohl, die Korruption und die größte Spionageaffäre der Bundesrepublik

DIETZ

Bibliografische Information der Deutschen Nationalbibliothek

Die Deutsche Nationalbibliothek verzeichnet
diese Publikation in der Deutschen Nationalbibliografie;
detaillierte bibliografische Daten sind im Internet
unter *http://dnb.dnb.de* abrufbar.

ISBN 978-3-8012-0586-7
(Auch als eBook erhältlich: ISBN 978-3-8012-7029-2)

Umschlaggestaltung: Hermann Brandner | gabor's, Köln

Satz: Kempken DTP-Service | Satztechnik · Druckvorstufe · Mediengestaltung, Marburg

Druck und Verarbeitung: Bookpress, Olsztyn

Printed in Poland 2023

Besuchen Sie uns im Internet: *www.dietz-verlag.de*

Inhalt

»Es gibt nichts Verborgenes, das nicht offenbar wird, und nichts Geheimes, das nicht bekannt wird und an den Tag kommt.«

Lukas-Evangelium 8/17

Vorwort

Misstrauen als Pflicht

Man kann sagen, dieses Buch treibt journalistische Archäologie. Was soll das noch bringen? Fast alle Personen, um die es geht, sind gestorben, alles lange her, aus und vorbei, Deckel drauf und zu lassen. Man kann aber auch sagen, die Schriftstücke, die es zutage fördert, können helfen, der Wahrheit näher zu kommen. Die Wahrheit über die größte Spionageaffäre der Bundesrepublik Deutschland. Größte Spionageaffäre? Ja. Gemessen an Dauer und Umfang des Verrats. Gemessen vor allem am politischen Gewicht der kompromittierenden Erkenntnisse der Stasi über die Käuflichkeit bundesdeutscher Politiker. Adolf Kanters Berichte von der enormen Korruption beim Klassenfeind machten die Spitzenleute des westdeutschen Staates erpressbar. Die Wahrheit über den Fall des Stasi-Agenten Kanter, der auch ein Fall Helmut Kohl ist, haben die politischen und wirtschaftlichen Eliten lange und erfolgreich verborgen und vertuscht. Die Bürger einer Demokratie haben einen Anspruch darauf zu erfahren, ob sich ihre Eliten, zumal die von ihnen gewählten, an Recht und Gesetz halten oder ob sie sich, oft aus Geldgier, über das Gesetz stellen. Dieser Anspruch erlischt nicht durch Zeitablauf.

Die Presse hat als sogenannte vierte Gewalt Verantwortung für das Funktionieren der Demokratie. Die Presse hat die drei anderen – mächtigen – Gewalten zu beobachten, zu bewerten und zu kontrollieren, also die Legislative, die Exekutive und die Justiz. Die Parlamente erlassen die Gesetze, die in das Leben der Bürger eingreifen. Die Regierung fasst Beschlüsse über Wohl und Wehe wie beim Lockdown. Die Gerichte können Menschen bestrafen, ihnen die Freiheit nehmen. Missbrauch dieser Macht hat es gegeben, gibt es heute und wird es morgen geben. Deshalb hat die Presse die Pflicht zum Misstrauen, allem und jedem gegenüber. Der Wahrheit auf die Spur zu kommen, ist meistens schwer, gelingt häufig nicht. Finden sich aber Dokumente, die den Machtmissbrauch von innen her belegen, sind sie ein Schatz. Ihn gilt es unbedingt zu heben.

Die Szenerie

Der Kalte Krieg hat den Planeten Erde im Würgegriff. Weltweit belauern und bedrohen sich die von Moskau und von Washington angeführten feindlichen Lager. Ihre nuklearen Waffensysteme würden in einem Dritten Weltkrieg die Menschheit vernichten. Der Jüngste Tag scheint gekommen, als 1962 die Sowjets auf Kuba, dicht vor der amerikanischen Küste, Stellungen für Atomraketen aufbauen, denen die USA ohne Vorwarnzeit ausgeliefert wären. Das US-Militär macht sich zum atomaren Erstschlag bereit. Der Atomkrieg wird knapp verhindert, als die sowjetischen Frachter mit ihrer Raketenladung vor Kuba beidrehen und zurückfahren.

Im Jahr zuvor hat der Bau der Berliner Mauer die Ost-West-Spannungen schon gefährlich verschärft. Die Deutsche Demokratische Republik und die Bundesrepublik sind Feinde. Die Masse der Nuklearwaffen, die auf ihren Territorien gegeneinander gerichtet sind, machen die beiden Deutschlands zur potenziell tödlichsten Gegend der Welt. Die DDR hat Spione in allen Lebensbereichen der Bundesrepublik. Markus Wolf, Chef des Ostberliner Auslandsgeheimdienstes beim Ministerium für Staatssicherheit, schafft die Grundlage für eine der außergewöhnlichsten und erfolgreichsten Spionageunternehmung, als er einen Agenten namens Adolf Kanter aus Plaidt in der Voreifel auf die junge europäische Bewegung im westdeutschen Staat und auf einen Jungpolitiker namens Helmut Kohl ansetzt. Der Metzgersohn mit Volksschulabschluss wird zum bestvernetzten und kenntnisreichsten Stasi-Spion im Politikmilieu der Bundesrepublik aufsteigen, der mitmischt bei der Korruption westdeutscher Politik und Politiker. Er erfährt (und berichtet nach Ostberlin) so viel Kompromittierendes über die politische Führung der Bundesrepublik, dass ihn seine Mitwisserschaft vor dem Zugriff der bundesdeutschen Justiz schützt.

Kanter hat sich mit dem ebenfalls in Sachen Europa engagierten Manager Eberhard von Brauchitsch angefreundet, einem Erzkonservativen, der familiär eng mit dem milliardenschweren Flick-Industrieimperium verbunden und mit dem CDU-Politiker Kohl befreundet ist. Der Spross eines schlesischen Adelsgeschlechts wird zum Drahtzieher des bis heute größten Politikskandals im Nachkriegsdeutschland werden: der Parteispenden- und Flick-Affäre. Seinen Freund Kanter führt von Brauchitsch ein in die höchsten Kreise der westdeutschen Industrie und befördert ihn auf die Schlüsselposition eines Bonner Flick-Lobbyisten, von der aus der DDR-Spion tiefen Einblick hat in das westdeutsche Korruptionsgeflecht.

Zuvor hat Manager von Brauchitsch, versessen darauf, politische Entscheidungen zu seinen Gunsten und denen seiner Arbeitgeber zu beeinflussen, in Komplizenschaft mit Kanter ein System illegaler Schmiergeldaktionen und Steuertricksereien entwickelt und getestet, das später im Millionenstil betrieben wird. Gelegenheit dazu bietet ein von Kanter gegründetes Europa-Haus in Marienberg im Westerwald, eine internationale Informations- und Bildungsstätte für Jugendliche und Erwachsene. Die als gemeinnützig anerkannte Institution, über die Spenden steuerbegünstigt fließen, bietet Kanter mannigfache Möglichkeiten zum Ausbau seiner Beziehungen in Europa. Kanter und von Brauchitsch bedienen sich dabei der ebenfalls als gemeinnützig anerkannten »Europäischen Vereinigung für gegenseitigen Meinungsaustausch«, um Spenden einzusammeln, vorgeblich zur Unterstützung des Europa-Hauses. Tatsächlich erreichen die Gelder das Europa-Haus aber nicht, denn die »Europäische Vereinigung« hat nichts mit dem Europa-Haus zu tun. Die eingesammelten Spendengelder verschwinden in ganz anderen Richtungen, zum Beispiel in Richtung des aufstrebenden CDU-Manns Helmut Kohl und seinen Unterstützern in der Christenpartei.

So verknüpfen sich die Karrieren des Quartetts Kohl, Kanter, Wolf und von Brauchitsch. Kohl steigt in der CDU weiter auf, auch dank der Geldspritzen des Duos Kanter/von Brauchitsch. Dem Adligen gelingt dank der finanziellen »Pflege der Bonner Landschaft«, wie er seine Schmiererei nennt, der Aufstieg an die Spitze des Flick-Konzerns. Kanter gelangt in eine führende Position in der »Politischen Stabstelle der Geschäftsführung« des Milliardenkonzerns. Und Wolf festigt auch mittels der aufschlussreichen Berichte seiner Topquelle Kanter dauerhaft seine Stellung im DDR-System.

Erstes Kapitel

Der Unantastbare

Adolf Kanter, Direktor im »Europa-Haus e. V. Marienberg«, schreibt am 9. Juni 1965 an Dr. jur. Hanns Martin Schleyer, Vorstandsmitglied der Daimler-Benz AG:

»Sehr geehrter Herr Dr. Schleyer!
Auf diesem Wege nochmals sehr herzlichen Dank für den freundlichen Empfang am 26. Mai und das gute Gespräch, das ich bei dieser Gelegenheit mit Ihnen in Untertürkheim führen durfte. Besonders gefreut habe ich mich über die festgestellte Übereinstimmung mit Ihnen in der Grundkonzeption in unserer Arbeit. Solche ›moralische Spritzen‹ sind in unserem Bereich ab und zu auch sehr von Nöten. [...]

Wegen unserer Wünsche an Ihr Haus wird sich Herr von Brauchitsch sicher in absehbarer Zeit mit Ihnen in Verbindung setzen.
Mit den ergebensten Wünschen verbleibe ich
Ihr Adolf Kanter«

Mit selbigem Datum unterrichtet Europa-Haus-Direktor Kanter den Herrn von Brauchitsch, Vorname Eberhard, von Beruf geschäftsführender Gesellschafter der milliardenschweren Friedrich Flick KG:

»Lieber Eberhard!
Das Gespräch mit Herrn Dr. Schleyer am 26. Mai war, glaube ich, sehr nützlich. [...] Herr Dr. Schleyer hat mich mehrfach gebeten, ihm konkret unsere materiellen Wünsche vorzutragen. Ich habe darauf erklärt, [...] daß Du als Vorsitzender unseres Freundes- und Fördererkreises Dich gelegentlich wieder an ihn wenden würdest.

Als Herr Dr. Schleyer dann nochmals auf die materiellen Dinge zu sprechen kam, meinte er, als von dem Jahresbeitrag von Mercedes-Benz im letzten Jahr von DM 4.000,– die Rede war, daß er es bei dem Gesamtvolumen unseres Umsatzes für möglich halten würde, daß eine stärkere Erhöhung des Zuschusses von Mercedes-Benz möglich wäre. [...]
Mit den besten Grüßen von Haus zu Haus
Dein Adolf«

Am 29. Juni 1965 antwortet von Brauchitsch dem Direktor Kanter:

»Lieber Adolf,
[...] Vereinbarungsgemäß habe ich mich mit Herrn Dr. Schleyer in Verbindung gesetzt und ihm konkret die Bitte übermittelt, einen einmaligen Sonderbeitrag von DM 10.000,– und ein Kraftfahrzeug zur Verfügung zu stellen. Ich habe ihn gebeten, diese Sonderleistungen unter dem Gesichtspunkt seiner zukünftigen stärkeren personellen Beschickung der Tagungen in Marienberg zu behandeln. [...] Ich habe ihm zugesagt, daß Du Dich dann direkt an ihn wendest, um ihm mitzuteilen, wer die Adressaten für die beiden Zuwendungen sein sollen.
So viel für heute.
Mit herzlichen Grüßen
D e i n Eberhard«

Am 9. September 1965 schreibt Direktor Kanter dem Vorstandsmitglied Hanns Martin Schleyer, der als Vertrauensmann der Flick-Gruppe, des Daimler-Mehrheitsaktionärs, den Posten des Personalchefs hält und selbstverständlich ein offenes Ohr hat für Bitten des Flick-Gesellschafters von Brauchitsch. Kanter bedankt sich, »daß Sie bereit sind, für die Arbeit des Europa-Hauses Marienberg und der mit dieser Institution verbundenen Einrichtungen einen Mercedes-Wagen zu stiften. [...]

Es ist am zweckmäßigsten, die Stiftung an unsere Vereinigung zu richten, da wir als ›Förderer-Vereinigung‹ der verschiedenen Einrichtungen tätig sind. Diese Regelung habe ich mit Herrn von Brauchitsch abgesprochen.

Bitte geben Sie uns den Wert der Stiftung an, damit wir Ihnen eine Spendenbescheinigung ausstellen können, denn bekanntlich sind wir ja als gemeinnützig anerkannt. Wann und wo dürfen wir das Fahrzeug übernehmen?« Mitte November 1965 holte Direktor Kanter persönlich den Benz, Typ 200 Limousine, in Sindelfingen ab.

Wie üblich gingen Kopien dieser Briefe per Kurier an die Zentrale des Auslandsgeheimdienstes der DDR, der Hauptabteilung Aufklärung (HVA) der Stasi, des Ministeriums für Staatssicherheit in Ostberlin.

Adolf Kanter, dem der – 1977 von der RAF ermordete – ehemalige SS-Hauptsturmführer und spätere Wirtschaftsboss Schleyer »moralische Spritzen« verpasste und einen Mercedes schenkte, jener Kanter, für den der Flick-Gesellschafter von Brauchitsch bei den Spitzen der bundesdeutschen Industrie Spenden einwarb, er war der beste Mann des DDR-Spionagechefs Markus Wolf. Für die Machteliten der bundesdeutschen Republik war er der gefährlichste Gegner.

Kanter war »wesentlich wichtiger« für den Osten in den Zeiten des Kalten Krieges als Günter Guillaume, der Stasi-Spion bei Kanzler Willy Brandt. So urteilt Helmut Müller-Enbergs, der sich als Leiter der Spionageabwehr im Berliner Verfassungsschutzamt und als Experte der Berliner Stasi-Unterlagenbehörde einen Namen gemacht hat. Zwischen 1969 und 1989 war Kanter sogar »der fleißigste IM [inoffizieller Mitarbeiter, D. K.] der HVA überhaupt. 1.727 Informationen gingen auf ihn zurück, was durchschnittlich sieben Meldungen pro Monat entspricht«. Aus langen Gesprächen mit dem einstigen HVA-Chef (der Wolf von 1952 bis 1986 war) berichtete Müller-Enbergs dem Autor: »Markus Wolf hat den Kanter bewundert«, kaltblütig, diszipliniert sei Kanter gewesen, präzise aus Ostberlin zu steuern.

9.6.1965

AKa./Ei.

Herrn

Dr. jur. Hanns Martin Schleyer
Vorstandsmitglied der Daimler-Benz AG

7000 Stuttgart-Untertürkheim

Mercedes Straße

Sehr geehrter Herr Dr. Schleyer!

Auf diesem Wege nochmals sehr herzlichen Dank für den freundlichen Empfang am 26. Mai und das gute Gespräch, das ich bei dieser Gelegenheit mit Ihnen in Untertürkheim führen durfte. Besonders gefreut habe ich mich über die festgestellte Übereinstimmung mit Ihnen in der Grundkonzeption in unserer Arbeit. Solche "moralischen Spritzen" sind in unserem Bereich ab und zu auch sehr von Nöten.

Ich würde mich sehr freuen, wenn Sie es ermöglichen könnten, Ihre Absichten wahr zu machen, uns bald einmal zu besuchen. Wie wir in unserem Gespräch festgestellt haben, wäre der 26. nachmittags ein besonders günstiger Termin. Im Rahmen der 4. Marienberger Europa-Gespräche spricht an diesem Tage Herr Professor Dr. Hallstein. Ich erlaube mir, Ihnen nochmals das Programm beizufügen.

Wegen unserer Wünsche an Ihr Haus wird sich Herr von Brauchitsch sicher in absehbarer Zeit mit Ihnen in Verbindung setzen.

Mit den ergebensten Grüßen verbleibe ich

Ihr

Spendensammler Kanter an Daimler-Vorstand Schleyer: »Wegen unserer Wünsche an Ihr Haus wird sich Herr von Brauchitsch sicher in absehbarer Zeit mit Ihnen in Verbindung setzen.«

In den geheimen Heerscharen des Markus Wolf war Agent Kanter einzigartig. Von der Gründung der Bundesrepublik an bis zum Fall der Mauer lieferte »Fichtel«, so sein Stasi-Deckname, Informationen nach Osten. Er war einzigartig, weil unter all den Stasi-Agenten allein Kanter es gelang, westdeutsche Politiker zu schmieren, sie durch Mitwisserschaft bei Zahlungen, die in die Millionen gingen, zu verpflichten und gefügig zu machen. Einzigartig, weil er es schaffte, Politiker quer durch die bundesdeutschen Parteien nicht etwa mit Mitteln aus der kargen Devisenkasse der DDR, sondern mit dem großen Geld westdeutscher Kapitalisten zu kaufen.

Einzigartig vor allem aber, weil er so viel belastendes Wissen über die korrupten politischen und wirtschaftlichen Eliten der alten Bundesrepublik erlangt hatte, dass er unantastbar, ja unverwundbar wurde.

Kanter schadete dem System der BRD nicht allein durch Weitergabe sensibler militärischer, wirtschaftlicher oder politischer Informationen. Die lieferte er auch: über die Verfilzungen der Unionsparteien mit Großkonzernen, über Organisation und Personal der gesamten Bundesverwaltung und des Bundeskriminalamts, über die NATO-Panzer der 1990er-Jahre und das Innenleben des Zentralkomitees der deutschen Katholiken, über marktnahe Forschung und Entwicklung in der Mikroelektronik, über die Einschätzungen der westdeutsch-sowjetischen Beziehungen durch das Bundeskanzleramt oder über elektrische Antriebe für Kampffahrzeuge.

Kanter fügte der Bundesreplik Deutschland, dem DDR-Hauptgegner, weit schlimmeren, weil strukturellen, Schaden zu. Der Stasi-Agent im Bonner Flick-Büro war in streng vertraulichen Zirkeln des Konzerns dabei, war Mittäter und Mitwisser, wenn der Flick-Wirtschaftsgigant durch illegale Spendenmillionen für CDU, CSU, SPD und FDP das innere Gefüge der bundesdeutschen Demokratie beschädigte. Mit seiner wirtschaftlichen Macht und seinen Schmiergeldzahlungen hat der Flick-Konzern die Ablösung und die Bildung von Bundesregierungen beeinflusst, so den Sturz des SPD-Kanzlers Helmut Schmidt und die Machtübernahme durch CDU-Kanzler Helmut Kohl.

Nicht in einem einzigen Rechenschaftsbericht der Parteien ist der Flick-Konzern als Spender aufgeführt. Dabei hatte das Bundesverfassungsgericht 1979 mit einem Urteil die Gefahr bannen wollen, anonyme Großspender könnten auf längerfristige Ziele oder Einzelentscheidungen einer Partei einwirken und so Einfluss auf die staatliche Willensbildung gewinnen. Dem Verfassungsgebot, dass die Parteien über die Herkunft ihrer Mittel öffentlich Rechenschaft zu geben haben, komme zentrale Bedeutung zu: »Es zielt darauf ab, den Prozess der politischen Willensbildung für den Wähler durchschaubar zu machen und ihm offenzulegen, welche Gruppe, Verbände oder Privatpersonen durch Geldzuwendungen auf die Parteien politisch einzuwirken suchen. Der Wähler soll über die Herkunft der ins Gewicht fallenden Spenden an politische Parteien korrekt und vollständig unterrichtet werden und die Möglichkeit haben, daraus Schlüsse zu ziehen.« Stasi-Agent Kanter half im Flick-Konzern kräftig mit, die bundesdeutschen Wähler unwissend zu halten und zu täuschen.

Wolfs Topmann aber richtete noch größeres Unheil an. Mit seinem umfassenden Wissen über Schmiergeldzahlungen brachte er die westdeutsche Politikerkaste dahin, dass sie bereit war, ihre Macht durch eine umfassende Amnestie für sich und ihre Geldgeber zu missbrauchen, die Verfassung zu brechen, Ideale und Werte – konservative zumal – zu verraten, den Rechtsstaat schwer zu verletzen, ja außer Kraft zu setzen. Und alles aus lauter Angst, Kanter könnte auspacken.

Gleichheit vor dem Gesetz? Unabhängigkeit der Justiz? Nicht so wichtig, wenn es galt, die eigene Gier vor der Öffentlichkeit zu verbergen und beim Wahlvolk die eigene Käuflichkeit zu vertuschen. Wann immer ein Staatsanwalt oder ein parlamentarischer Untersuchungsausschuss mit richterlichen Befugnissen die Krallen nach Kanter ausstreckten, sie wurden von hoher und höchster Stelle im staatlichen Machtapparat gestoppt.

Kanter war der Schützling der Bonner Republik.

Zweites Kapitel

Die haben bei dem gehorcht

An einem frühen Nachmittag im Frühsommer 1985 klingelte es an der Haustür. Peter Probst öffnete, zwei Unbekannte standen vor seinem Büro im modernisierten Altbau Schumannstraße 15 in der Bonner Südstadt. Die beiden Männer stellten sich vor: Sie seien vom Bundesamt für Verfassungsschutz in Köln. Ob sie reinkommen dürften?

Die Verfassungsschützer wussten einiges über ihn, wie Peter Probst dem Autor berichtete: Er sei ja der Sohn des früheren Vizepostministers der DDR, Gerhard Probst, sei im Juli 1961 kurz vor dem Bau der Berliner Mauer in den Westen geflohen, arbeite jetzt als freier Journalist, spezialisiert auf DDR-Themen und Deutschlandpolitik. Die beiden hätten noch eine Weile um den eigentlichen Zweck ihres Besuchs herumgeredet. Etwa, was er ihnen über seinen Schwager Klaus Giersch sagen könne, der für die Stasi arbeite und in Dresden für die Wartung von Funktionärsautos zuständig sei, seinerzeit auch für den Dienstwagen des KGB-Manns Wladimir Putin? Ob er mit dem Schwager noch in Verbindung stehe? Probst verneinte. Die Männer kamen endlich auf den Punkt: Probst habe Kontakt zu einem gewissen Adolf Kanter.

»Ich solle mich vorsehen, haben die mich gewarnt«, so Probst heute. »Da gebe es ein Risiko für mich. Ich solle mich mit dem nicht einlassen und nicht für den arbeiten. Kanter sei auffällig geworden. Ich solle besser den Kontakt abbrechen.«

Sein Kontakt zu Kanter habe sich zufällig ergeben. 1984 von Berlin über München nach Bonn gekommen, habe er, Probst, für seine journalistische Arbeit ein Büro gesucht und im Aushang des Pressehauses I, Am Tulpenfeld, ein Angebot für die Welckerstraße, nahe bei Kanzleramt und Bundestag, entdeckt. Nach telefonischer Verabredung habe er sich dort mit dem Anbieter – dem

Lobbyisten Adolf Kanter – getroffen. Der habe zwar viel Zeit für ein Gespräch gehabt, aber keinen Büroraum – der Aushang wäre wohl ein Trick gewesen, um Bonn-Neulinge kennenzulernen.

»Kanter hatte viel Interesse an meiner Biografie und meinem Themenschwerpunkt DDR, spielte den Antikommunisten, fragte nach meinen Kontakten in der DDR, ob ich ihm entsprechende Kontakte vermitteln könnte, was ich ablehnte. Er bot mir an, für seinen Info-Dienst zu schreiben, und bat um meinen Lebenslauf nebst Arbeitsproben.« Kanter habe dann Wochen später schriftlich sein Angebot zur Mitarbeit (es sei »der DDR-Sektor schon voll abgedeckt«) zurückgezogen. Seinen Kanter überlassenen Lebenslauf fand Probst nach der Wende in Kopie in seiner Stasi-Akte wieder, »den hat der sofort an das MfS weitergeleitet«.

»Woher wussten die Kölner Abwehrleute vom Verfassungsschutz von meinem Treffen mit Kanter?«, fragt Probst. »Ich habe mit niemandem darüber gesprochen. Die haben bei dem gehorcht. Ganz klar, die wussten, was der trieb, die hatten Kanters Büro verwanzt.«

Wenn stimmt, was Probst berichtet – und es gibt keinen vernünftigen Grund, an der Korrektheit seiner Aussagen zu zweifeln –, dann hätte Stasi-Agent Kanter zehn Jahre früher enttarnt und abgeurteilt werden können. Dann wäre er nicht erst 1995 nach Zufallsfunden in Stasi-Akten vor Gericht gestellt worden und in einem Geheimprozess vor dem Oberlandesgericht Koblenz mit einer auffallend milden Bewährungsstrafe von zwei Jahren davongekommen. In den Jahren des Kalten Krieges und des angespannten Verhältnisses zur DDR waren die Urteile in der BRD wegen Landesverrats wesentlich härter – Günter Guillaume, dem Spion in Willy Brandts Kanzleramt, hatten die Richter 13 Jahre, NATO-Spion Rainer Rupp zwölf Jahre Knast aufgebrummt.

1985 hätten der damalige Präsident des Bundesamtes für Verfassungsschutz, Heribert Hellenbroich, CDU, der für den Verfassungsschutz zuständige Bundesinnenminister Friedrich Zimmermann, CSU, der Koordinator der bundesdeutschen Geheimdienste, Kanzleramtsminister Wolfgang Schäuble, CDU, und dessen Chef, CDU-Bundeskanzler Helmut Kohl einen Prozess gegen Kanter nur wollen müssen. Sie wollten aber nicht, absolut nicht.

In jenen Zeiten, Mitte der 1980er-Jahre, wühlte die Parteispenden- und Flick-Affäre die Bundesrepublik auf. Auf Weisung aus Ostberlin hatte Kanter schon den aufstrebenden Jungpolitiker Helmut Kohl und dessen Unterstützertruppe in CDU und Junger Union mit Barem ausgestattet, herangeschafft mittels Spendentricksereien durch Kanter-Freund Eberhard von Brauchitsch. Der hatte dann den DDR-Agenten 1974 auf den Posten des Vizechefs der Bonner Stabsstelle der Flick KG gehievt und ihn so zum umfassend eingeweihten Mitwisser sämtlicher Schmiergeldzahlungen des Konzerns an bundesdeutsche Politiker befördert.

Kohl hatte sich im Lauf der Jahre Millionenbeträge, zum Teil in bar, illegal zustecken lassen, Schäuble war Mitwisser. So hat es der Generalbevollmächtigte der CDU-Schatzmeisterei, Uwe Lüthje, in einem im Jahr 2000 abgeschlossenen Bekenntnis aufgeschrieben. Laut Lüthje wurden 1982 in bar 4,5 bis 5 Millionen D-Mark unklarer Herkunft – »es könnten auch etwas mehr als 5 Mio. DM gewesen sein« – in schwarze Kassen verschoben, »auf Veranlassung von Helmut Kohl, in Anwesenheit von Wolfgang Schäuble«. Es war in diesen Zeiten, dass Kohl seinen Vertrauten Lüthje fragte, so dessen Niederschrift, ob er als Kanzler nicht »sicherheitshalber zurücktreten solle, ehe das Ergebnis staatsanwaltlicher Ermittlungen mich dazu zwingt«.

Lüthje schreibt über turbulente Tage im September 1982: »Kohl hatte das ›dringende Bedürfnis‹ – so er selber –, mich zu sprechen. Er schimpfte über Eberhard von Brauchitsch – EvB –, dessen Dummheit er es zu verdanken habe, dass er ausgerechnet jetzt mit Uralt-Spenden-Geschichten konfrontiert werde. Er hatte eine Spendenliste mit vier oder fünf Positionen vor sich [...] Es waren das Spenden, die er von EvB jeweils in bar erhalten hatte. Mir war das alles neu. Von Bar-Spenden von EvB – und die dann auch noch an den Parteivorsitzenden – hatte ich nie gehört. Seine dringende Bitte an mich: Ich müsste mir ein Konzept und eine glaubwürdige Argumentation einfallen lassen für die Abwicklung dieser Spenden und ihre Weiterleitung in den Bereich der Schatzmeisterei. Dass dies in jedem Fall eine Argumentation an jeglicher Wahrheit vorbei sein würde, interessierte Kohl nicht; es wurde auch gar nicht darüber gesprochen.«

Eberhard von Brauchitsch bestätigt Lüthjes Angaben in seinen Erinnerungen von 1999, *Der Preis des Schweigens*: »Der Betrag von 30.000 DM«, den Kohls Büroleiterin Juliane Weber »persönlich bei mir abgeholt hatte, war in den Büchern der CDU nicht aufzufinden. Die Weitergabe eines Betrages von 25.000 DM vom März 1979 ließ sich ebenfalls nicht belegen.«

Es hätte Kohl mit ziemlicher Sicherheit den Kopf gekostet, wenn dann auch noch ans Tageslicht gekommen wäre, dass die Schmiergelder für ihn über Jahrzehnte hin mit Wissen und Hilfe eines Stasi-Agenten geflossen sind. Kanter, der sieben Jahre lang, bis 1981, als Flick-Lobbyist brisantes Wissen um die Korruptheit bundesdeutscher Politik aufgehäuft hatte, durfte nicht verhaftet werden. Einen Prozess, in dem Kanter hätte auspacken können, durfte es nicht geben. Schützling Kanter.

Dabei war der westdeutschen Spionageabwehr ein ordentliches Stück Fahndungsarbeit gelungen. Am 26. September 1983 hatte sich im Westberliner Hotel »Am Tauentzien« ein Gerhard Jennrich aus Altena/Westfalen, Europaring 19, ins Gästebuch eingetragen. Es handelte sich um den Wirtschaftswissenschaftler und Stasi-Agenten Dr. Werner Krüger, Deckname »André«. Er war der Verbindungsmann und Instrukteur Kanters alias »Fichtel«.

Krüger war mit der Identität eines tatsächlich existierenden Bundesbürgers unterwegs – eine beliebte Tarnung der Ostberliner Stasi-Zentrale. Doch diesmal funktionierte der Trick nicht. Die westliche Abwehr bekam rasch spitz, dass sich der wahre Jennrich zu Hause in Altena aufhielt. Krüger wurde beschattet, in Berlin am Bahnhof Zoo, im D-Zug 246, 1. Klasse, am 27. September 1983, Abfahrt 7.58 Uhr, über Helmstedt nach Hagen. Dort kaufte er eine Fahrkarte nach Andernach. Im Hauptbahnhof Köln stieg er aus, schlenderte zweieinhalb Stunden durch die Kölner Innenstadt. Weiterfahrt im Eilzug nach Andernach, Ankunft 19.07 Uhr. Im

Taxi ließ sich der falsche Jennrich durch das Rheinstädtchen zum Mehrfamilienhaus Konrad-Adenauer-Allee 25 fahren. Zwei seiner Observanten drängten sich mit in den Aufzug, im vierten Stock stieg man aus. Krüger/Jennrich holte einen Schlüssel hervor, sperrte eine Wohnungstüre auf, schloss sie hinter sich und ward nicht mehr gesehen. Der Name auf dem Schildchen über der Klingel: Adolf Kanter.

DDR-Spionagechef Markus Wolf gibt in seinen Erinnerungen (Markus Wolf: Spionagechef im Kalten Krieg, List, 1997) die Abläufe wieder: Man habe eine »Eilmeldung von einer Quelle im Verfassungsschutz« erhalten: »Unser Kontaktmann zu Kanter, Dr. Werner K., gerade auf dem Weg in die Wohnung, die Kanter als Unterkunft für seinen regelmäßigen Besucher gemietet [falsch, Kanter hatte sie gekauft, D. K.] hatte, war enttarnt worden. Er stand seit dem Grenzübertritt unter Beobachtung. Die Beschatter folgten ihm bis vor die konspirative Wohnung. Seine Verfolger warteten noch mit dem Zugriff, weil sie natürlich K.s Gastgeber in flagranti überraschen wollten. In der Wohnung erreichten wir unseren Mann endlich, und es gelang ihm eine abenteuerliche Flucht. Wir fürchteten, eine unserer wichtigsten Quellen zu verlieren. Kanter mußte zum Verhör, dann aber wurden überraschend die Ermittlungen gegen ihn eingestellt. Unser Mann beim Verfassungsschutz, Klaus Kuron, gab Entwarnung: Auf höhere Weisung seien die Untersuchungen gestoppt worden.«

Markus Wolf liegt es fern, die ganze Wahrheit zu schreiben. Woher kam die »höhere Weisung«, von der Klaus Kuron berichtet hat? Kuron war beim Kölner Bundesverfassungsschutz für DDR-Spionageabwehr zuständig, wurde 1992 zu zwölf Jahren Haft verurteilt. Flick-Manager von Brauchitsch hegte später, nach Kanters kurzzeitiger Verhaftung – er kam 1994 gegen eine Kaution von 150.000 DM gleich wieder frei – mehr als einen bloßen Verdacht: »Alles, was nach 1983 in Richtung Kanter lief, hätte dann faktisch unter Schutz gestanden – Naturschutzpark Kanzleramt, ein dolles Ding.« Kuron bestätigte den Verdacht. Er meldete seinem Stasi-Führungsoffizier Gunther Nels, die

Ermittlungen gegen Kanter seien »auf Grund einer direkten, persönlichen Intervention« des Staatsministers im Kanzleramt, des engen Kohl-Freundes Philipp Jenninger, gestoppt worden.

Kohl hat dem Stasi-Agenten das Tor zum Kanzleramt weit geöffnet. »Der darf hier rein«, habe der Pfälzer nach seinem Einzug in die Bonner Regierungszentrale angeordnet, erinnerte sich Thomas Gundelach, der Bürochef des Staatsministers Jenninger. Kanter und Kohl waren alte Bekannte aus gemeinsamen Zeiten in den 1950er-Jahren bei der Jungen Union. Kanter war damals schon der Mann mit den Spendengeldern.

»Jenninger hat mir gesagt«, berichtete Gundelach im Gespräch mit dem Autor weiter, »der Kanzler hat mich gebeten, mich um Kanter zu kümmern.« Ihm, Gundelach, habe Jenninger dann aufgetragen: »Wenn ich keine Zeit habe, setzen Sie sich mit dem zusammen.« Von seinen »gelegentlichen« Zusammentreffen mit Kanter im Kanzleramt hat Gundelach einige Eindrücke bewahrt: »Ein unscheinbarer Mann. Leise und höflich. In Auftreten und Kleidung eher unterwürfig mit dem Gehabe eines Sachbearbeiters, das dazu einlud, ihn zu unterschätzen. Hatte etwas Lauerndes, Schleichendes an sich, ein Typ für die Hintertreppe, der die Öffentlichkeit meidet. Aber auch einer, der geduldig und beharrlich ausfragen konnte.«

Wie auch, ohne massiven Eingriff von oben, hätte die Flucht von Kanters Verbindungsmann Krüger/Jennrich aus Andernach gelingen sollen? Richter Joachim Vonnahme, der Kanter am 23. März 1995 statt zu drei Jahren Gefängnis, wie von der Staatsanwaltschaft gefordert, lediglich zu milden zwei Jahren Haft auf Bewährung verurteilte, schildert in seiner geheim gehaltenen Urteilsbegründung den Ablauf der wundersamen Rettung: »Dr. Krüger bemerkte die Beschattung jedoch. Von Andernach aus setzte er sich deshalb telefonisch mit dem Angeklagten in Verbindung, schilderte ihm den Sachverhalt und erklärte ihm, daß er unverzüglich die Heimreise antreten wolle. Dieser holte ihn darauf vereinbarungsgemäß mit dem PKW ab und brachte ihn zum Bahnhof in Koblenz, von wo aus Dr. Krüger nach Hause zurückfuhr. Zwei Versuche, ihn in der Wohnung in Andernach festzunehmen, blieben erfolglos, da sich zu den Zeitpunkten der beiden polizeilichen Durchsuchungen niemand dort aufhielt.«

So viele Ungereimtheiten, und dem Richter sollen sie entgangen sein? Da verfolgten die Staatsschützer Kanters Kontaktmann von Berlin aus quer durch die Bundesrepublik, 25 Beamte aus vier Bundesländern wechselten sich ab. Man hatte es mit einem Profi zu tun, das war ihnen klar.

Die Fahnder hielten im Protokoll über die Beschattung der Zielperson (ZP) in Köln fest: »Alias Jennrich bewegte sich mehrere Stunden in der Innenstadt, wobei er z. B. in einer menschenleeren Straße durch Umdrehen die ihm in Entfernung folgenden Observanten musterte. Dieses Verhalten wiederholte sich. Man konnte davon ausgehen, daß es sich bei der ZP um einen geschulten Inoffiziellen Mitarbeiter handelte.«

Man hatte die Zielperson abends endlich in der Konrad-Adenauer-Allee 25 in Andernach eingekesselt. Und dann soll Kanter mal eben mit dem Auto den falschen Jennrich einsammeln können und zum Bahnhof ins 19 Kilometer entfernte Koblenz chauffieren? Ohne verfolgt und in flagranti mit dem Stasi-Agenten gestoppt zu werden?

Und die Polizei kam, sogar zweimal – zu spät. Sie drang in die konspirative Wohnung ein, aber die war und blieb leer. In einem Schranksafe fand sich lediglich eine handgeschriebene Botschaft für Wohnungsinhaber Kanter. Gefragt wurde nach »wirtschaftlicher Entwicklung«, nach »Auswirkungen der Korruptionsaffäre« in Bonn – gemeint war der Flick-Skandal –, nach Verbindungen der damals regierenden Koalition aus CDU/CSU und FDP zu »führenden Industrie- und Wirtschaftskreisen«.

Richter Vonnahme hat sich offenkundig mit solchen Ungereimtheiten nicht plagen mögen. Der Autor hat ihn 2018 gefragt, ob er durch die Politik unter Druck gesetzt worden sei? Er hat die Frage nicht mit einem klaren Nein beantwortet. »Dazu sage ich nichts.«

In die Einzelheiten ging der Richter in seinem Urteilstext lieber bei Nebenaspekten: »Um dem Angeklagten im Falle der erwarteten polizeilichen Nachforschungen ein Alibi zu verschaffen, ließ Dr. Krüger ihm unter dem Datum des 19. November 1983 einen Brief zukommen, in dem ein ›Hans Frank‹ aus Basel sinngemäß erklärte, er habe überstürzt aus der ihm zur Verfügung gestellten Mansarde des Angeklagten abreisen müssen, da seine Mutter überraschend in ein Krankenhaus eingeliefert worden sei. Nach deren Tod müsse er jetzt den Nachlass regeln, so daß die geschäftliche Zusammenarbeit mit dem Angeklagten für längere Zeit unterbrochen werden müsse. Diese Ausführungen entsprechen, wie auch der Angeklagte wußte, nicht der Wahrheit.«

»Etwa zehnmal pro Jahr« sei es laut Vonnahme seit den 1970er-Jahren zu konspirativen Treffen zwischen Kanter und Krüger gekommen: »Nachdem sich Dr. Krüger über die Unannehmlichkeiten der häufigen Hotelaufenthalte beklagt hatte, einigte man sich im Jahre 1975 darauf, die Begegnungen künftig in dem Anwesen Kanters in Andernach stattfinden zu lassen. Dort betrieb die Schwester Agnes L. des Angeklagten eine Pension, während der Angeklagte einen Schlaf- und einen Büroraum im zweiten und dritten Stock nutzte, die er Dr. Krüger bei dessen Besuchen zur Verfügung stellte. Ende 1981 übertrug der Angeklagte seinen Anteil an dem Gebäude auf seine Schwester und erwarb als Nebenwohnsitz eine Eigentumswohnung in der Konrad-Adenauer-Allee in Andernach, wohin von da an auch die weiteren Zusammenkünfte verlegt wurden. Der Angeklagte händigte Dr. Krüger zu diesem Zweck einen Wohnungsschlüssel aus und stellte ihm ein Zimmer zur Verfügung, in dem er ständig persönliche Sachen deponieren konnte. Somit konnte Dr. Krüger die Wohnung auch dann jederzeit betreten, wenn der Angeklagte wie gewöhnlich tagsüber arbeitete und nur abends verfügbar war. Die Aufenthalte Dr. Krügers erstreckten sich in der Regel über drei bis vier Tage.«

Die Flucht aus Andernach war Krüger dank Hilfe von ganz oben geglückt. Beim Grenzübertritt am nächsten Tag hätten die westdeutschen Sicherheitsbehörden den falschen Jennrich noch greifen können. Man versuchte es nicht einmal. Erst als Krüger wieder zurück in Sicherheit in der DDR war, bequemte sich der

Generalbundesanwalt am 29. September 1983 unter dem Aktenzeichen 7 BJs 225/83 ein Ermittlungsverfahren einzuleiten. Nicht etwa gegen den Inhaber der konspirativen Wohnung und Fluchthelfer Kanter. Sondern »gegen unbekannt«.

Kanter wurde mehrfach von Beamten des Bundeskriminalamtes angehört. Er tischte den Ermittlern eine dünne Geschichte auf und kam damit durch: Ja, er kenne diesen Mann, den die Fahnder als »Jennrich« kannten. Der habe sich ihm vor langer Zeit vorgestellt als Journalist aus Basel mit dem Namen »Dr. Hans Frank«. Er habe zu ihm Vertrauen gefasst und ihm einen Schlüssel zu seiner Wohnung überlassen und ihn spät in der Nacht zum Koblenzer Bahnhof gefahren.

Am 31. Oktober 1984 stellte die Bundesanwaltschaft das Verfahren ein, nach § 170 Strafgesetzbuch mangels »genügendem Anlass« für eine Anklage. Konkrete Gründe für die Einstellung des Verfahrens will die Bundesanwaltschaft auch heute nicht nennen; Akteneinsicht verweigerte sie. Dabei hätten Bundesverfassungsschutz und Bundesregierung 1985 eigentlich einen Erfolg der Spionageabwehr gut gebrauchen können. Der Kölner Behörde war, peinlich, peinlich, in der Abteilung »Spionageabwehr« ausgerechnet der Leiter des Referats »Nachrichtendienste der DDR«, Regierungsdirektor Hansjoachim Tiedge, abhandengekommen. Der alkoholkranke, stark übergewichtige Diabetiker war in die DDR übergelaufen. Warnzeichen – Führerscheinverlust wegen Trunkenheit, Überschuldung, Gehaltspfändungen, Verwahrlosung der Kinder – hatte die Amtsleitung nicht ernst genommen. Über einen Auftritt Tiedges bei einem Grillfest des Bundeskriminalamtes im Sommer 1984 berichtete ein Kollege aus der Abteilung Geheimschutz später, der Regierungsdirektor habe gegen 22.00 Uhr ein »jämmerliches Bild« geboten, in einem »von der Kleidung her ziemlich desolatem Zustand, die Hose offen, von oben bis unten mit Soße bekleckert«.

Wer also sorgte für die Einstellung des Ermittlungsverfahrens? Es war wohl Philipp Jenninger, der Freund Kohls und Kanters. Gleich zwei Verfassungsschützer, Klaus Kuron und Hansjoachim

Tiedge, beide zur DDR übergelaufen, zeigten aufgrund ihrer Kenntnisse aus der Kölner Zentrale des Bundesamtes für Verfassungsschutz auf Jenninger als großen Hintermann, der schützend seine Hand über Kanter gehalten habe. Dem Kanzleramtsminister konnte nicht daran gelegen sein, dass es zum Stasi-Skandal und großen Krach mit Ostberlin wegen Kanter kam. Unbehelligt machte Kanter weiter, und die westdeutsche Abwehr schaute weiter weg. Womöglich noch aus anderem Grund.

Stasi-Forscher Helmut Müller-Enbergs hat in den sichergestellten Akten eine sonderbare Entdeckung gemacht. Auf Anraten von Markus Wolf habe sich Kanter zu Beginn der 1950er-Jahre beim rheinland-pfälzischen Verfassungsschutz beworben. So stehe es in einem Bericht, den Wolf über seinen Agenten »Fichtel« verfasst habe. Im Ostberliner Ministerium für Staatssicherheit sei damals Panik ausgebrochen, weil der Auslandsgeheimdienst HVA von Westagenten unterwandert worden sei. HVA-Chef Wolf war gehalten, über jeden seiner Kundschafter ein detailliertes Dossier zu liefern. Kanter ein Mehrfachagent, der an die Geheimdienste der beiden Deutschlands lieferte und dazu noch, zumindest zeitweilig, an die Geheimen der Besatzungsmächte Frankreich und USA? Das könnte mancherlei erklären.

Kanter blieb nach dem Andernacher Zwischenfall unangetastet. Obwohl das Kölner Bundesamt für Verfassungsschutz ihn eindeutig als Stasi-Agenten enttarnt hatte. Der für den Inlandsgeheimdienst zuständige Bundesinnenminister Friedrich Zimmermann berichtete am 18. Dezember 1985 dem Innenausschuss des Bundestags vom »Bekanntwerden eines Spionagefalls, wonach ein illegaler eingeschleuster Agent eines östlichen Nachrichtendienstes über zehn Jahre lang unter anderem den Flick-Konzern ausgeforscht haben solle«. So ist es in der Bundestagsdrucksache 10/6584 festgehalten, dem Bericht des zweiten Untersuchungsausschusses des Deutschen Bundestages zu Fragen der Spionageabwehr.

Der Präsident des Bundesverfassungsschutzes, Heribert Hellenbroich, habe schon zuvor, am 19. Dezember 1984, so steht es weiter in dem Bericht des Untersuchungsausschusses, den Parlamentarischen Staatssekretär im Bundesinnenministerium, Carl-Dieter Spranger (CSU), gewarnt: »Er wies auf einen Namen hin, der im Zusammenhang mit einem möglichen Spionagefall im Hause Flick genannt worden war.« Auch noch im Jahre 1986 notierten die Kölner Abwehrbeamten in einem Geheimvermerk, Kanters Wohnung müsse »als Stützpunkt des MfS angesehen« werden.

Am 22. Januar 1986 veröffentlichte die *Welt* einen Vermerk des Präsidenten des Bundesverfassungsschutzes Hellenbroich aus dem Jahre 1984. Der Chef der bundesdeutschen Spionageabwehr war vom Parlamentarischen Staatssekretär Spranger, CSU, aufgefordert worden, sich um mögliche Verstrickungen des Flick-Managers von Brauchitsch in östliche Geheimdienste zu kümmern. Hellenbroich erläuterte später, er habe dies so verstanden, dass geprüft werden solle, »ob Herr von Brauchitsch ein KGB-Agent sein könne«, also für den sowjetischen Geheimdienst tätig sei. Laut *Welt* hielt Hellenbroich in einer Aktennotiz fest: »Am 5. Dezember beauftragte mich Spranger, Erkenntnisse über von Brauchitsch zusammenzustellen. Gibt es in diesem Zusammenhang irgendwelche Hinweise auf active measures im Zusammenhang mit der Spendenaffäre?« Auf den Rand des Vermerks habe Hellenbroich, so die *Welt* weiter, von Hand einen Namen geschrieben: »Kanter«.

Schützling Kanter schlug zurück. Kaltblütig, dreist. Er zwang die Zeitung zum Widerruf. Am 8. Februar 1986 druckte die *Welt* ein Schreiben des Stasi-Agenten: »Nur noch als absurd empfinde ich die Unwahrheiten, die in jenem Artikel über meine Person und meine persönlichen Verhältnisse kolportiert worden sind. Als ›Spion für östliche Geheimdienste‹ sei ich vor einiger Zeit ›aufgeflogen‹, wird da behauptet. Mir ist natürlich nicht bekannt, wer sich solchen Unsinn aus den Fingern gesogen hat. Geheimdienste östlicher Provenienz kenne ich aus Filmen, Büchern und einschlägigen Fernsehserien. Mit anderen Worten: Die WELT scheint Opfer fremder Phantasien geworden zu sein.«

Die Redaktion setzte ihre Entschuldigung darunter: »Unser Leser hat recht. Sein Name ist aufgrund eines Versehens in diesen Zusammenhang gebracht worden. Die WELT bedauert das.«

Und es kam noch besser für Kanter, so Memoirenschreiber von Brauchitsch. Von CSU-Spranger verlangte der DDR-Agent eine »ehrenrechtliche Wiedergutmachung«. Aus dessen Bundesinnenministerium wären ihm schon öfters Kontakte zu Geheimdiensten nachgesagt worden; er bestehe auf Kenntnis sämtlicher Daten, die über ihn vorlägen. Spranger solle ihm mitteilen, welche Maßnahmen man ergreifen werde, »um meine durch die Verlautbarungen Ihres Hauses verletzte Ehre wiederherzustellen«. Andernfalls sehe er sich gezwungen, »die Rechtmäßigkeit Ihres behördlichen Verhaltens in diesem Punkt streitig überprüfen zu lassen«.

Kanters Ehre sollte bald wieder glänzen, auch dank des furiosen Einsatzes von Helga, der Ehefrau des Kanter-Kumpels von Brauchitsch. Sie warf sich in gleichlautenden Briefen an Bundeskanzler Kohl und Bundesinnenminister Zimmerman für ihren Gemahl ins Zeug. Unter Anspielung auf gern angenommene Spendengelder schrieb sie am 28. Januar 1986: »[...] Wie ist es möglich, dass hinter dem Rücken eines Mannes, dessen Fähigkeiten und Tatkraft Sie so oft und gern zum Wohl der Allgemeinheit und des Staates in Anspruch genommen haben, der Verdacht ausgelöst wurde, er sei ein Agent eines ausländischen Geheimdienstes? Sie müssen mir erlauben, daß sich nun meinerseits der Verdacht aufdrängt, Sie hätten bei all diesem nur politische Macht im Sinn gehabt und die Verfassung unserer Republik sowie die Grundrechte seiner Bürger nicht geachtet, wie man es von Ihnen erwartet.«

Kohl antwortete der »lieben Helga« noch am selben Tag »mit großer Betroffenheit«. Das Innenministerium habe klargestellt, »daß zu keinem Zeitpunkt irgendein Gedanke dergestalt existierte, daß gegen Deinen Mann Anhaltspunkte für Landesverrat oder Ähnliches bestanden haben«.

Der für die Verdachtsanfrage verantwortliche Spranger erinnert sich: »Da ist alles ganz schnell totgemacht worden.« Nicht nur von Brauchitsch, sondern auch Kanter bekam seine Ehrenerklärung.

Der beamtete Staatssekretär des Innenministeriums, Hans Neusel, bescheinigte dem Stasi-Agenten am 11. März 1986 schriftlich, »ausnahmsweise«, denn der Verfassungsschutz gebe Privatpersonen grundsätzlich keine Auskünfte, »bin ich in Ihrem Falle jedoch bereit, Ihnen mitzuteilen, daß Ihre Person in den Unterlagen des Ministeriums und der Sicherheitsbehörden des Geschäftsbereichs lediglich im Zusammenhang mit Ihrer Zeugenschaft in einem auch Ihnen bekannten Ermittlungsverfahren gegen unbekannt vermerkt ist.«

»Der Brief des Staatssekretärs«, schreibt von Brauchitsch weiter in seinen Erinnerungen, »war wahrscheinlich das schönste Geschenk, das Adolf Kanter je erhalten hat.«

Drittes Kapitel

Der Geheimprozess

Die Bonner Redaktion des *Spiegel* hatte zu Zeiten des Kalten Krieges ihr Büro in einem viergeschossigen Zweckbau an der Ecke Dahlmannstraße/Welckerstraße, mitten im Regierungsviertel der Bundeshauptstadt am Rhein. Aus den Fenstern nach Westen ging der Blick auf das Nachbarhaus an der Welckerstraße, zweistöckig, gebaut in den 1950er-Jahren, die neonhellen Räume belegt von Fachverbänden und Informationsdiensten. Wer da ein- und ausging? Für uns vom *Spiegel* nicht interessant. Man beachtete die Leute gegenüber nicht und grüßte sich nicht.

Das war ein Fehler. Wir haben uns um die Gelegenheit gebracht, den erfolgreichsten und einflussreichsten deutschen Spion jener Jahrzehnte der Teilung Deutschlands kennenzulernen. Wir hätten die Bekanntschaft eines stets oberflächlich freundlichen, unauffälligen Mannes machen können, nicht klein, nicht groß, dicklich, stattlich, das nach hinten gekämmte Haar gelichtet, Hornbrille, Typ Sachbearbeiter im grauen Anzug, immer mit Krawatte, leise und höflich. Das war Adolf Josef Kanter, 41 Jahre lang Agent Ostberlins, vorübergehend festgenommen erst nach dem Ende der DDR, gestorben 2004 in einem Altenheim in Vallendar am Rhein als 79-jähriger Pflegefall nach einem Treppensturz, eine der wichtigsten Quellen der Hauptverwaltung Aufklärung (HVA), von 1974 bis 1981 Prokurist und stellvertretender Leiter der Politischen Stabsstelle der Geschäftsführung des milliardenschweren Flick-Konzerns am Sitz der Bundesregierung in Bonn, Job: vertrauliche Informationen beschaffen, Politiker schmieren, politische Entscheidungen kaufen.

Kanter gehörte zu den mächtigsten Wissenden von Bonn, er war einer der wenigen, die über sehr viele Leute in Parteien, Parlament und Regierung sehr viel wussten, das keinesfalls nach draußen dringen durfte. Er hatte viel Geld zur Verfügung. Er hatte einen guten Draht zu Helmut Kohl. Stasi-General Markus Wolf hat Kanter in den Rang Günter Guillaumes, des DDR-Spions an der Seite Willy Brandts, erhoben: »Seine Informationen waren kaum weniger wertvoll.« Und Kanter lieferte viel, viel mehr als Guillaume. Bei Enttarnung Guillaumes trat der SPD-Bundeskanzler zurück, der Stasi-Agent hatte zu viel Intimes mitbekommen, der westdeutsche Regierungschef hätte bloßgestellt werden können – für den späteren CDU-Kanzler Kohl ein abschreckendes Beispiel, ein Schicksal, das er sich in jedem Fall ersparen wollte.

Dabei hatte »Hansen« – Guillaumes Deckname – in den Jahren zwischen 1969 und 1974 lediglich 45 Berichte nach Ostberlin geschickt. Kanter brachte es in vier Jahrzehnten auf eine vierstellige Zahl Dossiers. Seine – beim DDR-Zusammenbruch vernichtete – Akte bei der Stasi füllte 36 Ordner mit mehr als 14.400 Blatt. Kanter wurde von der Stasi-Spitze als dermaßen wichtig eingestuft, dass selbst im Kriegsfall die Verbindung zu ihm aufrechterhalten bleiben sollte. Eine Bedeutung, die nur wenigen Quellen im Ausland zugemessen wurde.

Kanter sei sogar »wesentlich wichtiger« für den Osten in der Ära des Kalten Krieges gewesen als Guillaume. So das Urteil des Berliner Abwehrchefs Helmut Müller-Enbergs. Seine Fachkenntnis stellte der Stasi-Forscher wiederholt unter Beweis, so enttarnte er den Westberliner Polizisten Karl-Heinz Kurras (er erschoss 1967 den Studenten Benno Ohnesorg bei einer Schah-Demo) als Stasi-Agenten. Müller-Enbergs befand über den Kanzlerspion Guillaume: »Der war nicht mal Mittelklasse«, ein »Medienprodukt«, ohne hervorragende nachrichtendienstliche Qualitäten. Müller-Enbergs berichtete dem Autor aus langen Gesprächen mit dem HVA-Chef 2005, ein Jahr vor dessen Tod: Wolfs Erfahrung nach hätten seine Späher im Durchschnitt zehn Jahre durchgehalten, dann wären sie vom Doppelleben zermürbt gewesen. Kanter alias »Fichtel« aber hätte vier Jahrzehnte lang geliefert, kaltblütig, diszipliniert. Besonders geschätzt habe Wolf, wie genau dieser Agent zu steuern gewesen sei. Erst habe Ostberlin ihn als A-Quelle, als Abschöpfungsquelle, auf die sich herausbildende

Europaszene in Westdeutschland angesetzt, danach dann auch noch auf die CDU um Helmut Kohl in Rheinland-Pfalz, in beiden Bereichen mit immensem Ertrag an aufschlussreichen Informationen aus seinen zielstrebig auf- und ausgebauten Netzwerken von auszuhorchenden Kontaktpersonen.

Wie aus Ostberlin aufgetragen, brachte sich Kanter in die nach Kriegsende aufblühende Europa-Bewegung ein, verschaffte sich Zugang sogar zu Walter Hallstein, dem deutschen ersten Vorsitzenden der Brüsseler Kommission der Europäischen Wirtschaftsgemeinschaft (EWG). Zugleich gelang es »Fichtel«, sich an Kohl und seinen Unterstützerkreis heranzumachen. Kohls Herz für Kanter ließ sich mit einem Wort erklären: Geld. In den frühen Kampfjahren gegen die CDU-Altvorderen im Bundesland Rheinland-Pfalz hat Kanter dem Jungmachtmenschen Spenden aus dubioser Quelle zugeschoben, auch damals schon aus Kassen, die dem neu gewonnenen Kanter-Freund Eberhard von Brauchitsch, dem späteren Flick-Generalbevollmächtigten, offenstanden. Kohl, zum Mainzer Ministerpräsidenten aufgestiegen, zeigte sich erkenntlich, bewahrte über seinen Justizminister und durch Eingriff in das Rechtssystem den Geldbeschaffer Kanter vor Ungemach, als dem Schützling ein scharfer Staatsanwalt auf den Fersen war. Erst recht galt es, den Goldjungen Kanter pfleglich zu behandeln, als der von 1974 an im Bonner Flick-Büro saß, das wesentlich beim Verteilen der Schmiergelder in Millionenhöhe – bar natürlich, ohne Quittung – mitzureden hatte. Von Anbeginn an berichtete Kanter auf das Genaueste der Stasi-Zentrale, wie und was da lief in der BRD zwischen Kapital und Politik und wie sich westdeutsche Politiker mit ihrer Käuflichkeit unter Druck setzen ließen.

Sein Haus in der Lindenstraße 19 in Hangelar nahe Bonn nutzte Kanter als Spionagehilfsmittel: Er hörte seine Mieter ab. 1970 hatte er einen ganz besonderen Fang gemacht: Egon Bahr zog bei Kanter ein. Bahr, zu jener Zeit Staatssekretär im Bundeskanzleramt, war ostpolitischer Stratege, engster Berater und Freund des SPD-Kanzlers Willy Brandt. Der setzte ihn als Chefunterhändler für die auf Verständigung zielenden Ostverträge mit der Sowjetunion und Polen ein. »Es gelang uns sogar«, berichtet Markus Wolf in seinen Memoiren, »im Privathaus Egon Bahrs Abhöranlagen zu installieren. Wir belauschten ihn dort bei ebenso geheimen wie freimütigen und oft auch fröhlichen Gesprächen mit seinen sowjetischen Partnern. So wusste ich bisweilen wahrscheinlich vor dem Bundeskanzler, mit wie viel Geschick der Unterhändler über seine konspirativen Kanäle die Verhandlungen vorantrieb. Die ›Verwanzung‹ seines Hauses, die uns im Verlauf von Reparaturarbeiten gelang, war ein seltener Glücksfall. Trotz einigem Aufwand glückten uns solche Operationen nur sehr selten. Nach einiger Zeit blieben alle Mikrofone in Bahrs Haus mit einem Schlag stumm. Ich vermute, daß unsere sowjetischen Freunde etwas gemerkt und Egon Bahr gewarnt hatten, denn Moskau paßte es gar nicht ins Konzept, daß die DDR-Führung allzuviel über die Annäherung der UdSSR an Bonn erfuhr.« Über den Vormieter Bahrs, auch eine für Ostberlin höchst interessante Zielperson, schwieg sich Wolf aus.

Bahr hatte in Kanters Haus einige Male mit Willy Brandt die Köpfe zusammengesteckt, um die nächsten Züge in der Ost- und Entspannungspolitik abzusprechen. Wolf hatte also dank Kanter den Sowjets, mit denen er laut Müller-Enbergs enger zusammenarbeitete, als er zugeben mochte, einiges an Informationsleckerbissen zu bieten. Doch auch Wolf wurde manipuliert. »Egon Bahr wusste schließlich«, erinnert sich Christiane Leonhardt, eine von Bahrs Partnerinnen in den 1970er-Jahren, »[...] dass das Haus total verwanzt war. Er hat das des Öfteren gesagt und er hat sich einen Spaß daraus gemacht, den Lauschern im Osten gezielt Infos über Absichten und Schachzüge und so zukommen zu lassen. Egon Bahr hat denen die Wanzerei nicht groß übel genommen.« Aber dass sein Vermieter hinter der Abhörerei stecken könnte, darauf sei Bahr bei all seinem Scharfsinn nicht gekommen.

Zumal der ein besonders netter Kerl zu sein schien, wie sich auch später zeigte. In Flicks Lobbybüro an der Bonner Hausdorffstraße gehörte es zu Kanters Aufgaben, für die Düsseldorfer Konzernzentrale Vorschlagslisten jener Politiker mit klebrigen

Händen in Regierung, Parlament und Parteien zusammenzustellen, die ihrer industriefreundlichen oder rechtskonservativen Haltung wegen finanziell gefördert oder deren Gunst, wenn es den Interessen des Konzerns diente, durch »inoffizielle Zahlungen« gekauft werden sollte. In einer dieser Listen der Flick-Zentrale über »Inoffizielle Zahlungen« aus dem Jahre 1978 standen der Betrag 40.000 und der Name Egon Bahr, knapp vier Wochen, nachdem die Bonner SPD/FDP-Regierung dem Konzern beim Verkauf seiner Daimler-Anteile Steuerersparnisse in Höhe von Hunderten Millionen D-Mark spendiert hatte. Der Staatsanwaltschaft gegenüber wird Bahr später erklären, er könne sich das nicht erklären.

Am 3. Juli 1978 hatte sich Bahr, damals SPD-Bundesgeschäftsführer, mit von Brauchitsch getroffen. Es ging um die steuerbefreite Wiederanlage des Erlöses aus Flicks Verkauf von 29 Prozent der Daimler-Aktien nach § 6b des Einkommensteuergesetzes. Der Flick-Manager zitiert in seinem Buch *Der Preis des Schweigens* aus seinen Notizen über die Unterredung im Wortlaut: »Bahr nannte unsere 6b-Anträge eine ›Schummelei‹.« Aber Bahr habe das Gespräch mit ihm nicht gesucht, weil er ihn habe beschimpfen wollen. In Bahrs Bundestagswahlkreis Flensburg habe der zu Flick gehörende Feldmühle-Konzern viele Arbeitsplätze geschaffen. »Bahr will einen Teil der Feldmühle-Investitionen zur Sicherung des Werkes Flensburg. Als alter Stratege faßt er das Ganze über 6b an, um seine Scheibe Wurst sicherzustellen. – Er bekommt sie. Nur weil einige Abgeordnete in ihren Reihen so tapfer Widerstand geleistet hatten, konnte die SPD doch nicht leer ausgehen.«

Kanter war beim Flick-Konzern durch Freund von Brauchitsch in die Schlüsselstellung eines Prokuristen und Vizechefs der Politischen Stabsstelle der Geschäftsführung am Sitz der Bundesregierung geschoben worden. Firmengründer Friedrich Flick hatte im Zweiten Weltkrieg sein Industrieimperium zum größten deutschen Rüstungsunternehmen ausgebaut, von dem er wesentliche Teile über den Zusammenbruch hinüber retten konnte. Als Kriegsverbrecher verurteilt, dank seiner Beziehungen und Mittel vorzeitig aus der Haft entlassen, war der Kriegsgewinnler rasch wieder an die Spitze der westdeutschen Industrie gelangt.

Hatte Flick die Nazis und die SS, Adolf Hitler und Heinrich Himmler mit Millionenbeträgen geschmiert, um Rohstoffe aus der Kriegsbeute und Rüstungsaufträge zu ergattern, machte sich der Alte, wie später sein Sohn Friedrich Karl, auch die Bundestagsparteien und ihre Spitzenpolitiker durch Millionenzahlungen gefügig.

Gesteuert wurde der breite Fluss der Gelder zur »Pflege der politischen Landschaft«, wie von Brauchitsch das nannte, aus dem geräumigen Büro des Chefbuchhalters Rudolf Diehl im ersten Stock der Düsseldorfer Flick-Zentrale. Diehl führte penibel Buch über die Zuwendungen, die Listen fielen in die Hände von Staatsanwaltschaft und Steuerfahndung. Die Flick-Affäre platzte auf, 1981 wurde das Bonner Lobbybüro geschlossen, von Brauchitsch gefeuert, ein neues Management bestellt. Diehl war es, der die Geldscheinbündel aus seinen schwarzen Kassen in Aktenkoffer gepackt hatte, Diehl waren die entsprechenden Weisungen von oben, meistens per Telefon, zugegangen, Diehl war eine Schlüsselfigur der Korruptionsunkultur des Milliardenkonzerns. Und deshalb für Markus Wolf besonders interessant. Bis dato nicht bekannt: Es gibt gewichtige Indizien, dass die Stasi Büro und Telefon Diehls mit Kanters Hilfe verwanzt hatte.

Bernd Würthener, einst Revisor und Finanzvorstand bei den Buderus-Eisenwerken, einer Tochterfirma des Flick-Imperiums, schilderte dem Autor jene turbulenten Tage um den Jahreswechsel 1982/83. Sonntags sei in den Fernsehabendnachrichten gemeldet worden, dass Hans Werner Kolb, der Vorstandsvorsitzende von Buderus, zum Nachfolger des geschassten von Brauchitsch als persönlich haftender Gesellschafter bei Flick berufen worden sei. Am nächsten Morgen habe ihm der Chef am Telefon befohlen: »Sie kommen mit mir nach Düsseldorf, wir müssen den Sauladen reinigen.« In der ersten Vorstandssitzung in der viergeschossigen Flick-Zentrale in Düsseldorf-Oberkassel habe ihn Kolb auf den Stuhl neben sich platziert, ein Signal, welches Gewicht er dem Revisor beimesse. »Sie prüfen alle und alles durch«, sei Kolbs

Vorgabe gewesen. Auf Würtheners Frage, in welchem Büro er denn tätig werden könne, habe Kolb geantwortet: »Gehen Sie durchs Haus und nehmen Sie sich, was Ihnen gefällt.« So sei er, berichtete Würthener, zu Diehls Büro gekommen, »das stand leer, der war ja im Gefängnis«.

»Als Technikfreak« habe er bald gemerkt, »da stimmt was nicht mit Diehls Telefon«. Beim Mittagessen habe er zu Kolb gesagt: »Ich glaube, wir werden abgehört. Was sollen wir tun?« Kolb habe kurz von einem seiner billigen Schmöker, die er gerne beim Essen las, aufgeblickt und gesagt: »Trauen Sie keinem hier in dem Unternehmen, holen Sie sich Hilfe von außen.« Er habe drei Spezialisten kommen lassen, und die seien bald fündig geworden: Wanzen im ersten Stock, Aufzeichnungs- und Übermittlungsgeräte im Keller. »Wir haben niemanden informiert, im Hause nicht und auch nicht den Staatsschutz.«

Wer steckte dahinter? Ihre größte Angst sei gewesen, sagte Würthener, dass es die RAF gewesen sein könne. Der Mord an Hanns Martin Schleyer sei ja nicht lange her, die Furcht vor der Roten Armee Fraktion bei den Industriebossen immer noch groß gewesen. Kolb und er hätten wegen des RAF-Verdachts dann im hessischen Steinbruch Hermannstein Schießübungen gemacht, zwecks Selbstverteidigung. Sie hätten aber auch, erinnert sich Würthener, darüber spekuliert, dass es die Steuerfahndung gewesen sein könnte, die den Flick-Laden abgehört hat. Und mit der Steuerfahndung hätte man sich ja weiß Gott nach der ganzen Flick-Affäre nicht anlegen wollen. Übrigens habe er auf Mallorca später einen der Steuerfahnder des in der Spendenaffäre zuständigen Finanzamtes St. Augustin getroffen, und der habe ihm beim Kölsch glaubhaft versichert, so etwas hätten sie nie gemacht.

»Nach einer Weile aber wussten wir, es war die DDR.« Bei den Wanzen, das hätten die Spezialisten schließlich herausgefunden, habe es sich um umgebaute Hörgeräte aus der Bundesrepublik gehandelt, die als milde Gabe für bedürftige DDR-Bürger »nach drüben« geschickt worden seien. Die Hörhilfen seien im Stasi-Gefängnis in Berlin-Hohenschönhausen zu Spionagezwecken hergerichtet worden. Kolb und er hätten ihr Wissen für sich behalten, die Stasi nicht warnen wollen. Wenig später seien beim Einbau einer neuen Anlage die Gerätschaften unauffällig entfernen worden. Würthener: »Heute bin ich sicher, dass Kanter die Stasi-Leute da reingelassen hat. Kanter war ja Prokurist, der hatte freien Zugang zur Zentrale.« Damals aber habe niemand Kanter verdächtigt. »Der galt viel in Düsseldorf, alle hatten Respekt vor dem. Alle wussten, der ist CDU-Mitglied, der ist der Freund von Kohl.«

Der Kohl-Freund hatte der Stasi große Mengen Herrschaftswissen geliefert. Bonns Gegner im Ost-West-Konflikt gelangten in den Besitz brisanter Informationen, die ihnen politische Macht über die Klassenfeinde im Westen gaben. Ostberlin hatte es dank des von Kanter gelieferten politischen Sprengstoffs in der Hand, die Elite des anderen Lagers mitsamt dem Bundeskanzler in die Luft zu jagen. Als Mitglied der Flick'schen Geschäftsführung wusste Kanter von allen – durchweg illegalen – Schmiergeldzahlungen. Stasi-Minister Mielke und sein General Wolf waren durch ihren Mann bei Flick umfassend, bis in alle höchst peinlichen Einzelheiten, informiert über die gekaufte Bonner Republik. Es war ein großer Schatz an »Kompromaten«, wie im östlichen Geheimdienstjargon Belastungsmaterial hieß, mittels dessen sich Personal der Gegenseite bloßstellen oder gefügig machen lässt. Die DDR-Führung besaß Beweise, dass sich die ganze illustre Gesellschaft der Bundeshauptstadt aus Flicks schwarzen Kassen bedienen ließ: Helmut Kohl, Franz Josef Strauß, Otto Graf Lambsdorff, Hans-Dietrich Genscher, Walter Scheel, Hans Friderichs, Hans Matthöfer, Alfred Nau. Willy Brandt auch, behauptete von Brauchitsch. Ihm habe er »persönlich« das Geld – mal 40.000 D-Mark, mal 50.000 D-Mark – übergeben. Bis hoch zu Regierungschefs und Parteivorsitzenden – die Spitzenleute der Bonner Demokratie waren erpressbar.

Otto Schily, ab 1984 für die Grünen im Flick-Untersuchungsausschuss des Deutschen Bundestags, hat in seinem Buch *Politik in bar* (1986) zusammengerechnet, welche Beträge in welche Taschen gesteckt wurden. Von 1969 bis 1980 habe der Flick-Konzern für den Politikerkauf die stattliche Summe von 26 Millionen D-Mark ausgegeben. Davon gingen 15 Millionen D-Mark an Politiker der CDU/CSU. 6,5 Millionen Mark sackten Politiker der FDP ein. 4,5 Millionen D-Mark nahmen Politiker der SPD vom Flick-Konzern an. Allein das CSU-Oberhaupt Franz Josef Strauß habe 1,16 Millionen D-Mark in bar erhalten, dazu »Sonderzahlungen« in unbekannter Höhe. An den CDU-Vorsitzenden Helmut Kohl gingen, Sonderzahlungen wiederum nicht gerechnet, 665.000 D-Mark, ebenfalls in großen Scheinen. Der FDP-Bundeswirtschaftsminister Otto Graf Lambsdorff kassierte, so steht es in den Akten des Untersuchungsausschusses, 1,1 Millionen, eventuelle Sonderzahlungen blieben unbekannt. Es ging dem Konzern und seinem Chef Friedrich Karl Flick im Wesentlichen darum, mithilfe geschmierter Politiker die bei Aktienverkäufen und Wiederanlage des Erlöses fälligen Steuern von knapp unter einer Milliarde D-Mark nicht zu zahlen. Das klappte. Die DDR-Führung war dank Kanter und Wolf dabei stets auf dem letzten Stand.

Wie das lief, schildert der Vorsitzende Richter des Oberlandesgerichtes Koblenz, Joachim Vonnahme, 1995 in der Begründung seines auffallend milden Urteils gegen den Spitzenspion. Kanter, im Bonner Flick-Büro von 1974 bis zu dessen Schließung im Jahre 1981 an vorderster Front im Einsatz, war erst lange nach dem Ende der DDR im Jahre 1994 festgenommen und gleich wieder auf freien Fuß gesetzt worden. »Während der gesamten Dauer seiner Tätigkeit im Bonner Büro der Flick-Gruppe«, so der Text des weggeschlossenen Urteils, »hatte der Angeklagte ferner Einblick in die Vergabe von Geldern an Politiker und Parteien, insbesondere zur Wahlkampfunterstützung. An Spenden des Unternehmens bis zu einer Höhe von 10.000 DM wirkte er unmittelbar dergestalt mit, daß er zu Anfang eines Jahre eine Vorschlagsliste mit einem Gesamtvolumen zwischen 100.000 und 200.000 DM erstellte und sie der Konzernspitze vorlegte. Soweit diese die Vorschläge genehmigte, nahm der Angeklagte die entsprechenden Einzelanweisungen vor. Wenngleich er an der Zuteilung größerer

Spendenbeträge, die sich die Konzernleitung in Düsseldorf allein vorbehalten hatte, nicht selbst mitwirkte, hatte er gleichwohl gesprächsweise auch davon Kenntnis. Von letzteren, später als die ›Flick-Affäre‹ bekanntgewordenen Vorgängen wußte er auch, daß die ›Spendenbeträge‹ teilweise nach außen verschleiert über gemeinnützige Einrichtungen an die Parteien und Politiker flossen und der Flick-Konzern so unrechtmäßig einen Großteil der Gelder als Steuererstattungen zurückerhielt.«

Vonnahme weiter: »Über die im Rahmen der beschriebenen Tätigkeit erlangten Kontakte und Erkenntnisse berichtete der Angeklagte der HVA. Mündlich informierte er seinen Instrukteur Dr. Krüger etwa über Kontakte zu Beamten und Politikern – vornehmlich aus CDU und FDP – und deren Einschätzungen zu politischen und wirtschaftspolitischen Themen, über Verbindungen zu Journalisten, Organisationen und Institutionen sowie über berufliche und politische Probleme, über Vorkommnisse in dem Bonner Büro der Flick KG und über die von ihm persönlich sowie von der Konzernspitze vorgenommenen Spendenaktionen an Politiker und Parteien. [...] Von besonderer Bedeutung erschien ihm [dem MfS, D. K.] dabei die Spendentätigkeit des Flick-Konzerns, über die der Angeklagte bereits vor den Veröffentlichungen in westlichen Medien berichtete. Aufgrund der nachrichtendienstlichen Informationen des Angeklagten, ergänzt durch entsprechende Veröffentlichungen im Nachrichtenmagazin ›Der Spiegel‹, vermochte es sich schon früh ein Gesamtbild von Entstehung und Entwicklung der ›Flick-Affäre‹ zu verschaffen. Gerade dieser Komplex schien die Einflußnahme der Wirtschaft auf politische Entscheidungsprozesse in besonderem Maße zu bestätigen. Die Berichte hierüber wurden denn auch innerhalb der HVA nicht, wie das vom Angeklagten zuvor gelieferte Material, an die für die Auswertung üblicherweise zuständige Abteilung VII, sondern direkt an die Leitungsebene der HVA gegeben. Der hohe Stellenwert, den der Operativvorgang in dieser Zeit hatte, wird auch dadurch deutlich, daß sich Leitende Mitarbeiter der HVA mehrfach mit dem Angeklagten trafen.«

Kanter blieb Stasi-Spitzenquelle, selbst als er 1981 den Posten in der Flick-Stabsstelle verlor; der Konzern machte das Lobbybüro an der Bonner Hausdorffstraße beim Aufplatzen der Spendenaffäre dicht. Eine Flick-Abfindung von 320.000 D-Mark in der Tasche, zog Kanter einen Hintergrundinformationsdienst für Topleute in Wirtschaft und Politik auf und quartierte sich im Haus neben der *Spiegel*-Redaktion an der Welckerstraße ein. Nachrichtendienstliche Delikatessen bekam Ostberlin von »Fichtel« auch aus dessen neuem Büro geliefert, zum Beispiel dieser Güte: Wolfgang Schäuble, der spätere Innen- und Finanzminister, der als Bundestagspräsident an die protokollarisch zweithöchste Stelle in der Bundesrepublik aufstieg, habe durch Zeugenmanipulation und Anstiftung zur Falschaussage massiv gegen Recht und Gesetz verstoßen. Jedenfalls bezeugt dies der 1981 ebenfalls entlassene Flick-Manager von Brauchitsch. Vor seiner ersten Vernehmung durch den Flick-Untersuchungsausschuss des Bundestags habe ihn Anfang 1984 Schäuble, damals in seiner Funktion eines Geschäftsführers der CDU/CSU-Bundestagsfraktion, um ein persönliches Gespräch gebeten. »Wir sollten uns möglichst an einem vertraulichen Ort treffen«, berichtet von Brauchitsch in seinem Buch *Der Preis des Schweigens*, seiner Rechtfertigungsschrift. »[...] das Büro Kanter schien mir für diesen Zweck bestens geeignet. Schäuble redete auf mich ein: Der Kanzler bitte mich inständig, jetzt keinen Fehler zu machen und Michael Kohlhaas zu spielen. Ich brauchte mich doch gar nicht so genau zu erinnern. Wir stünden unmittelbar vor einer Amnestie, dann sei ohnehin Schluss mit dem ganzen Zirkus. Ich habe meine Verteidigung daraufhin in einigen Punkten zurückgenommen.«

Im Büro Kanter, ausgerechnet. Auf Abhören und Mitschnitt vertraulicher Gespräche verstand sich »Fichtel« ja. Schäuble, mutmaßlich von unheilvollen Ahnungen über Ostberliner Mitwisserschaft seiner mannigfachen Aktivitäten am Rande oder neben der Legalität getrieben, hatte also Gründe, gleich nach der Wiedervereinigung die Vernichtung sämtlicher Stasi-Unterlagen zu fordern. Bürgerrechtler der DDR stoppten Schäuble; Kanter landete aufgrund der so gesicherten Akten vor Gericht. Das bekam kaum einer mit. Das Verfahren in Koblenz, in vier Wochen durchgezogen, fand als Geheimprozess statt, in seinen wesentlichen Teilen war Publikum nicht zugelassen. Das Machtkartell der geschmierten Politiker und Parteien der alten Bundesrepublik, also CDU/CSU, SPD und FDP, schaffte es auch nach der deutschen Einheit, den Fall Kanter vor den Wählern klein zu halten. Ein meisterliches Gemeinschaftswerk der Vertuschung.

Spionagechef Wolf zollte professionellen Respekt. »Als Adolf Kanter im Frühjahr 1994 dann doch verhaftet wurde, blieben die in solchen Fällen üblichen Triumphmeldungen über die Enttarnung eines weiteren ›Topspions‹ aus«, merkt er in seinen Memoiren an. »Die sonst so auf Öffentlichkeit bedachte Bundesanwaltschaft hielt sich zurück. Die Behandlung dieses Falls unterschied sich bemerkenswert von vergleichbaren Verfahren, etwa dem endlosen Spektakel des Prozesses gegen Karl Wienand. Das Hauptverfahren wurde binnen eines Monats durchgezogen. Es fand praktisch unter Ausschluss der Öffentlichkeit statt. Einige Journalisten wurden erst später auf den Fall aufmerksam und wunderten sich, mit welcher Diskretion er über die Bühne gebracht worden war. Während des Verfahrens wurde Kanter nie in die Verlegenheit gebracht, sein umfangreiches Wissen über Interna der Regierungsparteien und ihre Verbindungen zur Industrie, über ihre Tarnfirmen und Geldwaschanlagen preisgeben zu sollen.«

Hätte Kanter vor Gericht ausgepackt, es wäre schrecklich peinlich, ja gefährlich für Kohl und Konsorten geworden. Seine Aufgabe in der Bonner Stabsstelle an der Hausdorffstraße sei es gewesen, so Wolf, für Flick bei Parteien und Regierung Informationen zu sammeln und politisch im Sinne des Konzerns Einfluss zu nehmen. »Ähnliches erwarteten auch wir von ihm. [...] Dem Vertreter des Flick-Konzerns vertrauten Politiker Geheimnisse an, ohne ein schlechtes Gewissen zu haben.«

Kanter durfte darauf setzen, dass ihn sein Wissen schützen würde. Kurz vor Eröffnung der Hauptverhandlung vor dem Koblenzer Oberlandesgericht legte von Brauchitsch im *Preis des Schweigens* dar, »besaß Kanter die Stirn, mich in Zürich anzurufen. Ich war perplex und drängte darauf, das Gespräch sofort abzubrechen. Er wolle mir doch nur sagen, daß ich mir keine Sorgen zu machen brauchte. ›Ich habe zwei Eisen im Feuer. Ich werde auspacken, und dann müssen die sehen, wie sie damit fertigwerden.‹«

Kanters Drohung zeigte Wirkung, er konnte seine Eisen im Feuer belassen. Richter Vonnahme hütete sich, in seiner Urteilsbegründung das Treiben Kanters bis in die Einzelheiten zu schildern. Ein Geheimprozess, so Richter Vonnahme, sei es »aber nicht so ganz gewesen«. Presse und Publikum hätten allerdings des Öfteren ausgeschlossen werden müssen, »wenn es um VS-Sachen ging«, um vertrauliche Verschlusssachen. Also fast immer. Denn während des ganzen Verfahrens ging es ja um Geheimdienstliches, also Verschlusssachen. Man hatte es darauf angelegt, dass bei den Journalisten, die häufig bei geschlossener Gerichtssitzung draußen warten mussten, nach einer Weile das Interesse erlahmen würde. Die Rechnung ging auf. Als das Urteil verlesen wurde, war keine Presse im Raum.

Wie nutzte Ostberlin seinen von Kanter gelieferten Wissensschatz? »Lange bevor die illegale Spendenpraxis des Flick-Konzerns der Öffentlichkeit bekannt wurde, waren wir bis in die Details informiert«, schreibt Wolf. »Was ›Fichtel‹ uns an Informationen über die Verbindung von Kapital und Politik lieferte, illustrierte die marxistische Theorie vom staatsmonopolistischen Kapitalismus recht deutlich. Schon um unsere Quelle zu schützen, widerstanden wir der Versuchung, das Material westdeutschen Medien zuzuspielen. Zur Aufdeckung des Parteispendenskandals im Jahr 1981 hat mein Dienst nicht beigetragen. Allerdings wurde auch damals nur die Spitze eines Eisbergs bekannt.«

Nur die Spitze des Eisbergs. Stimmt. Der Chef der Auslandsspionage der DDR wusste sehr viel mehr über diesen Bundeskanzler und seine beileibe nicht makellose Vergangenheit, als je in der Öffentlichkeit bekannt wurde. Hatte Wolf den Pfälzer Kohl doch schon seit dessen Zeiten in der Jungen Union aus dem Dunkel heraus begleitet, gesteuert, finanziell fördern lassen. Über Kanter alias »Fichtel«. Was nicht sehr schwierig war. Kohl hatte früh kapiert: Für Aufstieg in der Politik und Erfolge auf dem Weg nach oben braucht es Geld. Um sich davon viel zu verschaffen, ließ er sich mit den Zwielichtigen Kanter und von Brauchitsch ein, und als Viertem im Bunde, wenn auch unwissentlich, mit Markus Wolf. Der saß bestens informiert unsichtbar mit am Tisch, wenn Kanter und von Brauchitsch ihre Pläne ausheckten, wie sich über vorgeblich gemeinnützige Einrichtungen wie die »Europäische Vereinigung für gegenseitigen Meinungsaustausch« Spenden beschaffen und waschen ließen.

Wolf lügt nicht, wenn er schreibt, die DDR hätte beim Aufdecken des Flick-Skandals nicht mitgefingert. Von Brauchitsch sah sich ja gerne als Opfer Ostberliner Durchstecherei. Er irrte. Der Autor weiß, wie die Parteispendenaffäre ins Rollen kam, er hat sie ja als *Spiegel*-Mann in Bonn mit seinen Kollegen angeschoben. Die allerersten Unterlagen sind ihm in der Tiefgarage unter der Kölner Domplatte in sein Auto hineingereicht worden. Von einem Unbekannten. Dass die DDR uns das Material hat unterjubeln wollen, war der erste Verdacht, als wir in unserer Redaktion die Papiere prüften. Waren sie gefälscht? Recherchen ergaben, das Material war echt, seinem Inhalt und seiner Beschaffenheit nach konnte es nur entweder von der Steuerfahndung oder der Staatsanwaltschaft oder teils, teils von beiden stammen. Beide Institutionen hatten dasselbe Motiv, sich hilfesuchend an die Öffentlichkeit zu wenden: Sie wurden massiv von den Regierungen und Parteizentralen in Bonn und Düsseldorf, wo die Nutznießer der Flick-Gelder saßen, in ihrer Arbeit behindert. Dass wir auf den Komplex Flick stießen, hat sich erst Zug um Zug bei den recht mühsamen weiteren Recherchen ergeben.

Dass Wolf seine Quelle »Fichtel« nicht gefährden wollte, mag so gewesen sein. Doch es gab noch einen gewichtigeren Grund für die Zurückhaltung der Stasi. Aus dem Herrschaftswissen ließ sich anders Kapital schlagen, viel lohnender für die DDR. Werner Großmann, der Nachfolger Wolfs an der Spitze der HVA, deutete nach der Wende an, wie und was da lief: »Aus politischer Rücksichtnahme« habe man auf die Weitergabe von Informationen über Flicks Politikerkauf an die westdeutsche Presse verzichtet. »Politische Rücksichtnahme«? Was sollte die Roten in Ostberlin zu »politischer Rücksichtnahme« auf die schwarze Kohl-Regierung getrieben haben? Der Grund ist einfach: Weil man Geld aus Bonn brauchte, in rauen Mengen. Der erste Arbeiter- und Bauernstaat auf deutschem Boden stand kurz vor der Pleite.

Helmut Schmidt und Erich Honecker hatten Ende der 1970er-Jahre hinter dem Rücken ihrer jeweiligen Vormacht – USA und Sowjetunion – eine Politik der Annäherung betrieben, bei der es erst einmal um wirtschaftliche Hilfen aus dem Westen gegen Ostberliner Erleichterungen im deutsch-deutschen Reiseverkehr ging. Seit Helmut Schmidts Zeiten und später, nach dem Regierungswechsel zu Kohl, tauschten sich die beiden deutschen Regierungen streng vertraulich über Möglichkeiten einer großzügigen Finanzhilfe und einer weiteren deutsch-deutschen Annäherung bis hin zu einer Konföderation der beiden Staaten aus. Nicht außerhalb jeder Realität: Die Mauer hätte schon in den frühen 1980er-Jahren fallen können. Die Chance zerrann, auch wegen Kanter.

Geheimprojekt »Zürcher Modell«. Jürgen Nitz, als DDR-Wirtschaftswissenschaftler in Ost-West-Kontakten eingesetzt, auch bei Gesprächen mit Vertretern des Bundeskanzleramts, umriss 1995 in einem Vortrag in Pankow, was unter diesem Code lief: »Der Büroleiter von CDU-Kanzleramtsminister Jenninger, Dr. Gundelach, schilderte retrospektiv das Vorhaben [vor einem Bundestagsuntersuchungsausschuss, D. K.] richtig: eine Art deutsch-deutscher Bank mit Sitz in der Schweiz; bei der sich die DDR so in einer Größenordnung von drei bis vier Milliarden DM hätte bedienen können, also im Sinne von Kreditgewährung; wenn es dafür im Gegenzug wirklich substantielle Verbesserungen im Bereich menschlicher Erleichterungen gegeben hätte; zum Beispiel das Rentnerreisealter um fünf Jahre zu senken und im Mindestaustausch für bundesdeutsche Besucher bei DDR-Reisen etwas zu tun. In die Bank sollte die milliardenschwere

Kreditanstalt für Wiederaufbau eintreten, eine Finanzinstitution im Eigentum des Bundes, potent, um Milliarden für die DDR zu beschaffen.« Gundelach habe ferner erklärt: »Soweit ich weiß, hat Herr Jenninger auch den Bundeskanzler in der Regel mündlich informiert, vielleicht mal mit einem handgeschriebenen Blatt mit den entscheidenden Punkten.«

Über ein vertrauliches Treffen in der Schweiz mit einem Abgesandten des Bundeskanzleramtes trug Nitz in Pankow weiter vor: »Wie sah Jenninger damals die Chancen? Ich zitiere aus meinem Stenogramm beim Gespräch in Zürich: ›Wenn die DDR zum freien Reiseverkehr übergehen will und dies anbietet, könnte sich der Kanzler dem nicht verschließen. Er müßte die Frage einer Grundgesetzänderung durch den Bundestag neu beantworten lassen. Der Kanzler würde sich nicht der Realisierung einer Position, der zufolge sich die Deutschen nach so langer Trennung an jedem beliebigen Ort wieder zusammenfinden könnten, entgegenstellen.« In jenem engen Beziehungsgeflecht Bonn/Ostberlin außerhalb von Protokoll und Propaganda hatte sich auch die Idee eines Staatenbundes der beiden Deutschlands nach voller völkerrechtlicher Anerkennung der DDR ergeben, einer deutsch-deutschen Konföderation. Codename: »Länderspiel«. Der Preis, Fall der Mauer und Freizügigkeit, schien Honecker nicht unter allen Umständen zu hoch. Doch es war ein zähes Gezerre, auch in den jeweils eigenen Lagern zwischen Betonschädeln und Reformern. Die CDU/CSU tat sich schwer mit der finanziellen Rettung der DDR, die DDR tat sich schwer mit den geforderten menschlichen Erleichterungen, die Breschen in ihre Grenze zur BRD reißen würden.

Beim Bonner Regierungswechsel hatte Kanzler Kohl vom Vorgänger Schmidt das deutsch-deutsche Geheimprojekt übernommen, ohne sich groß um das Wiedervereinigungsgebot des Grundgesetzes zu scheren. Einer seiner Beauftragten für den vertraulichen Draht zum DDR-Regime wurde Philipp Jenninger als Staatsminister im Kanzleramt. Der war aus alten Oppositionszeiten gut Freund mit diesem spendablen Flick-Manager Kanter, dem er sich auch weiterhin eng verbunden fühlte, als der bei Flick ausschied und sich in Bonn als Politikberater und Publizist selbstständig machte. Jenninger und Kanter trafen sich wiederholt in Kanters konspirativer Wohnung in der Konrad-Adenauer-Allee im Rheinstädtchen Andernach. Für Stasi-Mann »Fichtel« war es ein Leichtes, den ebenso vertrauens- wie redseligen Kohl-Vertrauten über den jeweiligen Stand der deutsch-deutschen Geheimgespräche auszuhorchen. So hatte Wolf, keineswegs der engagierte Reformer, als er sich nach der Wiedervereinigung ausgab, den Hardlinern in Moskau und Ostberlin stets frische Nachrichten über die deutsch-deutsche Affäre zu bieten und ihnen die Obstruktion zu erleichtern.

Doch plötzlich, Andeutungen aus Ostberlin über die Flick-Schmierereien genügten, waren humanitäre Gegenleistungen der DDR nicht mehr nötig. Franz Josef Strauß und Helmut Kohl schoben, ohne Bedingungen, Erich Honecker zwei Milliarden D-Mark an Krediten hin. Einfach so? Ex-Bundeskanzler Helmut Schmidt schrieb nach einem Besuch im September 1983 beim DDR-Staatsratsvorsitzenden, der habe ihm erklärt, man sei an den Milliardenkredit »wie die Jungfrau zum Kind« gekommen. Oder vielleicht doch nicht in aller Unschuld? Sondern weil der SED-Chef so viel wusste vom Klassenfeind, dank Kanter, und sich »politische Rücksichtnahme« auf die geschmierten westdeutschen Politiker abkaufen ließ?

Der Brandenburger

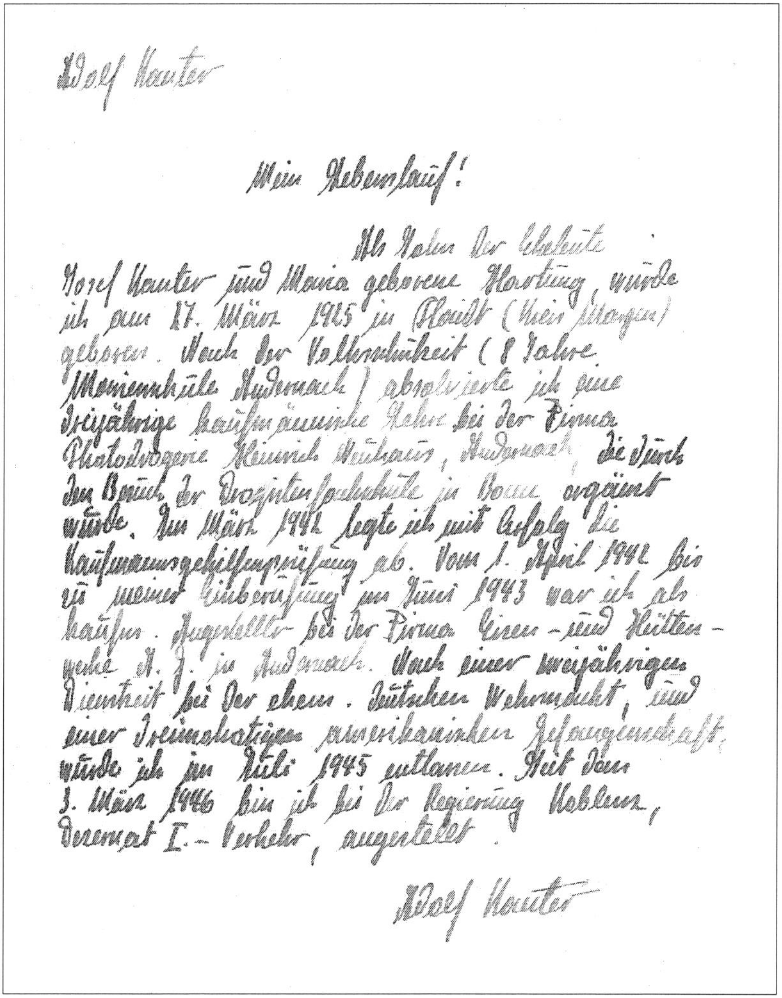

Adolf Kanter

Mein Lebenslauf!

Als Sohn der Eheleute Josef Kanter und Maria geborene Harting, wurde ich am 17. März 1925 in Plaidt (Kreis Mayen) geboren. Nach der Volksschulzeit (8 Jahre Marienschule Andernach) absolvierte ich eine dreijährige kaufmännische Lehre bei der Firma Photodrogerie Heinrich Neuhaus, Andernach, die durch den Besuch der Drogistenfachschule in Bonn ergänzt wurde. Im März 1942 legte ich mit Erfolg die Kaufmannsgehilfenprüfung ab. Vom 1. April 1942 bis zu meiner Einberufung im Juni 1943 war ich als kaufm. Angestellter bei der Firma Eisen- und Hüttenwerke A. G. in Andernach. Nach einer zweijährigen Dienstzeit bei der ehem. Deutschen Wehrmacht, und einer dreimonatigen amerikanischen Gefangenschaft, wurde ich im Juli 1945 entlassen. Seit dem 3. März 1946 bin ich bei der Regierung Koblenz, Dezernat I. - Verkehr, angestellt.

Adolf Kanter

»Führung: sehr gut«: Frühe Werdejahre eines Topspions.

»Mein Lebenslauf!
Als Sohn der Eheleute Josef Kanter und Maria geborene Hartung, wurde ich am 27. März 1925 in Plaidt (Kreis Mayen) geboren. Nach der Volksschulzeit (8 Jahre Marienschule Andernach) absolvierte ich eine dreijährige kaufmännische Lehre bei der Pirma Photodrogerie Heinrich Neuhaus, Andernach, die durch den Besuch der Drogistenfachschule in Bonn ergänzt wurde. Im März 1942 legte ich mit Erfolg die Kaufmannsgehilfenprüfung ab. Vom 1. April 1942 bis zu meiner Einberufung im Juni 1943 war ich als kaufm. Angestellter bei der Pirma Eisen- und Hüttenwerke A.G. in Andernach. Nach einer zweijährigen Dienstzeit bei der ehem. Deutschen Wehrmacht, und einer dreimonatigen amerikanischen Gefangenschaft, wurde ich im Juli 1945 entlassen. Seit dem 3. März 1946 bin ich bei der Regierung Koblenz, Dezernat I. – Verkehr, angestellt.
Adolf Kanter«

Der kleine Parkplatz mitten in Plaidt, dort wo die Mühlenstraße auf die Hauptstraße trifft, ist für die älteren Bürger des Städtchens über dem Rheintal immer noch »Kanter's Eck«. Dort stand das Haus samt Schlachterei des aus Niederzibelle im Regierungsbezirk Liegnitz zugezogenen Metzgers Theodor Julius Kanter, der sich im Ort mit seinen vorzüglichen schlesischen Wurstwaren einen Namen gemacht hatte. Sein Sohn Julius Adolf erlernte ebenfalls den Metzgerberuf, übernahm das Geschäft, fand in der Nachbargemeinde Wolken seine Ehefrau Maria Anna, die ihm 1925 den Sohn Adolf Josef Kanter gebar.

Das Jahr 1941 brachte schwere Prüfungen für die streng katholische Familie: Julius Adolf Kanter fiel im Zweiten Weltkrieg; das Haus der Kanters sackte ab wegen eines Stolleneinsturzes im Tuffuntergrund, es musste abgerissen werden. Der 16-jährige Adolf, die verwitwete Mutter und Schwester Agnes zogen um ins nahe Andernach.

Der schlaksige Brillenträger kannte sich gut aus in dem verwinkelten, über 2.000 Jahre alten Ort am linken Rheinufer. Hier hatte er es bei der Hitlerjugend (HJ) zum Oberrottenführer gebracht. Sein bester Kamerad war Werner Spurzem, Drogerielehrbub wie er, gefallen 1944. Hier war Kanter auf die Volksschule gegangen, hatte ihm Schulleiter Rausch 1939 zum Abschluss ein vorzeigbares Zeugnis ausgestellt: Führung: sehr gut, Fleiss: gut, Religion-Katechismus: gut, – Bibl. Geschichte: gut, Deutsch, a) mündlich: gut b) schriftlich: gut, Geschichte: gut, Erdkunde: gut, Naturkunde: gut, Rechnen: gut, Raumlehre: gut, Handschrift: gut, Zeichnen: gut, Musik: gut, Turnen: befriedigend, Schwimmen: ./., Werkunterricht: gut.

Lob für den braven Jungen kam ebenfalls vom Lehrherrn. Der Drogist Heinrich Neuhaus schrieb ihm 1942 ins Lehrlingszeugnis: »Adolf Kanter wurde beschäftigt im Laden, Lager, Büro und Dunkelkammer. Die ihm übertragenen Arbeiten hat er zu meiner vollen Zufriedenheit ausgeführt, [...] (er) verband Treue und Fleiss bei sehr gutem Betragen. Für sein ferneres Wohlergehen wünsche ich ihm das Beste.«

»Sein Betragen war jederzeit einwandfrei«, testierten ihm 1943 vor Antritt des Militärdienstes auch die Eisen- und Hüttenwerke Andernach. Er hatte dort seine erste Stelle erhalten, für 1.000 Reichsmark im Monat. »Er war als kaufm. Angestellter auf dem Lohnbüro beschäftigt, wo er zuletzt die Lohnabrechnungen verschiedener Betriebsabteilungen selbständig erledigte. Herr Kanter war fleissig und gewissenhaft und hat die ihm übertragenen Arbeiten zu unserer größten Zufriedenheit ausgeführt.«

Wie gut sich Kanter darauf verstand, dunkle Wesenszüge zu verbergen, belegt auch das »Dienstleitungszeugnis« des Koblenzer Regierungspräsidenten, ausgestellt am 10. Oktober 1947. Über den ersten Nachkriegsjob des Heimkehrers steht dort: »Der Reg.-Angestellte Adolf Kanter ist seit dem 3. März 1946 beim Dezernat I Verkehr beschäftigt. Sein Tätigkeitsgebiet erstreckt sich auf die Bearbeitung von Kassenangelegenheiten, Führung der Registratur und Erledigung der allgemeinen Büroarbeiten. Kanter verfügt über eine gute Allgemeinbildung und seine schnelle Auffassungsgabe ermöglicht es ihm, sich schnell in neue Aufgabengebiete einzuarbeiten. Die ihm übertragenen Arbeiten hat er bisher zur vollsten Zufriedenheit erledigt. Seine Bescheidenheit und sein Fleiß verdienen besonders hervorgehoben zu werden. Auch sein sonstiges Verhalten war stets einwandfrei.«

Fleißig, bescheiden, bestes Benehmen – den Eindruck wusste Kanter auch später stets bei den Leuten zu hinterlassen. Auch Ingeborg Smith, seine langjährige Sekretärin in Bonn, lobte ihn: »Freundlich, hilfsbereit, fleißig, ein ganz normaler Mann.«

Über den anderen Kanter verbreitete sich der Vorsitzende Richter beim Oberlandesgericht Koblenz, Joachim Vonnahme, in der geheim gehaltenen Begründung seines milden Bewährungsurteils. Er schrieb 1995: »Zumindest in der Anfangszeit übte vordergründig die nachrichtendienstliche Verbindung mit der Vorstellung, einen funktionsfähigen fremden Geheimdienst hinter sich zu haben, schon als solche auf den Angeklagten als jungen Menschen einen gewissen Reiz aus. Eigenem Bekunden zufolge fühlte er sich dabei selbst wie eine Art ›James Bond‹.« Richter Vonnahme wusste offenkundig nicht: Vor ihm stand ein kriegsgehärteter Profi, dem Spezialisten der Nazi-Zeit das Tarnen, die Geheimoperationen, das Töten beigebracht hatten.

Über seine Zeit bei der Wehrmacht hatte es Kanter stets bei kargen Angaben belassen. In den Fragebogen der alliierten Militärregierung zwecks Entnazifizierung der Deutschen tippte er am 14. Oktober 1947 in die Antwortzeilen zur Waffengattung: »Heer«; zur Frage, wo er gedient habe: »Frankr.«; über den Dienstrang: »Gefr.«. In die Rubrik »Militäranschrift« trug er handschriftlich ein: »Pz.Rgt. Brandenburg«, als vorgesetzten Offizier: »Maj. Waldeck« und als Grund für die Beendigung des Dienstverhältnisses: »Kriegsende«. Kanter durfte seinen Nachkriegsposten in der Koblenzer Verwaltung behalten. »Belassung im Amt«, stand auf dem Bescheid vom 19. März 1947, ausgestellt von den »Bereinigungskommissionen für Politische Überprüfung« beim Regierungspräsidenten Koblenz.

Er hatte bei Weitem nicht die ganze Wahrheit über sich geschrieben. Den Hitlerjungen Kanter dürften die Heldentaten der »Brandenburger« fasziniert haben, Freiwilligenwerber der

Wehrmacht ergingen sich, unter dem Siegel der Verschwiegenheit, in Andeutungen über die »Gespenstersoldaten« der Division »Brandenburg« und ihre waghalsigen Kommandounternehmen. Einer der kolportierten Tricks: In gegnerischen Uniformen eskortierten »Brandenburger« angebliche deutsche Gefangene, die Waffen und Munition unter ihren deutschen Uniformen verbargen, durch feindliche Stellungen, um dann im Handstreich strategisch wichtige Brücken in Belgien oder Russland zu erobern.

Kanter meldete sich am 25. Juni 1943 als Freiwilliger zur Division »Brandenburg«, gegründet als Sonderverband des deutschen Militärgeheimdienstes, des Amtes Ausland/Abwehr des Oberkommandos der Wehrmacht. Spezialität der »Brandenburger«: Kommandooperationen hinter feindlichen Linien, oft völkerrechtswidrig in Uniform und mit Ausrüstung der Feindkräfte. Die Division wurde bis kurz vor Kriegsende nie geschlossen eingesetzt, sondern in einzelnen Spezialeinheiten bei diversen Heeresgruppen.

»Ein großer Teil der Kommandoeinsätze der ›Brandenburger‹ erfolgte in ›Halb-‹ oder ›Volltarnung‹«, berichtet das Bundesarchiv. »›Halbtarnung‹ bedeutete die Annäherung an ein Objekt im gegnerischen Hinterland unter oberflächlicher Maskierung als Zivilisten oder als Soldaten der Gegenseite [...] Vor Beginn feindlicher Auseinandersetzungen war die Halbtarnung abzustreifen und eine deutliche Selbstkennzeichnung als deutsche Soldaten zu gewährleisten. Befand sich dieses Verhalten bestenfalls noch am Rande der Haager Landkriegs-Ordnung, so stellte die ›Volltarnung‹ klar einen Verstoß dar. Ausgestattet mit feindlichen Uniformen, perfekt einstudiertem Verhalten und Beherrschung der entsprechenden Sprache sickerten derart getarnte Kommandos in das Hinterland, zum Teil in gegnerische Garnisonen und Stäbe ein und erfüllten bis zuletzt in ›Volltarnung‹ ihre Aufklärungs-, Verwirrungs- und Sabotage-Aufträge.«

Das 2007 veröffentlichte Buch *Geheime Krieger* – Co-Autoren sind der Ex-»Brandenburger« Regimentskommandeur Wilhelm

Walther, GSG-9-Grenzschutzkommandeur Ulrich Wegener und Brigadegeneral Reinhard Günzel, ehemals Kommandeur der Kommando Spezialkräfte (KSK) der Bundeswehr – pries die Verbände der »Brandenburger« und ihren Korpsgeist als legendäre Vorbilder für das Kommando Spezialkräfte (KSK) der Bundeswehr. Die LINKE im Bundestag protestierte: Bei den »Brandenburgern« handele es sich um eine »verbrecherische Wehrmachtsdivision«, eine »terroristische Sondereinheit«.

Autor Walther über seine alte Truppe: »Unsere Kampfweise war von den Elementen List und Tücke geprägt. Unsere Operationen waren so geheim, dass sie weder in der Presse noch in den täglichen Wehrmachtsberichten Erwähnung fanden. Von ›normalen‹ Stoßtruppeinsätzen unterschieden sich die Kommandounternehmungen der deutschen Abwehr durch die Anwendung geheimdienstlicher Methoden und Mittel. Die meisten unsere Einsätze (waren) nicht von dem damaligen Kriegsvölkerrecht gedeckt. Es war wichtig, dass der ›Brandenburger‹ absolute Bescheidenheit an den Tag legte. Denn es war klar, dass aufgrund der hohen Geheimhaltungsstufe die eigenen verwegenen Einsätze nicht an die Öffentlichkeit getragen werden durften. Maulheldentum galt bei uns als unsoldatisch und war in höchstem Maße verpönt. Deswegen galt für uns mehr als für alle anderen Soldaten der alte preußische Grundsatz ›Mehr Sein als Schein‹.«

Die »Brandenburger« hatten offenkundig Interesse an einem Fotodrogisten, der sich auf das Entwickeln von Filmen und Bildern, auf das Vergrößern von Fotoausschnitten verstand – wichtige Mittel der Feindaufklärung. So geriet der junge Kanter in der Hitler-Armee in die Welt der Geheimoperationen, des Ausspähens, der Heimtücke, der Decknamen, der Nachrichtendienste, der Sabotage, der Spionage. Auch wenn die Division »Brandenburg« nach Kriegswende 1943 nach Stalingrad mehr und mehr als gewöhnliche Panzertruppe gegen die Rote Armee eingesetzt wurde, so »starb jedoch«, schrieb Ex-Brandenburger Walter, »der Kommandogeist keineswegs. Denn die Abwehrtrupps und -kommandos blieben bei ihren Armeen und Heeresgruppen.«

Laut in Berlin verwahrten Akten der Wehrmachtauskunftsstelle stieß Kanter am 24. Juni 1943 im besetzten Frankreich zur »1. Kompanie Panzer Ersatz- und Ausbildungs-Abteilung 100«, stationiert in Versailles, unterstellt dem »Kommandeur der Schnellen Panzertruppen«. Sechs Monate später wechselte er zur »2. Panzer Kompanie zur besonderen Verwendung 12, Unterstellung: Heerestruppe«.

Im Fragebogen der Siegermächte hatte er als Einsatzgebiet lediglich Frankreich angegeben. Was er verschwieg und verbarg: Mit seiner Spezialeinheit, die zum Panzerregiment »Brandenburg« gehörte, wurde er auf den Balkan verlegt. Die Bezeichnung seiner Panzerkompanie 12 »zur besonderen Verwendung« weist auf sogenannte Spezialoperationen hin; es waren gepanzerte Killerkommandos. Kanter und seine 2. Panzerkompanie z. b. V. 12 waren 1944 in Serbien im Einsatz, im erbarmungslosen, von Kriegsverbrechen auf beiden Seiten geprägten Kampf mit Partisanen. Eintrag im Lexikon der Wehrmacht: »Die Panzer-Abteilung 12 wurde im März 1944 in Serbien aufgestellt. Die Abteilung wurde durch das Höhere Kommando LXV mit 3 Kompanien als Heerestruppe aufgestellt. Als Stamm wurde die 1942 errichtete Panzer-Kompanie z. b. V. 12 verwendet. Die Abteilung wurde in Serbien eingesetzt. Im Dezember 1944 wurde die Abteilung zur II. Abteilung beim Panzer-Regiment Brandenburg und damit der Panzer-Grenadier-Division Brandenburg unterstellt.« Ausgerüstet war Kanters Panzerkompanie mit schweren Beutepanzern aus Frankreich vom Typ B2, Bewaffnung: Maschinengewehr, 4,7-cm-Kanone und 7,5-cm-Haubitze.

Unter Historikern gilt es als »wahrscheinlich«, dass »Brandenburg«-Verbände bei der Partisanenbekämpfung zahlreiche Kriegsverbrechen gegen Zivilisten verübten. Die Quellenlage sei schlecht. Über viele Einsätze der »Brandenburger« gebe es keine Akten, und falls doch, sei eine Zuordnung wegen der Verwendung von Decknamen kaum möglich.

Hitler hatte beim Balkanfeldzug der Wehrmacht seine Generale aufgefordert, im Partisanenkampf »brutal« durchzugreifen, »alle europäischen Hemmungen« abzulegen. Gefangene Partisanen waren zu liquidieren, als Vergeltung für erschossene oder verwundete deutsche Soldaten zivile Geiseln hinzurichten, Häuser und Gehöfte, ganze Ortschaften in Schutt und Asche zu legen. Im überfallenen Jugoslawien haben die Deutschen mehr als 80.000 Geiseln umgebracht.

Das Bundesarchiv berichtet, die »Brandenburger« würden »für gewöhnlich von zwei Seiten aus betrachtet und entsprechend bewertet« – einerseits als Wehrmachtsverband besonderer Art, »der bewunderungswürdige Leistungen vollbracht habe«, andererseits als »Terrorverband, der gegen Kriegsrecht verstoßen und Kriegsverbrechen begangen habe«. Die »Brandenburger« waren, auch in ihrem Selbstverständnis, eine Spezialtruppe für den Partisanenkrieg. »Die Bedrohung durch Partisanen war für die deutsche Seite eine tödliche Realität, deren Bekämpfung tatsächlich militärische Notwendigkeit.« Beide Seiten hätten Kriegsverbrechen begangen, Kriegsverbrechen an Zivilisten durch deutsche Einheiten »zahlreich erwiesen«.

Der Gefreite Kanter hatte Glück. Kurz vor dem Rückzug seiner Heeresgruppe vor weit überlegenen Verbänden der Roten Armee und der Partisanentruppen des Josip Broz Tito im Herbst 1944 war er heimwärts zu einem Unteroffizierslehrgang abkommandiert worden. Unverwundet ergab sich Kanter im April 1945 nahe Würzburg vorrückenden Truppen der 7. US-Armee.

Was dann geschah, ist unklar. Kanter tischte nach seiner kurzzeitigen Festnahme 1993 den Vernehmungsbeamten allerlei auf: Die Amerikaner hätten ihn als Kriegsgefangenen ins Konzentrationslager Dachau verfrachtet, zu entsetzlichen Aufräumarbeiten. Er hätte als Beruf »Photo-Drogist« angegeben, und ihm wäre deshalb befohlen worden, Fotos und Röntgenaufnahmen der Toten zwecks späterer Identifizierung zu entwickeln. Nach drei Monaten hätte man ihn entlassen.

Stimmt das so? Auf dem Gelände des KZs haben die Amerikaner im Juli 1945 begonnen, ein Internierungslager für Kriegsgefangene und mutmaßliche NS-Kriegsverbrecher einzurichten.

Kanter ist nach eigenen Angaben bereits im Juli 1945 aus der Kriegsgefangenschaft entlassen worden. Wollte er sich als Opfer darstellen? Wollte er bei den Vernehmern damit punkten, dass ihn Schreckenserlebnisse im KZ zum Weltverbesserer gemacht hätten? Wie kam es, dass der Ex-Brandenburger schon sieben Monate nach seiner Entlassung aus der Kriegsgefangenschaft einen Posten in der Bezirksregierung Koblenz bekam?

In dem KZ Dachau nordwestlich von München hatten die US-Truppen Ende April 1945 in einem Güterzug aus Buchenwald die Leichen von mehr als 2.300 Häftlingen entdeckt, dazu Leichenberge vor den Baracken. Das US-Militär erschoss mindestens 16 SS-Bewacher, nachdem sie sich ergeben hatten. Die US-Armee führte das KZ einige Monate lang organisatorisch weiter, versorgte die überlebenden Häftlinge mit Nahrung und Medikamenten, impfte sie gegen Typhus.

OLG-Richter Vonnahme in Koblenz nahm bei seiner Forschung nach Gründen für Kanters Verrat dessen Dachau-Erzählungen für bare Münze. »Ein gewichtiges Motiv des Angeklagten«, schrieb der Richter 1995 in die Urteilsbegründung, als sei er froh, sich so für die ungewöhnlich milde Bewährungsstrafe rechtfertigen zu können, »lag jedenfalls in der Anfangszeit vielmehr in dem Bestreben, zur Verständigung der Völker und Staaten und damit zum Erhalt des Friedens beizutragen. Außer durch seine humanistische und von der christlichen Lehre geprägten sozialen Grundeinstellung sah er sich insbesondere durch seine Erlebnisse im Konzentrationslager in Dachau dazu veranlasst, den Dialog auch mit Fremden und Andersdenkenden zu suchen. Davon nahm er kommunistische Gesprächspartner, denen er schon früh, unter anderem in Marienberg bei den Weltjugendspielen, begegnete, nicht aus, zumal er zwischen dem von sozialistischer Seite propagierten Humanismus und dem Linkskatholizismus, dem er sich zugehörig fühlte, Gemeinsamkeiten sah.«

Kanter, der edle Agent? Geschluckt hatte Richter Vonnahme auch, was Kanter über sich als Europa-Fan erzählt hatte. Urteilstext: »Auch wollte er, von der Idee eines zusammenwachsenden

Europas begeistert, diese Entwicklung nicht auf den westlichen, von der EG und der NATO bestimmten Teil des Kontinents beschränkt sehen. Der kommunistischen Ideologie des SED-Regimes mit ihrer stark atheistischen Ausrichtung brachte der Angeklagte allerdings keine Sympathie entgegen.«

Wahr hingegen ist: Es war eben dieses SED-Regime, das ihrem Geheimagenten Kanter Anfang der 1950er-Jahre die Order erteilte, sich als guter Europäer auszugeben. Er solle sich in die junge europäische Bewegung in Westdeutschland einschleichen und sie ausspähen.

FÜNFTES KAPITEL

Deckname »Hans«

In ebenmäßig klarer Handschrift hat der Absolvent des 3. Lehrgangs der Rheinischen Verwaltungsschule Cochem unter dem Datum des 10. September 1948 sein Wissen zur Prüfungsaufgabe »Die Gewaltentrennung nach der Verfassung von Rheinland-Pfalz« zu Papier gebracht. »Eine der elementarsten Grundforderungen für die Schaffung einer wirklichen Demokratie«, schreibt Adolf Kanter, 23 Jahre, Volksschüler, Entsendungsbehörde: Regierungspräsident Koblenz, »ist die Teilung der Staatsgewalt in Gesetzgebung, Rechtsprechung und Verwaltung. Der große Aristoteles ist wohl als der Vater dieses Gedankens anzusehen. Der Franzose Montesquieu hat im 18. Jahrhundert diesem Gedanken von Aristoteles konstruktivere Formen gegeben. Er hat den Zusammenbruch jedes Staates vorausgesagt, wo diese 3 Gewalten in einer Hand vereinigt werden [...]« und so weiter und so fort brav freiheitlich-demokratisch bis zum Schluss. »Eine Nichteinhaltung des Gedankens der Gewaltentrennung führt zu einer Staatsdiktatur, wie uns die nahe Vergangenheit ja gelehrt hat«. Note: »12« (von 20 möglichen Punkten).

Die Note »16« verdient sich der Beamtenanwärter Kanter mit einem Aufsatz, der in der Erkenntnis gipfelt: »Die soziale Frage ist die Schicksalsfrage der Menschheit. Eine Verzögerung der Lösung der sozialen Frage schafft Kriegsgefahr, denn letzthin haben die beiden Weltkriege ihre Grundursache in der unbefriedigten Wirtschafts- und Sozialordnung. Eine Nichtlösung brächte das Chaos; den Aufstand der enttäuschten und führungslosen Massen gegen jede Ordnung.«

Und wieder eine »16« gab es für eine deutsch-französische Übersetzung als Hausaufgabe, in der Kandidat Kanter passable Kenntnisse nachwies. Beispiel: »Die Familie Dupont hat in Chaville ein grosses Haus. In dem Haus sind viele Zimmer. Hinter dem Haus ist ein viereckiger Garten mit vielen Blumen und einer Anzahl Bäumen. – La famille Dupont a une grande maison à Chaville. Il y a beaucoup de chambres dans la maison. Derrière la maison il y a un jardin carré avec beaucoup de fleurs et un nombre d'arbres.«

Ansonsten ist der Beamtenanwärter mit nicht ganz so großen Themen beschäftigt. In seinem Ausbildungsnachweis hat er in der Rubrik »Art der praktischen Tätigkeit« für die Zeit Dezember 1948 bis Februar 1950 bei der Abteilung Verkehr und der Abteilung Preisüberwachung des Regierungspräsidenten sowie der Regierungshauptkasse aufgeschrieben: »Anweisen von Rechnungen der Regierungsfahrbereitschaft an die Kasse«, »Überwachung der ein- und ausgehenden Post«, »Mitarbeit bei der Bearbeitung von Dienstaufsichtsbeschwerden wegen beschlagnahmten Kfz«, »Führen von Tagesausgabe- und Einnahmelisten, Übertragung in die Titelbücher und damit verbundene Monatsabschlüsse«. »Erteilung von Amtsaufträgen zwecks Beitreibung von ausstehenden Geldern, Einstellung von Einziehungsverfahren, bei nachgewiesener Bedürftigkeit Erlaß von Gebühren und Auslagen.« Der Leistungsbericht 1949 der Ausbildungsbehörde ist voll des Lobes über den nun 24-Jährigen:

»Befähigung: Der Anwärter hat eine gute Auffassungsgabe und eine ruhige abwägende Urteilsfähigkeit. Er hat sich im übrigen als sehr anstellig erwiesen.
Kenntnisse: Er hat sich in der Zeit der Ausbildung im Kassenwesen gute Kenntnisse angeeignet.
Fleiß: Die ihm übertragenen Aufgaben hat er mit Fleiß und gutem Verständnis gelöst.
Zuverlässigkeit: Bei allen Dienstverrichtungen hat sich der Anwärter als zuverlässig erwiesen.
Pünktlichkeit: Im Dienst ist er stets pünktlich gewesen.
Allgemeine Leistungen im Dienst: Die Leistungen waren in jeder Hinsicht zufriedenstellend.
Haltung in und ausser Dienst: Die Führung im Dienst war gut. Ausserdienstlich ist Nachteiliges nicht zur Kenntnis gekommen.

Charakter: Ernste Lebensauffassung, anständig und ehrlich. Eignung für die Laufbahn: Geeignet für die mittlere gehobene Laufbahn.«

Am 6. März 1950 dann hielt Kanter das Abschlusszeugnis in Händen:

»Durchschnittsergebnis der praktischen Arbeiten während des (letzten) Ausbildungsjahres: 13 Punkte, Ergebnis der mündlichen Prüfung: 10 Punkte, Schlussnote: ausreichend.«

»Die Waffe der Division Brandenburg war die Tarnung«, schrieb Kriegsbuchautor Will Berthold (*Die Männer der Division Brandenburg*). Der Brandenburger Kanter war ein Meister im Führen dieser Waffe.

Auf Tarnen und Täuschen verstand er sich, sein Leben lang. In jenen Zeiten, in denen seine Ausbilder und Vorgesetzten ihn als den fleissigen, pünktlichen, anständigen, ehrlichen Kandidaten für den Staatsdienst in der in Deutschlands Westen heranwachsenden freiheitlichen Demokratie priesen, hatte der sich längst bei den Gegnern dieser Demokratie verdingt. Nach Dienstschluss in den Lehrgängen der Rheinischen Verwaltungsschule war Kanter konspirativ unterwegs.

Geheimdienstexperte Helmut Müller-Enbergs hat aus den Akten der Stasi-Unterlagenbehörde in Berlin einiges über die frühen Jahre des Agenten herausgefiltert: Im heimischen Andernach hat sich Kanter 1948 als Kundschafter der Kommunisten anheuern lassen. Geworben hat ihn Leo Schieder, Deckname »ck8«, der für die Kommunistische Partei Deutschlands (KPD) im Andernacher Stadtrat saß und von 1947 bis 1951 Mitglied des rheinland-pfälzischen Landtags war. Die KPD hatte unter dem Namen »Parteiaufklärung« ein Netz von Spionagezellen aufgebaut, im Agentenjargon »Residenturen«, die zwischen fünf und zehn inoffizielle Mitarbeiter (IM) betreuten. Schieder alias »ck8« führte die Residentur »Kneip«, verpasste Kanter erst den Decknamen »Hans«, wenig später den Decknamen »ck3«. Unter diesem Kürzel war er dann auch als Zuträger und Kurier einem anderen

Ostagenten, dem früheren SS-Obersturmbannführer August Moritz mit Decknamen »Kornbrenner«, zu Diensten. Den Decknamen »Fichtel« erhielt Kanter erst später bei Übernahme in die Stasi.

Was trieb den jungen Kanter zu den Kommunisten? Aus Aufsätzen für die Verwaltungsschule lässt sich herauslesen, wo seine Sympathien lagen. »Der frühere Kampf der Leibeigenen und Unfreien gegen Adel und Geistlichkeit«, schrieb er am 25. Juli 1948, »erhielt seine Fortsetzung durch den entbrennenden Kampf des Proletariats um seine sozialen Forderungen. [...] Karl Marx, ein Sohn unserer engeren Heimat, [...] schuf die geistigen Vorbedingungen zum Kampf der Sozialisten. [...] Auf marxistischer Grundlage fussend haben wir in Russland heute eine ausgeprägte Form des Sozialismus, den nach Lenin benannten Leninismus [im Originaltext: Lenismus, D. K.], welcher die kommunistische Gesellschafts- und Wirtschaftsordnung erstrebt. Zur systematischen Durchorganisierung des Staates nach den Lehren von Marx haben wir in Russland die als Übergang gedachte Diktatur des Proletariats. Nur durch eine radikale Übergangszeit, durch Entrechtung der Kapitalistenklasse, Verstaatlichung der enteigneten Industrie und Handelsunternehmungen etc. glaubt man, die Verwirklichung des Sozialismus erreichen zu können.«

Um Russland war es auch in einer Prüfungsarbeit kurz zuvor, am 20. Mai 1948, gegangen: »Bis zum ersten Weltkrieg hatten wir fast ein reines Agrarvolk. Nach den Statistiken des Zarenreiches waren von der arbeitenden Bevölkerung rund 85 % in der Landwirtschaft und artverwandten Betrieben beschäftigt. Ohne die totale Beeinflußung der russischen Wirtschaft durch das heute bestehende System wäre die gewaltige Industrialisierung wohl kaum geschaffen worden.«

Stasi-General Wolf über Kanter. »Ein Mann, der sich dem Sozialismus verpflichtet fühlte.« Das mag so gewesen sein. Oder auch nicht. Auch Wolf könnte dem Meister der Täuschung auf den Leim gegangen sein.

Kanter machte mit, als es in der französischen Besatzungszone, im späteren Bundesland Rheinland-Pfalz, an den Aufbau der kommunistischen Freien Deutschen Jugend (FDJ) ging, von 1947 an war er Mitglied im FDJ-Landesvorstand, sein FDJ-Landesleiter war Otto Stamfort aus Ludwigshafen.

Über diesen Kanter-Genossen berichtet der spätere Bundeskanzler Helmut Kohl in seinen *Erinnerungen*: »Eine der seltsamsten Erfahrungen meines Lebens ist, dass in dieser Nachkriegszeit, in der alles wie umgestülpt erschien, eines Tages an unserem Gymnasium ein neuer Lehrer auftauchte, der großen Eindruck auf mich machte: Dr. Otto Stamfort, Jude und Kommunist, Mathematiker und Physiker. Er wohnte von 1946, als er aus dem Exil nach Deutschland kam, bis 1948, als er in die Sowjetische Besatzungszone übersiedelte, nur hundert Meter entfernt von meinem Elternhaus. Ich besuchte meinen Mathelehrer, den überzeugten Marxisten, wöchentlich in seiner Wohnung, um mit ihm und einem kleinen Kreis von anderen Schülern über Politik und Philosophie zu diskutieren. Bei Stamfort lernte ich übrigens Max Reimann kennen, den Vorsitzenden der KPD.« Und wahrscheinlich auch den FDJ-Funktionär Kanter.

Sicher ist, dass sich Kohls und Kanters Wege bereits in jenen Jahren kreuzten. Der Gymnasiast Kohl – Abiturjahrgang 1950 – war 1946 als politikbegeisterter 16-Jähriger in die CDU eingetreten, hatte 1947 die CDU-Jugendorganisation Junge Union in Ludwigshafen mitbegründet. Stasi-General Wolf schreibt in seinen Memoiren: »Mit Glück und Voraussicht hatten wir unseren dienstältesten Kundschafter in Westdeutschland, Adolf Kanter, in der Umgebung eines rheinland-pfälzischen Nachwuchspolitikers namens Helmut Kohl plaziert. Kanter/Fichtel, war von der Parteiaufklärung zu unserem Dienst gekommen. Nach dem Krieg hatte er die FDJ in Rheinland-Pfalz mit aufgebaut und gehörte ihrem Landesvorstand an. 1949 verließ er die kommunistische Jugendorganisation und trat nach einer Schamfrist der Jungen Union bei, in der er Kreisvorsitzender und Bezirksschulungsreferent wurde.«

Wie üblich verschweigt Wolf allerlei, auch welch fragwürdige Rolle er damals spielte. Kanter galt bei der »Parteiaufklärung« als Gefolgsmann von Bruno Haid, dem damaligen Geheimdienstchef.

Moskau und Ostberlin drängten darauf, den parteieigenen Nachrichtendienst aus der KPD herauszulösen. Dem in Westdeutschland heraufziehenden Verbot von KPD und FDJ sollte ein gewichtiges Argument genommen werden. 1951 befahl die Sowjetunion der DDR, einen neuen Auslandsnachrichtendienst aufzubauen, unter dem Tarnnamen »Institut für wirtschaftswissenschaftliche Forschung« (IWF), dem Vorläufer der Hauptverwaltung Aufklärung (HVA), der Auslandsspionage beim MfS. Einige Agenten der »Parteiaufklärung« und sämtliche Unterlagen wurden übernommen, der Aufklärungsleiter Haid kaltgestellt.

Gekippt worden war Haid durch einen geheimen Untersuchungsbericht: Die »Parteiaufklärung« habe von vornherein unter Kontrolle des Gegners« gestanden, sei »in all ihren Gliedern den Abwehrorganen des Gegners bekannt« gewesen und für eine »planmäßige Desinformierung unserer Parteiführung benutzt« worden, begünstigt durch die »absolut unzulängliche Leitung« Haids. Verfasst hatte die vernichtende Abrechnung Markus Wolf, der auf Haids Stuhl wollte. SED-Generalsekretär Walter Ulbricht verfügte Haids Rausschmiss aus dem IWF und wenig später Wolfs Aufstieg zum neuen Chef der Auslandsspionage.

Da der Verdacht bestand, britische, amerikanische und westdeutsche Dienste hätten Quellen der Parteiaufklärung umgedreht, ließ Ulbricht sämtliche Residenturen schließen; Wolf wurde beauftragt, über jede Quelle einen ausführlichen Bericht abzuliefern. Nur neun Agenten überstanden die Säuberung. Kanter war einer von ihnen. Im Bericht über Kanter findet sich laut Experte Müller-Enbergs ein Hinweis, er sei aufgefordert gewesen, sich in den Verfassungsschutz von Rheinland-Pfalz einzuschleichen. Vielleicht hat Wolf im Falle Kanter nicht tief genug gebohrt. Denn es gab Merkwürdigkeiten.

Wie kam es, dass die Amerikaner den Kriegsgefangenen Kanter erst ins KZ Dachau schickten und ihn dann schon nach drei Monaten, im Juli 1945, freiließen? Und dass er schon wenige Monate später, Anfang März 1946, inmitten von Chaos und Not im kriegszerstörten Deutschland einen Traumjob mit gesichertem Einkommen erhielt? Und obendrein als Volksschüler das Privileg, Französisch zu erlernen? Kanter wurde Verwaltungsangestellter der Bezirksregierung Koblenz, in der die französische Besatzungsmacht komplett das Sagen hatte. Könnte er sich bei den Alliierten und ihren Nachrichtendiensten verdingt haben? Und von denen als Spitzel auf die Kommunisten am Mittelrhein angesetzt worden sein? Im heraufziehenden Kalten Krieg hatten die Westalliierten begonnen, die vom Kreml ferngesteuerte KPD und deren Untergruppen zu überwachen.

Kanter – ein Doppel- oder Tripelagent? Stasi-Experte Müller-Enbergs ist sich so gut wie sicher, dass Kanter auf mehreren Schultern getragen hat, dass er spätestens nach Abschluss der Verwaltungsschule auch für den rheinland-pfälzischen Verfassungsschutz tätig war. Der ostdeutsche Nachrichtendienst nutzte ihn als sogenannte »A-Quelle«. Deren Hauptaufgabe war das Abschöpfen von Informationen aus weit zu spannenden Kontaktnetzen.

So wollten Moskau und Ostberlin wissen, welches politische Gewicht der überall in den Nachkriegsjahren aufkeimenden Europa-Begeisterung beizumessen war. Kanter erhielt entsprechende Weisung aus dem für die Europäische Gemeinschaft zuständigen Referat 5 der Abteilung I der Hauptverwaltung Aufklärung (HVA) und schlich sich in die junge europäische Bewegung in Westdeutschland ein. Er trat dem 1949 gegründeten »Bund Europäischer Jugend« (BEJ) bei, 1951 war er bereits BEJ-Landesvorsitzender in Rheinland-Pfalz mit eigenem Büro in der Koblenzer Stresemannstraße und saß bald auch im Landesvorstand der Europa-Union, der für die europäische Einigung kämpfenden Erwachsenenorganisation. Helmut Kohl erzählte später gerne davon, wie man damals als junger Europa-Fan Schlagbäume zersägte und für den Wegfall der Grenzen in Europa stritt. Kanter übernahm im Juli 1951 die Schlüsselstellung des in alle vertraulichen Angelegenheiten eingeweihten Generalsekretärs des BEJ in Rheinland-Pfalz. Bereits im August nahm er als Vertreter des Verbandes an den Weltjugendfestspielen in Ostberlin teil.

Kanter gab den Kommunistenfresser, den Kalten Krieger gegen die DDR. Ein Meister der Tarnung – in einem solch wackeren Streiter für ein in Freiheit vereintes Europa konnte doch kein Ostagent stecken. »Es ist notwendig, dass tragende Gruppen von jungen Menschen vorhanden sind, die nicht nur Lippenbekenntnisse ablegen, sondern mit einer festen kämpferischen Geisteshaltung imstande sind, einer östlichen Versklavung entgegenzuwirken«, schrieb der Stasi-Mann am 26. Februar 1951 an Jakob Kaiser (CDU), den Bundesminister für gesamtdeutsche Fragen. Der sollte Fördermittel für das Europa-Haus in Marienberg herausrücken. Der DDR-Agent haute noch fester drauf: »[...] Dies gilt ganz besonders auch für die Ostzone, wo Hunderttausende Jugendliche in wachsender Opposition gegenüber einer Bolschewisierung stehen. Es ist notwendig, der Jugend Ost- und Westdeutschlands klar zu machen: Ein in Freiheit geeintes Deutschland in einem vereinigten Europa erhält den Frieden und ist auch imstande, die sozialen Probleme, die heute die Jugend, besonders im Osten, bedrücken, zu lösen. [...] Von Marienberg soll der Jugend ein freiheitlicher, wahrhaft europäischer Geist vermittelt werden: der Jugend im Westen soll Mut zum Bekenntnis zur westlichen Welt gegeben werden, der Jugend im Osten der Widerstandswille ideologisch gestärkt werden, um ein wirkliches Gegengewicht gegen die östliche Demagogie zu schaffen.« Leitgedanke müsse dabei sein: »Über die Einheit Deutschlands zur Einheit Europas«.

Wenig später, so Müller-Enbergs, versuchte Kanter im Auftrag des ostdeutschen Nachrichtendienstes, in das Bundesministerium für gesamtdeutsche Fragen und ins Auswärtige Amt einzudringen. Doch seine Stellenbewerbungen wurden von beiden Bonner Ministerien abschlägig beschieden. Die Auftraggeber im Osten waren mit Säuberungen in ihren Nachrichtendiensten beschäftigt. Die Beziehung zu »ck3« ruhte, auch Kanter ließ den Kontakt einschlafen. Per Postkarte hatte er Ostberlin noch den 8. Oktober 1952 als Ankunftstermin eines Kuriers mit nachrichtendienstlichen Unterlagen mitgeteilt. Doch der Kurier – die damalige Verlobte

Landesverband Rheinland- Pfalz

An den

Bundesminister für
Gesamtdeutsche Fragen

Herrn Jakob Kaiser

Bonn

Koblenz, den 26.2.1951
Stresemannstrasse 3-5/III
(p.A.: Adolf Kanter)

Sehr geehrter Herr Minister,

erlauben Sie mir, Sie auf folgendes Projekt aufmerksam zu machen:

der Bund Europäischer Jugend, Landesverband Rheinland-Pfalz in Verbindung mit dem Bundesvorstand des Bundes Europäischer Jugend und dem Präsidium der Europa-Union beabsichtigt die Förderung eines Projektes der Errichtung eines "Europa-Hauses", Haus der Jugend in Marienberg (Oberwesterwaldkreis).

Meine Freunde und ich halten die Errichtung dieses Hauses, das als Treffpunkt der politische interessierten Jugendgruppen dienen soll, für sehr notwendig, um eine Stätte zu haben, an der sich wißbegierige junge Menschen das erarbeiten können, was sie als geistiges Rüstzeug für eine fruchtbringende politische Betätigung brauchen. Es ist notwendig, daß tragende Gruppen von jugen Menschen vorhanden sind, die nicht nur Lippenbekenntnisse ablegen, sondern mit einer festen kämpferischen Geisteshaltung imstande sind, einer östlichen Versklavung entgegenzuwirken.

Wenn der Gedanke an ein einiges Europa bisher nicht diese Lücken bei der deutschen Jugend ausgefüllt hat, dann deshalb, weil der Europa-Gedanke nicht in die notwendige Tiefe bei der Jugend eindringen konnte, weil es zu wenig Menschen gibt, die in der Lage sind, die Kompliziertheit der auftauchenden Probleme verständlich zu erklären und brauchbare Lösungen zu vermitteln. Dies gilt ganz besonders auch für die Ostzone, wo hunderttausende Jugendliche in wachsender Opposition gegenüber einer Bolschewisierung stehen.

Es ist notwendig, der Jugend Ost- und Westdeutschlands klar zu machen:

Ein in Freiheit geeinigtes Deutschland in einem vereinigten Europa erhält den Frieden und ist auch imstande, die Sozialen Probleme, die heute die Jugend, besonders im Osten, bedrücken, zu lösen.

Meister der Tarnung: »geistiges Rüstzeug für eine fruchtbringende politische Betätigung«.

und spätere Ehefrau Kanters – erschien dann schon nicht mehr zur angegebenen Zeit am angegebenen Ort.

Erst 1957 – Markus Wolf hatte mittlerweile seine Stellung als Chef der Hauptverwaltung Aufklärung (HVA) gefestigt – nahm man wieder Verbindung zu Kanter auf, gab ihm den Decknamen »Fichtel«. Der hatte es inzwischen in seinen ihm aus Ostberlin aufgegebenen Ausspähbereichen Europa und CDU weit gebracht.

Wolf notierte in seinen »Erinnerungen«, wie »Fichtel« auf Kohl angesetzt wurde: »Kanter schloß sich der jungen CDU-Truppe an, die gegen den Widerstand der Parteihonoratioren den Weg für die Karriere von Helmut Kohl bahnte. Zu Kanters politischen und persönlichen Freunden zählte der Flick-Manager Eberhard von Brauchitsch. Über ihn besorgte er schon früh Spenden für Kohls Mannschaft. Er kannte dadurch den späteren Kanzler persönlich und konnte vertrauliche Beziehungen zu einigen der Männer aufbauen, die Kohl zunächst in Mainz und später in Bonn um sich scharte.«

Es war kein Kleingeld, es waren stattliche Beträge, mit denen das Duo Kanter/von Brauchitsch dem CDU-Nachwuchsstar den Weg nach oben ebnete. Es muss so viel gewesen sein, dass Spionagechef Wolf glaubte, wie er schreibt, sich Hoffnungen machen zu dürfen, dass sein Fichtel den »Aufstieg in der CDU an der Seite Kohls« schaffe.

SECHSTES KAPITEL

Persönliche Gefallen

Gemeinsam mit von Brauchitsch also besorgte Kanter schon früh Spenden. Woher kam das Geld für Helmut Kohl und seine junge CDU-Truppe? Warum sollte jemand dem weithin unbekannten Nachwuchspolitiker und seinen Freunden, die ihn »Helle« nannten, Kohle zuschieben? »Lange bevor die illegale Spendenpraxis des Flick-Konzerns der Öffentlichkeit bekannt wurde«, schreibt Markus Wolf, »waren wir bis in die Details informiert.« Aus Kanters Berichten – in der Person seines Agenten saß der Stasi-General unsichtbar mit am Tisch, wenn darüber entschieden wurde, wer welches Schmiergeld von Flick erhalten sollte. Zwar hatte Wolfs Geheimdienst zur Aufdeckung des Parteispendenskandals im Jahr 1981 nicht beigetragen. Aber Wolf wusste viel mehr: »Allerdings wurde auch damals nur die Spitze eines Eisbergs bekannt.«

Stimmt. Spionagechef Wolf hatte mit Kanters Hilfe, worauf gewichtige Indizien verweisen, auch die Zentrale des Flick-Konzerns in Düsseldorf verwanzt und abgehört. Spitze des Eisbergs? Ja. Die Flick-Affäre begann viel früher als bisher bekannt und reichte auch viel tiefer hinab in Leben und Karriere des späteren Bundeskanzlers Kohl. Dies belegen Akten, die in jenen Jahren bei diversen Hausdurchsuchungen sichergestellt worden sind und für deren Verschwinden in Ablagen und Archiven von interessierter Seite gesorgt wurde. Dank seiner umfassenden Mitwisserschaft konnte und sollte Schützling Kanter nichts Schlimmes passieren.

Woher das Geld kam? Wer es besorgte? Dazu ein paar beredte Beispiele:

»Sehr geehrter Herr Kanter,
haben Sie besten Dank für Ihr oben genanntes Schreiben, mit welchem Sie um einen finanziellen Beitrag bitten.

Wir müssen Ihnen heute leider mitteilen, daß unser Spendenetat für das Jahr 1963 bereits erheblich überzogen ist und wir aus diesem Grunde Ihrer Bitte nicht entsprechen können.

Wir hoffen, daß Sie für unsere Situation Verständnis haben und verbleiben
mit freundlicher Begrüßung«
(Zwei unleserliche Unterschriften)

So schrieb am 10. Juni 1963 aus Ingolstadt die AUTO UNION GMBH, wie die Audi AG damals noch hieß, an den »Herrn Generalsekretär der Europäischen Vereinigung für gegenseitigen Meinungsaustausch e. V.« in 5439 Marienberg/Westerwald, Postfach 14. Es war auch die Adresse des Europa-Hauses Marienberg, zu dessen Direktor Adolf Kanter aufgestiegen war. Beide Institutionen – »Europäische Vereinigung« und »Europa-Haus« – waren als gemeinnützig anerkannt, also berechtigt, steuerlich abzugsfähige Spendenquittungen auszustellen.

Gut drei Monate später erhielt der Geschäftsführer der AUTO UNION GMBH, Werner Henze, Post aus dem Hause Flick.

»Lieber Herr Dr. Henze,
erlauben Sie mir bitte, dass ich mich mit folgendem Anliegen an Sie wende: Das EUROPA-HAUS MARIENBERG e. V. (Westerwald) hat seit vielen Jahren auf dem Gebiete der europäischen Laienbildung hervorragende Arbeit geleistet. Das EUROPA-HAUS bedarf wirtschaftlicher Unterstützung von privater Seite. Dadurch soll sichergestellt werden, dass die von der öffentlichen Hand eingehenden Mittel den privaten Charakter des Hauses nicht stören.

Die Arbeit des Hauses ist vielschichtig. Es finden dort regelmässig internationale Begegnungen, Arbeitsseminare und Vorträge statt. [...] Darüber hinaus betreibt das EUROPA-HAUS eine starke Publizistik auf allen Gebieten europäischer Probleme.

Das Haus wird wirtschaftlich von Zuschüssen des Bundes, in erheblichem Masse auch des Auswärtigen Amtes, der Länder, Kommunen und Verbände sowie, bisher allerdings nicht in ausreichender Form, durch private Spenden getragen. Das Kuratorium des Hauses setzt sich aus namhaften Vertretern aus Wirtschaft und Politik zusammen und steht unter dem Vorsitz des Hüttendirektors Dipl.-Ing. Heinz Berndt. Zu den besonderen Förderern des EUROPA-HAUSES gehört Herr Prof. Walter Hallstein, der über mehrere Veranstaltungen die Schirmherrschaft übernommen hatte und auch an einem Teil dieser Veranstaltungen aktiv teilgenommen hat. Zu den weiteren Förderern zählt Herr Staatsminister a. D. Prof. Dr. Adolf Süsterhenn, der gleichzeitig Vorsitzender des Wissenschaftlich-Politischen Beirates des EUROPA-HAUSES MARIENBERG ist. [...]

Ich wäre Ihnen dankbar verbunden, wenn Sie dem Direktor des Hauses, Herrn Adolf Kanter, Gelegenheit geben würden, Ihnen demnächst einen Besuch abzustatten. Herr Kanter würde Ihnen kurz über weitere interessante Einzelheiten des EUROPA-HAUSES berichten. Wunsch und Ziel dieser Unterhaltung sollte es sein, zu prüfen, inwieweit Sie durch eine Spende die Arbeiten des EUROPA-HAUSES unterstützten und dazu beitragen könnten, dass die öffentlichen Mittel ein Gegengewicht in privater finanzieller Unterstützung finden und dass dadurch der private Charakter des Hauses gewahrt bleiben kann. Ich darf noch hinzufügen, dass die Möglichkeit einer Unterstützung des EUROPA-HAUSES vielschichtig ist. Sie kann in einer unmittelbaren finanziellen Hilfe bestehen, in der Abnahme von Anzeigen in den publizistischen Organen des EUROPA-HAUSES und schliesslich in der Finanzierung von Einzelaktionen auf den verschiedensten Gebieten.

Ich wende mich in dieser Angelegenheit gerade an Sie, lieber Herr Dr. Henze, weil ich glaube, dass Sie für das Anliegen des EUROPA-HAUSES und für die Notwendigkeit einer Förderung auf privater Ebene durchaus Verständnis zeigen werden.

Zwar gibt es in der Bundesrepublik eine Reihe von Europahäusern, aber ich fühle mich berechtigt, zu sagen, dass das EUROPA-HAUS MARIENBERG durch seine langjährige, kontinuierliche, seriöse Handhabung der wirkliche Träger und Repräsentant der europäischen Laienbildung in Deutschland ist. Die hervorragenden

Verbindungen dieses Hauses zu anderen europäischen Ländern und deren Institutionen, sowie die Tatsache, dass prominente deutsche Persönlichkeiten sich für die Arbeit des Hauses einsetzen, spricht für sich.

Ich habe Herrn Kanter gebeten, sich mit Ihrem Sekretariat in Verbindung zu setzen, um einen Termin zu vereinbaren. Sie würden mir einen persönlichen Gefallen tun, wenn Sie Herrn Kanter empfangen würden.
Mit herzlichen Grüßen
Ihr
gez. v. Brauchitsch«

Und plötzlich, o Wunder, war der Spendenetat 1963 der Auto Union, der eben noch »erheblich überzogen« war, nicht mehr überzogen. Hatte man eben noch der Bitte Kanters um eine Spende »nicht entsprechen können«, so konnte man nun doch.

Geschäftsführer Henze beeilte sich, den Wunsch des bettelnden Edelmanns als Befehl zu verstehen. Knapp eine Woche nach Erhalt des von-Brauchitsch-Briefs, am 1. Oktober 1963, schrieb er den Direktor Kanter an:

»Von befreundeter Seite haben wir von der Arbeit des von Ihnen geleiteten ›Europa-Haus e. V. Marienberg‹ erfahren.
Nach dem Studium des Arbeitsprogramms dieser Institution glauben wir feststellen zu können, daß hier ein wertvoller Beitrag für die Förderung des europäischen Gedankens, insbesondere bei europäischen Jugendgruppen, geleistet wird. Um Sie bei Ihrer Arbeit ein wenig zu unterstützen, erlauben wir uns, dem Europa-Haus e. V. Marienberg eine einmalige Zuwendung von
DM 3 000,–
zu machen. Bitte, haben Sie die Freundlichkeit uns die Bankverbindung des Hauses zu geben, damit die Überweisung von unserer Kasse vorgenommen werden kann.
Ihren Bemühungen wünschen wir weiterhin einen guten Erfolg.
gez. Henze«

»Wahrhaft europäischer Geist«: Kanter, von Brauchitsch leger bei Betriebsausflug.

Ob für den Sinneswandel in der Autofirma wohl die Tatsache eine Rolle gespielt hat, dass der Laden zu 40 Prozent dem Großaktionär Friedrich Flick gehörte? Und dass zu dieser Zeit Flicks persönlicher Berater Eberhard von Brauchitsch hieß, der später zum Geschäftsführer und persönlich haftenden Gesellschafter des Flick-Konzerns aufsteigen sollte? Dass also dessen Bettelbrief eher ein Drohbrief war?

Kanter jedenfalls schrieb am 18. Oktober 1963 an Henze, dass er für die Hilfe »sehr dankbar« sei, die, und da wurde er ein wenig wolkig in seiner Mitteilung, er nutzen wolle, um »unsere Auslandsarbeit in Verbindung mit dem ›Arbeitskreis freier europäischer Bildungsstätten‹ auszubauen«. Er bat darum, »nach Rücksprache mit Herrn Rechtsanwalt Eberhard von Brauchitsch im Hause Flick K. G. den Betrag zu überweisen auf das Konto unserer Förderer-Vereinigung ›Europäische Vereinigung für gegenseitigen Meinungsaustausch e. V.‹ Kontonr. 534 bei der Westerwälder Volksbank eGmbH. Marienberg. Eine Spendenbescheinigung für steuerliche Zwecke füge ich diesem Schreiben bei«.

Ohne dass es eines weiteren Anstoßes durch von Brauchitsch bedurfte, zahlte Henze auch im nächsten Jahr, wieder 3.000,– DM. Mit kurzer Notiz vom 11. Januar 1965 bestätigte Kanter den Eingang des Betrags. Entsprechend »der Bitte des Vorsitzenden unseres Freundes- und Fördererkreises, Herrn E. von Brauchitsch im Hause Flick KG, Düsseldorf,« sei die Spende »über unsere Fördervereinigung, die ›Europäische Vereinigung für gegenseitigen Meinungsaustausch e. V.‹ gewährt« worden. Und nochmals schrieb Kanter an der Wahrheit vorbei: »Die Summe wird in erster Linie verwandt, um die internationalen Beziehungen des Europa-Hauses Marienberg weiterhin zu nutzen im Interesse des europäischen Einigungswerkes.«

Es hatte also wieder geklappt. Zweimal drei »Riesen« Spendengeld – nicht wenig in jenen Jahren, als es ein Regierungsinspektor, in diesem Rang war Kanter in den gehobenen mittleren Dienst eingestiegen, auf ein Monatsgrundgehalt von 570 D-Mark brachte. Die Trickser Kanter und von Brauchitsch hatten wieder ihr Ding gedreht, in bestem Zusammenspiel, so wie es von den beiden geplant worden war.

Mit derselben Masche haben sie mehrfach gut Kasse gemacht. Erst schrieb von Brauchitsch, in der Erwartung, dass die Kollegen Manager sich nicht trauen würden, dem Mann mit dem Flick-Konzern im Rücken eine Spendenbitte abzuschlagen. Zumal es ja angeblich um einen guten Zweck, um Europa, ging. Dann setzte Kanter schriftlich nach, um den für das Europa-Haus gedachten Geldzufluss auf dessen vorgeblichen Förderverein »Europäische Vereinigung für gegenseitigen Meinungsaustausch« zu leiten. Was die Spender nicht wissen konnten und sollten: Europa-Haus und Europäische Vereinigung hatten nichts miteinander zu tun.

Der Brief des Flick-Mannes von Brauchitsch vom 20. September 1963 an AUTO UNION-Henze war einer von vielen in einer Art Postwurfsendung. Unter selbigem Datum ging das Schreiben in exakt selbigem Wortlaut hinaus unter anderen an Karl Barich, den Vorstandsvorsitzenden der Stahlwerke Südwestfalen in Geisweid, an Wilhelm Wigger, Vorstandsmitglied der Metallhüttenwerke Lübeck, an Walter Hitzinger, den Vorsitzer des Vorstandes der Daimler-Benz AG, Großaktionär Friedrich Flick, und – doppelt genäht hält besser – an Daimler-Vorständler Joachim Zahn. Einziger Unterschied: Mal ist es der »liebe Herr Zahn«, mal der »sehr geehrte Herr Hitzinger«. Stets gleich ist in den Briefen die Schlussfloskel: »Sie würden mir einen persönlichen Gefallen tun, wenn Sie Herrn Kanter empfangen würden«. Wer lässt sich nicht gern von einem Flick-Mann in Aussicht stellen, dass man dann bei ihm einen Gefallen gut hätte?

Die Erträgnisse des Rundschreibens konnten sich sehen lassen. 4.000 DM von den Stahlwerken Südwestfalen, 2.000 DM von den Metallhüttenwerken Lübeck, zweimal 4.000 DM vom Daimler. Überwiesen gegen Spendenbescheinigung fürs Finanzamt auf das Konto der »Europäischen Vereinigung«.

Es musste nicht immer Geld sein. Entsprechend der Vorgabe des Flick-Manns von Brauchitsch in seinen Schnorrerbriefen, dass »die Möglichkeit einer Unterstützung des Europa-Hauses vielschichtig ist«, schlug Kanter in seinen üblichen Nachfolgebriefen eine verdeckte Finanzierung über Annoncen vor. Zum Beispiel am 29. April 1966 an die Geschäftsleitung der Auto Union: »Ich erlaube mir noch mal die Anfrage bei Ihnen, ob es möglich ist, unsere Bemühungen durch Aufgabe von einigen Anzeigen in unseren verschiedenen Heften zu unterstützen. Andere große Firmen, z. B. die Daimler-Benz AG, geben regelmäßig ganzseitige Anzeigen auf.«

Der im Ostgeschäft aktive Unternehmer Bernd Weinhardt beklagt sich am 12. Februar 1965 bei von Brauchitsch, dass gemäß den ihm von Kanter zugeschickten Unterlagen das Europa-Haus ganz nach Westen ausgerichtet sei, »während man von dem ›Europa bis zum Ural‹ nichts darin spürt«. Dennoch will er sich bei dem Flick-Mann erkenntlich zeigen, indem »ich dem Europa-Haus für seine Zeitschrift, die es herausgibt, das eine oder andere Inserat gebe, denn dann benötigen wir keine Spendenbescheinigung, weil Inserate automatisch über Unkosten laufen. Ich nehme an, daß ein großer Teil der Kosten für diese Inserate nicht beim Verlag verbleibt, sondern dem Europa-Haus zugutekommt.« Mit dieser Annahme sollte er sich täuschen.

Zuweilen hatte das Duo von Brauchitsch/Kanter auch Pech. Der Flick-Mann hatte einen seiner Bettelbriefe an Walther Leisler Kiep geschickt, mit einem Vermögen im dreistelligen Millionenbereich einer der reichsten CDU-Parteifreunde. Im üblichen Folgeschreiben legte Kanter dem Versicherungskaufmann dar: »Es besteht sowohl die Möglichkeit eines finanziellen Beitrages zu unseren Bemühungen als auch der von einigen Firmen gewählte Weg der Insertion in unseren Sonderheften.«

Die beiden waren an den Falschen, an einen Profi im Spendengeschäft, geraten. Bei dem künftigen CDU-Schatzmeister war nichts zu holen, der nahm nur. Am 13. Mai 1965 teilte Kiep kühl Kanter mit: »Aus den Anlagen ersehe ich, dass die Marienberger Hefte für uns als Versicherungsmakler nicht das ganz geeignete Werbemedium sind, und zum anderen haben wir in unserem Hause einen festen Werbeetat, der für dieses Jahr bereits voll ausgenutzt ist. Aus diesen Gründen darf ich um Ihr Verständnis dafür bitten, dass ich von Ihrem freundlichen Anerbieten Abstand nehmen möchte.«

Oder sie mussten sich mit lästiger Schnorrerkonkurrenz herumschlagen, etwa wenn es darum ging, wer die Knete beim wohlausgestatteten Bundesverband der Deutschen Industrie (BDI) abgreifen durfte. Von Brauchitsch eröffnete in artig gesetzten Worten und Wendungen die Feindseligkeiten. Am 28. Dezember 1963 schrieb er an den Kölner Bankier Friedrich Carl von Oppenheim, der ehrenamtlicher Präsident der überparteilichen Bürgerinitiative Europa Union und des Bildungswerkes Europäische Politik war.

»Sehr geehrter Baron von Oppenheim,
erlauben Sie mir, meiner Freude Ausdruck zu geben, daß ich – nachdem ich vor einer Reihe von Jahren bereits als damaliger Landessekretär der Europa-Union Rheinland-Pfalz engen Kontakt zum Bundesvorstand der Europa-Union hatte – heute wieder

die Verbindung herstellen darf zu Ihnen in meiner Funktion des Vorsitzenden des Freundes- und Fördererkreises des Europa-Hauses Marienberg. Mir wurde über den inzwischen erfolgten Beitritt unseres Hauses zum Bildungswerk ›Europäische Politik‹ berichtet. Ich habe mich besonders gefreut über die herzliche Aufnahme des Marienberger Hauses und von Herrn Kanter in das Direktorium des Bildungswerkes.

Die große Internationalität in den Gremien des Europa-Hauses Marienberg und die lebendige Verbindung zu fast allen westeuropäischen Ländern, die in den letzten zwölf Jahren naturgemäß noch gewachsen ist, sind die Grundlage für einen nützlichen Beitrag im Verfolg des gemeinsamen Zieles.

Ich selbst bemühe mich seit einiger Zeit mit gewissen Erfolgen, einige materielle Hilfen für das Europa-Haus Marienberg zu vermitteln. Bei diesen Bemühungen habe ich die Unterstützung einiger großer Gesellschaften erhalten, denen ich beruflich verbunden bin.

Eine besondere Situation hat sich ergeben bei meinen Bemühungen beim BDI. Es wäre mir daran gelegen, hier mit Ihnen eine Klärung herbeizuführen. Zurzeit ist der Stand so, daß aufgrund vorbereitender Verhandlungen, die ich seit einiger Zeit mit Herrn Dr. Hellmuth Wagner [BDI-Hauptgeschäftsführer, D. K.] geführt habe, in Erwägung gezogen worden ist, dem Europa-Haus Marienberg einen Jahresbeitrag in Höhe von DM 5.000,- zu zahlen und gelegentlich für besondere Maßnahmen bestimmte Einzelzuwendungen zu gewähren.

In einem Schreiben vom 8.11.1963 schreibt mir Herr Dr. Wagner: ›[...] Die Arbeit des Europa-Hauses Marienberg ist uns seit langem wohlbekannt. Wir haben sie mehrfach durch Vorträge von Herren des BDI unterstützt. Eine finanzielle Unterstützung ist dagegen nicht erfolgt. Ich darf dazu bemerken, daß, wie auch Herrn Kanter bekannt ist, alle Zuschüsse an die Europa-Häuser über Baron Carl von Oppenheim und die Europa-Union laufen. Da die Industrie der Europa-Union sehr erhebliche Mittel zur Verfügung stellt, ist mit Baron Oppenheim verabredet, daß damit alle Zuwendungen an gleichgerichtete Organisationen als abgefunden gelten.‹

Für mich ergibt sich daraus die Frage, ob angestrebt werden soll, eine Sonderregelung für das Europa-Haus Marienberg herbeizuführen. Nach einem vor einiger Zeit stattgefundenen Gespräch zwischen Mitgliedern des Vorstandes des Europa-Hauses Marienberg mit Herrn Dr. Wagner bestehen hierfür gute Aussichten. Oder wollen Sie versuchen, eine entsprechende Erhöhung der Spenden des BDI zu erhalten? Zurzeit benötigen wir von Seiten der Industrie auf Bundesebene einen Beitrag von DM 10.000 bis DM 20.000 im Jahr. Diese Summe ist notwendig, um die entsprechenden Zuschüsse aus öffentlichen Fonds für diese Arbeit im internationalen Feld zu erhalten. [...]

Ich wäre Ihnen dankbar, sehr geehrter Herr von Oppenheim, wenn ich zu dem angeschnittenen Fragenkomplex Ihre Auffassung kennenlernen würde und verbleibe inzwischen mit freundlicher Empfehlung
Ihr sehr ergebener
gez. von Brauchitsch«

So leicht war Oppenheim, dem erfahrenen Geldfuchs, nicht beizukommen. Er ließ von Brauchitsch auflaufen, konterte nichtssagend am 7. Januar 1964: »Es freut mich, daß Sie inzwischen durch Herrn Kanter über den Beitritt des Europa-Hauses Marienberg zum Bildungswerk Europäische Politik informiert wurden. Die damit geschaffene Voraussetzung für eine enge und gute Zusammenarbeit begrüßen ich und wir alle von Herzen. Ich danke Ihnen in diesem Zusammenhang für Ihre Mitteilungen zu den Verhandlungen, die Sie mit Herrn Dr. Wagner vom BDI geführt haben. Ich werde mich in dieser Angelegenheit so bald wie möglich mit Herrn Dr. Wagner in Verbindung setzen und Ihnen dann wieder schreiben.«

Und das tat er dann nicht. Über ein Jahr lang warteten Flick-Mann und Stasi-Agent vergebens auf Post vom Baron.

Am 10. Mai 1965 mahnte Kanter den Banker:

»Sehr verehrter Herr Baron,
der Vorsitzende unseres Freundes- und Förderkreises, Herr Eberhard von Brauchitsch, hatte Ihnen unter dem 28.12.1963 über seine Verhandlungen mit dem BDI berichtet, u. a. auch über die Auskunft von Herrn Dr. Wagner, wonach alle Zuschüsse an die Europa-Häuser über Sie, sehr verehrter Herr Baron, und die Europa-Union laufen würden.

Freundlicherweise hatten Sie mit Schreiben vom 7.1.64 an Herrn von Brauchitsch diesem in Aussicht gestellt, dass Sie sich mit Herrn Dr. Wagner in Verbindung setzen und dann wieder schreiben würden. Herr von Brauchitsch hat mich kürzlich an die Angelegenheit erinnert. Leider konnte ich ihm über den Stand der Dinge keinen Bescheid geben. [...]

Wir haben die Absicht, unsere Wünsche verstärkt beim BDI vorzutragen, möchten aber gerne vorher das Ergebnis Ihrer Bemühungen kennen lernen, damit man sich nicht ›ins Gehege‹ kommt.
Mit den ergebensten Grüssen
Ihr
gez. Adolf Kanter«

Ob sich die Spendenritter dann beim Kampf um die Beute ins Gehege gekommen sind oder nicht, bleibt unklar. In den beschlagnahmten Papieren fehlt der Fortgang der Korrespondenz. Klar hingegen ist: Das ganze Europa-Getue der beiden Marienberger Freunde und Förderer war eine große Lüge.

Wie kam es, dass der Volksschüler Kanter, ein Metzgersohn aus einfachen Verhältnissen, und von Brauchitsch, der studierte Jurist, Spross eines alten schlesischen Adelsgeschlechts, zueinanderfanden? Beide hatten einen übereinstimmenden Grund: Die Duzfreunde wollten jeweils den anderen für sich und seine Zwecke nutzbar zu machen.

Kanter war von seinen Auftraggebern in Ostberlin auf die Szene der Proeuropäer und auf den CDU-Jungpolitiker Kohl angesetzt worden. Der Agent sollte sich ein möglichst weitgespanntes Netzwerk schaffen und den Geheimdiensten der DDR und der Sowjetunion, der alles bestimmenden Führungsmacht im Hintergrund, ein möglichst facettenreiches und fortwährend aktualisiertes Lagebild durch Abschöpfen seiner Kontakte liefern. Und Kanter lieferte; besonders gern entgegengenommen wurden die vor der Öffentlichkeit verborgenen Details über Schmiergelder und Machtintrigen oder intime Geheimnisse in der Regierungspartei CDU. Laut Müller-Enbergs füllten die Berichte »Fichtels« im November 1960 in der HVA bereits neun Aktenbände mit über 3.600 Seiten.

Von Brauchitsch brauchte Kanter, weil der ihm über seine als gemeinnützig anerkannten Europa-Organisationen Wege öffnen konnte, Spendengelder zweckentfremdet zu nutzen. Von Brauchitsch entwickelte und erprobte gemeinsam mit dem Stasi-Agenten in jenen frühen Jahren bereits jenes illegale Parteispendensystem, mit dem er später in großem Stil die Bonner Republik schmieren würde. Dass Politik und Politiker zu kaufen waren, hatte ihm Konzerngründer Friedrich Flick, der Vater des gleichaltrigen Jugendfreundes Friedrich Karl Flick, vorgemacht.

»Im Hause Flick«, umschreibt der Adelsmann in seiner Autobiografie *Der Preis des Schweigens* die Schmiergeldbräuche vornehm, »habe ich frühzeitig gelernt, daß dem kontinuierlichen Meinungsaustausch mit führenden Politikern erhebliche Bedeutung für die mittel- und langfristige Konzernplanung zukommt.« Er rühmt die »traditionell guten Beziehungen des Hauses zur Politik«. Die haben den Hausherrn zum schwerreichen Kriegsgewinnler gemacht. Der nach dem Zweiten Weltkrieg als Kriegsverbrecher zu sieben Jahren Gefängnis verurteilte Firmengründer Friedrich Flick hatte Adolf Hitler – und in der übrigen NS-Führung insbesondere SS-Chef Heinrich Himmler – reichlich mit Spenden bedacht, sich so den Aufstieg zum größten Rüstungskonzern der Nazi-Zeit geebnet.

Marie Flick, Mutter des Friedrich Karl, und Edith von Brauchitsch, Eberhards Mutter, waren Freundinnen, die Damen trafen sich regelmäßig in Berlin zu Bridgerunden. Als 1943 die Bombenangriffe auf die Reichshauptstadt heftiger wurden, entschied Marie Flick, ihren Sohn Friedrich Karl aufs Land zu schicken, nach Bayern. Der Bub bestand darauf, dass ihn sein Freund Eberhard begleiten solle. So kamen die beiden auf das Hofgut Sauersberg nahe Bad Tölz. Den stattlichen Landsitz hatten die Flicks 1937 im Zuge der von den Nazis betriebenen »Entjudung der deutschen Wirtschaft« billig ergattert. Vorbesitzer war der jüdische Brauereiunternehmer Ignatz Nacher. Bei Kriegsende versteckte sich hier Konzernchef Friedrich Flick, bis ihn die US-Armee im Juni 1945 aufstöberte und im Lager Dachau internierte.

Angesteckt von der Europa-Begeisterung in der Generation der Davongekommenen, engagierte sich der Jurastudent von Brauchitsch im Bund Europäischer Jugend und in der Europa-Union. Es war das Operationsfeld Kanters, des Abschöpfagenten der Stasi. Man wurde um 1950 miteinander bekannt, freundete sich an. Entdeckte die Waffenbrüderschaft. Beide hatten zum Schluss bei der Panzerwaffe in der »Division Großdeutschland« gedient. Dass Kanter einer der legendären »Brandenburger« war, mehrte den Nimbus des ein Jahr Älteren. Zumal der rechtslastige von Brauchitsch, stolz auf die militärische Tradition in seiner Familie, auch später noch über die Hitler-Wehrmacht befand, »daß sie aus dem Krieg insgesamt moralisch unangreifbar herausgekommen war.« Zum 8. Mai 1945 merkt er weiter an in seiner Autobiografie: »Ein Tag der Befreiung, wie ein späterer Bundespräsident zum vierzigsten Jahrestag des Kriegsendes postulierte, war dieser Tag für mich nicht.«

Und noch einen Schnittpunkt in beider Lebenslinien gab es: das KZ Dachau, wo der Gefangene Kanter 1945 eingesperrt worden war. Von Brauchitsch berichtet, er sei noch als Schüler 1943/44 in unmittelbarer Nähe des Konzentrationslagers als Flakhelfer im Einsatz gewesen. Mit den russischen Gefangenen habe man deren Holzschnitzereien gegen Lebensmittel eingetauscht, besonders gern hätten sie Kunsthonig gemocht.

Früh kreuzten sich beider Wege mit dem Helmut Kohls. Nach dem Studium in Mainz absolvierte von Brauchitsch sein Referendariat in Kohls näherer Heimat, in Edenkoben und in Landau. »Die Verbindung zwischen Kohl und Kanter«, schreibt von Brauchitsch, »stammte aus den späten fünfziger Jahren, als Kanter im Regierungspräsidium von Montabaur arbeitete und in einem schicken Büro im Schloß residierte.«

Von Brauchitsch machte Karriere in der Industrie, Kanter im Europa-Business. Der Stasi-Mann schaffte es, zum Direktor der Begegnungsstätte Europa-Haus Marienberg aufzusteigen und wie ein Oberstudienrat oder Oberstleutnant besoldet zu werden.

Richter Vonnahme hielt dazu in seiner Urteilsbegründung fest: »Vom Beginn der nachrichtendienstlichen Verstrickung bis zur Aufnahme seiner Tätigkeit für den Flick-Konzern informierte der Angeklagte die HVA ausführlich über die Arbeit des Europa-Hauses Marienberg, das deutsch-französische Jugendwerk, die damit verbundene deutsch-französische Zusammenarbeit und die europäische Integration. Neben mündlicher Informationsübermittlung übergab er verschiedene ihm zugängliche Schriftstücke [...] Desweiteren berichtete der Angeklagte über die rheinland-pfälzische Landespolitik, über seine Tätigkeit in der rheinland-pfälzischen CDU [...] und über den damaligen rheinland-pfälzischen Ministerpräsidenten Dr. Helmut Kohl, den er persönlich kannte und von dem er annahm, daß er als kommender Mann in der CDU eine politische Karriere in Bonn vor sich habe [...] Größere Bedeutung hatte perspektivisch gesehen der Kontakt des Angeklagten zur CDU in Rheinland-Pfalz und namentlich zu dem späteren Bundeskanzler Dr. Kohl. Denn für den Fall des Wechsels Dr. Kohls in die Bundespolitik erhoffte man sich, daß auch der Angeklagte dort eine interessante Position erreichen könnte. Dies entsprach der beim MfS nicht unüblichen Denkweise, über den Tag hinaus auf Personen zu setzen, bei denen man die Tendenz zu einer den eigenen Zwecken dienenden Fortentwicklung sah.«

Und wie sich Kanter fortentwickelte. Ganz besonders auf dem Spezialgebiet Spendenwesen. Kanter entdeckte früh, dass sich mit Europa prächtig Geld hereinholen und für eigene Interessen umleiten ließ, steuerfrei für Geber und Nehmer, weil ja angeblich für gemeinnützige Zwecke. In einer Aktennotiz für 1958 hat er Namen und Beträge von 44 Spendern aufgeschrieben, die mal 50,– D-Mark (wie die Glashütte Immenhausen), mal 100,– D-Mark (wie die Philipp Holzmann AG), immerhin zusammen 11.743 D-Mark, ein nettes Sümmchen in jener Zeit, für sein Europa-Haus lockermachten.

Dickster Brocken auf der Liste waren 2.000 D-Mark von den Freier Grunder Eisenwerken, Salchendorf. Damit hatte es seine eigene Bewandtnis. Hüttendirektor Heinz Berndt schrieb am 28. Februar 1958 an Kanter:

»Vor einigen Tagen unterrichtete ich Sie davon, daß die Freier Grunder Eisen-und Metallwerke als Spende DM 1.000.- dem Europa-Haus e. V. zugewiesen haben, deren Spendenbescheinigung im alten Geschäftsjahr liegen müßte. Sie sagten, daß dies auf keine Schwierigkeiten stoße.

Da die Freier Grunder Eisen-und Metallwerke weitere 1.000.- für einen anderen Zweck gleichfalls spenden wollten, wo eine Rückdatierung der Spendenbescheinigung nicht möglich war, habe ich veranlaßt, daß die Freier Grunder Eisenwerke Ihnen den Betrag von DM 2.000.- überweisen, wofür Sie bitte die Spendenbescheinigung aus dem Jahre 1957 ausstellen wollen.

Der Verein zur Förderung der Rheinischen Wirtschaft hatte beschlossen, Ihnen DM 3.000.- zu überweisen, wird Ihnen aber nur DM 2.000.- zukommen lassen, über die Sie bitte die entsprechende Spendenbescheinigung aus diesem Jahr ausschreiben wollen. Die restlichen 1.000,– D-Mark werden vom Verein zur Förderung der Rheinischen Wirtschaft dem von der Freier Grunder Eisenwerke GmbH vorgesehenen Zweck zur Verfügung gestellt.

Sie erhalten insgesamt wie vorgesehen D-Mark 4.000,- zur Verfügung, von denen DM 1.000,- also von den Freier Grunder Eisenwerken und DM 3.000,- vom Verein zur Förderung der Rheinischen Wirtschaft stammen.

Ich hoffe, daß ich mich klar genug ausgedrückt habe. Sollten Sie irgendwelche Fragen haben, stehe ich Ihnen selbstverständ-

lich telefonisch zur Verfügung. Es dürfte zweckmäßig sein, diesen Schriftwechsel zu vernichten, damit er nicht bei irgendwelchen Revisionen vorhanden ist.
Mit freundlichen Grüßen wie immer
Ihr gez. Berndt«

Alles klar? Zumindest, dass getrickst worden ist zulasten des Finanzamts bei vollem Unrechtsbewusstsein, das schon. Und dass sich Markus Wolf amüsiert hat, ebenfalls. Und dass der revisorscheue Hüttendirektor Berndt auch Vorsitzender des Mittelrheinischen Unternehmerverbandes war und drei Jahre später der Vorsitzende jenes Kuratoriums wurde, das darüber zu wachen hatten, dass beim Europa-Haus Marienberg alles nach Recht und Gesetz vor sich ging.

Kanter aber mochte beim Spendensammeln nicht mehr kleckern, sondern klotzen. Gemeinsam mit Freund von Brauchitsch entwickelte er Konzepte, wie man an großes Geld anderer Leute kommt und wie man sich damit politischen Einfluss verschafft. Es passte, dass die Stasi den Abschöpfagenten »Fichtel« reaktiviert und wieder zu intensiven Kontakten in die CDU und konservative Wirtschaftskreise aufgefordert hatte. Wegen der Säuberungsaktionen im Kundschafternetz in Westdeutschland war ja die Stasi auch zu Kanter auf vorsichtigen Abstand gegangen.

Ende 1961 besuchte der Stasi-Mann an der Spitze des Europa-Hauses den Edelmann in der Düsseldorfer Flick-Zentrale. »Es war mir«, bedankte sich von Brauchitsch am 24. November 1961 schriftlich bei Kamerad Kanter, »eine ausgesprochene Freude, Dich nach so langer Zeit wiederzusehen und damit den Eindruck zu gewinnen, daß unsere herzlich persönliche Verbundenheit aus dem Beginn der 50er Jahre durch die getrennten Wege des letzten halben Jahrzehnts nicht gelitten hat. Manchmal ist es wohl sogar ganz gut, wenn man sich so lange Zeit nicht sieht, denn positivenfalls kann man anschließend feststellen, ob die Gedanken tatsächlich parallel laufen [...] Unabhängig davon drängt es meine Frau und mich, uns familiär recht bald wiederzusehen.

Wir haben fest auf's Programm genommen, nach Marienberg zu fahren, sind aber von Äußerlichkeiten, wie z. B. einer Haushälterin, die es zurzeit nicht gibt, abhängig. Hoffentlich auf bald! Dir und Deiner Frau viele herzliche Grüße von Haus zu Haus
Dein – gez. Eberhard.«

Agent Kanter dankte artig und beschwor »die Hoffnung, dass unsere alte Freundschaft erneut belebt würde durch einiges Gemeinsame in praktischer Arbeit.«

Ein Herz und eine Seele machte sich das Duo daran, erst mal einen Freundes- und Fördererkreis des Europa-Hauses aufzubauen. Von Brauchitsch steuerte seine Erfahrungen als Schnorrer bei und schrieb am 22. Dezember 1961 dem lieben Adolf und damit, indirekt, Markus Wolf:

»Du weißt selber besser als ich, daß es heute in der Bundesrepublik eine große Anzahl von förderungswürdigen politischen, kulturellen und sozialen Institutionen gibt, die ihre Mittel überwiegend aus der Industrie ziehen. Die Industrie-Unternehmungen als Geber sind heute – soweit ich das übersehen kann – hinsichtlich der Adressaten festgelegt. Diese Unternehmungen verfügen über irgendeinen Etat und der dafür zuständige Mann hat ihn einmal unter diesen ausgewählten Adressaten verteilt; die Erneuerung von Jahr zu Jahr ist dann Routine. Einen neuen Adressaten ›unterzubringen‹ stößt in erster Linie auf die Schwierigkeit, daß eine solche ›Unterbringung‹ entweder mit einer Erhöhung des bestehenden Etats oder mit einem neuen Verteilerschlüssel verbunden ist. Ich halte es für möglich, daß es mir gelingt, aufgrund meiner Verbindung zur Industrie das eine oder andere für diesen Förderkreis zu tun.« Man müsse sich »bald treffen, um einen ›Schlachtplan‹ aufzustellen«.

Kanter wies den Spendenstrategen in die Finanzlage des Europa-Hauses Marienberg ein, teilte ihm mit (10. Februar 1962), »dass unser augenblicklicher Umsatz rund DM 360.000,- beträgt. Hiervon werden ca. DM 160.000,- aus öffentlichen Mitteln von Bund und Ländern gedeckt; hinzu kommen etwa DM 40.000,- aus nicht deutschen staatlichen Quellen (Europäische Gemeinschaften etc.), rund DM 35.000,- aus Teilnehmerbeiträgen [von Seminaren, D. K.].« Der Rest werde aus verschiedenen Spenden, darin »rund DM 20.000,- Wirtschaftsspenden gedeckt [...] Einigermassen ideal könnte unsere Arbeit entwickelt werden, wenn uns im Jahr rund DM 100.000,- mehr zur Verfügung stünden.«

Es müsse geprüft werden, hatte Spendenprofi von Brauchitsch im Brief vom 26. Januar 1962 dargelegt, »was günstiger ist: einmalige Spenden oder eine Art Mitgliedschaft durch Jahresbeträge? Erfahrungsgemäß findet man kaum jemanden, der sich auf mehrere Jahre für Jahresbeiträge festlegt. Eher ist es möglich, turnusmäßig an Einzelspender erneut heranzutreten.«

Ganz wichtig aber war dem Flick-Mann ein anderer Punkt: die Heimlichkeit. Die Spendenaktion muss im Verborgenen abgewickelt werden, das Geben, das Nehmen und die Belohnung der Spender mit steuerlich abzugsfähigen Spendenquittungen. »Für die Förderer wird es möglicherweise von Interesse sein, wer in die Spendenunterlagen Einblick bekommt. Anläßlich Deines Besuches bei mir hattest Du erwähnt, daß eine Art ›Spenden-Auffang-Gesellschaft‹ bestehe, über die die Beträge geleitet werden, so daß der Einblick nehmende Personenkreis begrenzt ist. Auch darüber müssen wir wohl noch im Detail reden.«

Unter »Persönlich/Vertraulich« gab Kanter (10. Februar 1962) dem Freund Bescheid, was es mit dieser »Spenden-Auffang-Gesellschaft« auf sich hat: Kein Unbefugter soll Einblick haben, was an Geldern reinkommt und was mit dem Zaster geschieht: »Als Anlage zu diesem Schreiben überreiche ich Dir einen Briefbogen der Europäischen Vereinigung für gegenseitigen Meinungsaustausch e. V. Es handelt sich hier gewissermassen um ein Vor-Konto für unsere Arbeit und für die Arbeit des Arbeitskreises freier europäischer Bildungsstätten (eine internationale Gründung unseres Hauses). In dieses Vor-Konto hat nur ein ganz kleiner Freundeskreis Einblick. Diese Freunde [...] sind alle ungebunden,

d. h. sie haben z. B. keine Beziehungen zu den Gewerkschaften u. ä. [...] Dieses, lieber Eberhard, zu Deiner Vororientierung, das andere dann mündlich bei Deinem Hiersein.«

Am 24. Juni 1964 hakt von Brauchitsch in einem Brief an Kanter nach: »[...] muß ich doch erneut auf die Besorgnis aufmerksam machen, die ich zu Beginn meiner Tätigkeit für das ›Sammeln‹ zum Ausdruck gebracht habe. Du hast dafür gesorgt, daß die von Dir betreuten europäischen Institutionen in ihren Organen durch alle Parteien und alle Schichten vertreten sind. Das kann jedoch dazu führen, daß ein zu großer Personenkreis Kenntnis bekommt [...] Ich muß [...] bitten, daß, wie bisher, die von mir geworbenen Spenden bei einem Verein gesammelt werden, der Gewähr dafür leistet, daß eine gewisse Diskretion besteht in Bezug auf Höhe und Herkunft der Einzelspender. Ich denke, daß Du mir bestätigen kannst, daß die ›Europäische Vereinigung‹ diese Voraussetzung für unsere Spenden befriedigt.«

Die »Europäische Vereinigung für gegenseitigen Meinungsaustausch e. V.« also, sie wurde zur Adresse, für die von Brauchitsch vorgeblich dem Europa-Haus zugedachte Spenden einwarb. Um die Spender noch nachhaltiger über die tatsächliche Verwendung ihrer Gelder zu täuschen, hatte er sich obendrein den Titel eines Vorsitzenden des Freundes- und Fördererkreises des Europa-Hauses Marienberg zugelegt. Wie im »Schlachtplan« verabredet, regelte Kanter jeweils beim Nachsetzen die Einzelheiten der Geldübernahme. »Den beiliegenden Briefkopien willst Du bitte entnehmen«, so von Brauchitsch am 20. September 1963 an Kanter über die verteilten Rollen, »wie und wo ich tätig geworden bin und es wäre nützlich, wenn Du nun Deinerseits die Adressaten der Reihe nach besuchen würdest. Ferner darf ich vorschlagen, dass Du mich über Deine Aktionen auf dem Laufenden hältst, damit ich jeweils noch einmal telefonisch ›nachstossen‹ kann.«

Der Dreh lohnte sich, von Brauchitsch verlangte es nach Erfolgskontrolle seiner Tests für Tricksereien. »Du wolltest von mir eine Aufstellung der Spenden«, schrieb Kanter am 23. Juni 1964 deshalb dem lieben Eberhard, »die durch Deine Vermittlung seit dem letzten Jahr für unsere Vereinigung geleistet wurden. Dies waren im einzelnen: Auto-Union, Ingolstadt, 25.10.63, DM 3.000,–, Daimler Benz, Stuttgart, 28.10.63, DM 4.000,–, Feldmühle AG, Düsseldorf, 14.11.63, DM 2.000,–, Friedrich Flick KG, Düsseldorf, 6.1.64, 3.000,–, Herbig-Haarhaus, Köln, 13.12.63, 19.3.64 je DM 500,– = DM 1.000,–. Außerdem wurde von der Firma Metallhüttenwerke Lübeck am 19.11.1964 der Betrag von DM 2.000,– direkt auf das Konto des Europa-Hauses überwiesen. Bald mehr! Mit freundlichen Grüßen Dein Adolf Kanter«. Hatten die Spender das Geld auf ein Konto des Europa-Hauses überwiesen, wie die Firmen Herbig-Haarhaus, Flick und Metallhüttenwerke Lübeck, wies Direktor Kanter seine Verwaltung an, die »Irrläufer« auf das Konto der Europäischen Vereinigung umzuleiten.

Bei der Rollenverteilung zwischen den beiden blieb es, auch wenn der Flick-Manager im eigenen Laden Kasse machte. Zur Tarnung wechselten die Duzfreunde dann zum Siezen. Kanter am 21. Juli 1965 an seinen Kompagnon: »Sehr geehrter Herr von Brauchitsch! Sehr herzlich bedanke ich mich für Ihr Schreiben vom 19. Juli, mit dem Sie mir die erfreuliche Mitteilung machen, daß die Friedrich Flick Förderstiftung eine einmalige Spende für unsere Arbeit in Höhe von DM 5.000,– genehmigt hat. Diese Hilfe ist für die Weiterentwicklung unserer Arbeit sehr wertvoll. Bitte überweisen Sie den Betrag auf das Konto unserer Förderer-Vereinigung ›Europäische Vereinigung für gegenseitigen Meinungsaustausch e. V.‹ Konto Westerwälder Volksbank Nr. 534, Marienberg. Eine Spendenbescheinigung erlaube ich mir Ihnen beizufügen.«

Am doppelt gemoppelten Nonsens im Namen der Waschanlage »Europäische Vereinigung für gegenseitigen Meinungsaustausch« – Meinungsaustausch geht nun mal nicht einseitig – störten sich weder die beiden noch ihre Spendengeber. Das Sagen in dem Verein hatte Agent Kanter. Er ließ sich zum Generalsekretär der 1961 ins Vereinsregister des Amtsgerichtes Marienberg eingetragenen Vereinigung wählen. Die von Kanter handverlesene elfköpfige Mitgliederversammlung, darunter

Vertraute aus Frankreich, Dänemark und den Niederlanden, beschloss eine Satzung, die Kanters Einfluss betonierte: »Der Generalsekretär führt die laufenden Geschäfte und ist Vorstand im Sinne des § 26 BGB«. Dieser Paragraf des Bürgerlichen Gesetzbuchs macht Kanter zum starken Mann: »Der Vorstand vertritt den Verein gerichtlich und außergerichtlich; er hat die Stellung eines gesetzlichen Vertreters.«

Weiter legt die Satzung fest: »Die Vereinigung finanziert sich aus Mitgliedsbeiträgen und Spenden. Die Kassenführung obliegt dem Generalsekretär. Die Vereinigung verfolgt ausschließlich und unmittelbar gemeinnützige Zwecke.« Welche Zwecke das sein sollen, bleibt recht nebulös: »Aufgabe der Vereinigung ist das Studium und die Information über Fragen von gesamteuropäischer Bedeutung und aktuelle Weltprobleme.«

Zu den aktuellen Weltproblemen zählten offenbar auch die finanziellen Engpässe der CDU-Nachwuchskraft Helmut Kohl. Der Politiker auf dem Weg nach oben brauchte »Bimbes«, wie Kohl gerne sagte, und zwar jede Menge, wie das täglich Brot. »Bimbes« steht in der Gaunersprache Rotwelsch für »Brot« und meint Bares.

Da traf es sich gut, dass zwei Freunde von der Jungen Union und aus der Europäischen Bewegung Hilfe anboten. Flick-Mann von Brauchitsch, weil er sich von der Investition in den CDU-Aufsteiger langfristig Einfluss auf die Politik versprach, Stasi-Mann Kanter, weil auch die HVA-Strategen sich geheimdienstlichen Erkenntnisgewinn aus der westdeutschen Christenpartei sichern wollten. Kohl ließ sich auf einen Pakt mit von Brauchitsch und Kanter ein, und also auch mit Markus Wolf.

Die aus Ostberlin dem Kundschafter Kanter aufgegebene kombinierte Abschöpfung europapolitischer und christdemokratischer Quellen erwies sich als clever. Aufgestiegen zum Direktor des Marienberger Europa-Hauses, fiel es Kanter leicht, sein weitgespanntes Netzwerk in Europa auszubauen. Er wurde Vizevorsitzender des Arbeitskreises freier europäischer Bildungsstätten, ergatterte dazu den Posten eines Generalsekretärs der von der Brüsseler Kommission geförderten Internationalen

Föderation der Europahäuser. Neben vielfältigen Informationen aus seinen internationalen Abschöpfungskontakten – der erste deutsche Chef der Brüsseler Kommission, Walter Hallstein, gehörte dazu – hatte Kanters Verbindungengeflecht ganz besondere Kostbarkeiten an Herrschaftswissen zu bieten: Über Kanter und seine Europa-Organisationen flossen illegale Spenden zugunsten Kohls und der CDU.

Auch wenn keine genauen Belege über die Höhe der Spendensummen erhalten geblieben sind – es müssen ansehnliche Beträge gewesen sein, wie aus einem Schreiben Kanters an von Brauchitsch vom 30. Oktober 1963 über »die bereits gewährten Spenden« herauszulesen ist: »Ich bin Dir für die Vermittlung dieser Hilfen außerordentlich dankbar, denn bei diesen Geldern handelt es sich um den dringend notwendigen Kitt zur Verbindung der relativ großen Summen, die wir von staatlicher Stelle erhalten und die für den Verwendungszweck so scharf abgegrenzt sind, daß dadurch manche guten Projekte nicht realisiert werden können. Für die von Dir in Aussicht gestellten weiteren Bemühungen bedanke ich mich deshalb schon jetzt sehr herzlich«.

Der Bundesrechnungshof wurde misstrauisch. Seine Detektive deckten auf, dass der Direktor des Europa-Hauses erhebliche Summen »zweckentfremdet« habe. Die Staatsanwaltschaft Koblenz schaltete sich ein und meldete (10. Januar 1967) an das Mainzer Justizministerium über den Bericht der Frankfurter Prüfbehörde, Aktenzeichen 3029E13 und A90-12 66 vom 23. Dezember 1966: »In den Jahren 1962–1965 hat Kanter auf Grund von Spendenaufrufen des Europahauses von der Industrie DM 37 000,– erhalten, die auf das Konto der Vereinigung überwiesen wurden. Was mit den Geldern geschehen ist, ist noch unbekannt. Der Arbeit des Europahauses sind sie jedenfalls nicht zugeführt worden.« Aufgrund eines zweiten Prüfberichts aus Frankfurt bestehe der Verdacht, ergänzten die Staatsanwälte nur Monate darauf (19. April 1967), »dass sich der Betrag der zweckentfremdeten Spenden auf rd. DM 70 000,– erhöhen wird.« Was mit den Geldern geschah, wie viel in Richtung Kohl und CDU floss, konnten – durften? – die

Staatsanwälte nicht klären. Kanter gab später an, Finanztransaktionen zugunsten von CDU und Kohl habe er auf Wunsch von Brauchitschs verschleiert.

Eindeutig aber waren die Erkenntnisse der Rechnungsprüfer, dass Kanter sich sehr gut darauf verstand, Spendengelder und öffentliche Gelder in die eigene Tasche umzuleiten. Dazu meldete der Staatsanwalt nach Mainz: »Kanter ist Eigentümer eines Hauses in Hangelar. In diesem Haus hat Kanter Geschäftsstellen von drei Organisationen untergebracht [...] Die ›Vereinigung‹ hat für das Eigenheim Kanters in Hangelar Rechnungen von vier Firmen für Dekorationen und Einrichtungsgegenstände in Höhe von rund DM 16 000,– gezahlt. Seine zahlreichen Reisen führt Kanter mit einem Mercedes 200 durch, der dem Europahaus fabrikneu geschenkt worden ist. Er ist aber zugelassen auf die Vereinigung, die je Fahrkilometer DM 0,18 erhält. (Für die Zeit vom November 1965 bis Oktober 1966 allein DM 4 900,–) Kanter hat über die ›Vereinigung‹ auch Betriebsstoffrechnungen und Gaststättenbelege in Höhe von DM 2 353,– abgerechnet. [...] Auf die Vereinigung« ist am 20.12.1965 ein weiterer PKW (VW 1300) zugelassen worden. Schon einen Tag später ist er auf Kanter umgeschrieben worden. Er wird vorwiegend von Frau Kanter benutzt.«

Der Direktor des Europa-Hauses wurde 1967 gefeuert, und seine Ehefrau Gisela gleich mit. Kanter hatte ihr einen Verwaltungsposten als sogenannte Programmassistentin zugeschanzt. Von Brauchitsch bat noch beim Europa-Haus-Vorstand um Nachsicht für seinen Kumpan. Die Vorständler zögerten. Dann aber war Kanter fällig. Das Bundesfamilienministerium drohte, 260.000 D-Mark Subventionen aus Mitteln des Bundes sowie der Länder Hessen, Rheinland-Pfalz und Nordrhein-Westfalen zu streichen. Das Ministerium unterlegte sein Ultimatum mit einer über Jahre geführten Geheimakte. Der für das Marienberger Haus zuständige Ministerialdirigent Rudolf von Schönfeld präsentierte den Vorständlern die gesammelten Erkenntnisse über Kanters Triebleben, es hätten sich »erhebliche Beanstandungen im Hinblick auf Geschäftsführung und Lebensführung« ergeben; es müsse

»Herr Kanter sofort aus dem Europa-Haus entfernt werde[n]«. Bei einer Vorstandssitzung des Europa-Hauses am 1. Februar 1967 im Bundesministerium für Familie und Jugend in Bad Godesberg kamen delikate Einzelheiten auf den Tisch.

Sitzungsprotokoll: Vizevorsitzender Gerhard Krempel, Rechtsanwalt, habe über Inhalt und Ergebnis eines Vorgesprächs mit Ministerialdirigent von Schönfeld berichtet. »Seitens des Ministeriums sei dabei eindeutig dargelegt worden, daß jede Bezuschussung des Hauses durch Bund und Länder zunächst eingestellt worden sei, solange Herr Kanter noch im Hause tätig sei, da dadurch nicht die gebotene Vertrauenswürdigkeit gegeben sei [...] Dazu kommen die persönlichen Anwürfe. Dazu liegen bei den Akten Fotokopien, deren Echtheit kaum anzuzweifeln ist. Sie weisen nach, daß Kanter intimen Schriftverkehr mit früheren Teilnehmerinnen des Hauses geführt hat, daß diese Teilnehmerinnen sich etliche Zeit in Hangelar aufgehalten hatten, auch über Nacht, daß von einer früheren Teilnehmerin ihm angeboten wurde, zu ihr zu kommen etc. Eine weitere Teilnehmerin war nach einem Seminar auf Burg Gutenfels 1966 nach Hangelar gekommen, dort mehrere Tage geblieben und 14 Tage mit A. Kanter in Spanien in Urlaub. Dafür liegt auch ein Dankesbrief vor [...] Unterlagen über ähnliche Vorgänge aus früheren Jahren wurden [...] nicht mehr im einzelnen vorgelegt; diese Unterlagen bzgl. Umgangs mit ehemaligen Haus-Praktikantinnen etc. sind beim Ministerium vorhanden. Des weiteren sei in Hangelar homophile Literatur sichergestellt worden [...] Für das Ministerium ist ein solcher Mann nicht mehr tragbar als Leiter einer Jugendbildungsstätte, die mit öffentlichen Mitteln gefördert wird.« Soweit das Sitzungsprotokoll.

Rechtsanwalt Krempel hat heute noch genaue Erinnerungen an »diese Schmutz- und Schundakte, eine ganz schmutzige Geschichte.« Keine Schürze sei vor Kanter sicher gewesen, damals habe es immer geheissen: »Auf die Bäume, ihr Mädchen, da kommt der dicke Kanter nicht hoch«. Kanter habe sich gerne väterlich gegeben, habe »Schlag« gehabt bei Frauen und Männer. Auch das »Mariele«, eine Geigerin aus Berlin, sei anlässlich eines

Auftritts in Marienberg »auf den reingefallen« und habe eine Nacht mit ihm verbracht.

Rosemarie Türk war als Haushälterin im Marienhaus beschäftigt. Die Bauerntochter berichtete, wie eine Tante, als sie von der Bewerbung erfuhr, zu ihrer Mutter gesagt habe: »In dem Puff lässt Du Deine Tochter arbeiten?« Sie habe dann trotzdem die Stelle angetreten und »so einiges« mitbekommen. An Kanters Arbeitszimmer im ersten Stock des Europa-Hauses sei ein Badezimmer angeschlossen gewesen, geräumig genug für zwei Sessel neben der Wanne. Wenn da mal wieder Party gewesen sei – in der Geheimakte solle von »Orgien im Schaumbad« die Rede gewesen sein –, habe ihre Chefin Tabletts mit Häppchen und Sektschalen hinbringen müssen. Und auch über die Ehefrau Gisela Kanter habe einiges in der Geheimakte gestanden, die solle angesichts des Treibens ihres Mannes Trost bei einem katholischen Geistlichen, einem Bundeswehrpastor, gesucht und gefunden haben.

Im Bericht des Bundesrechnungshofs steht auch etwas zu Gisela Kanter, verpackt in der Wiedergabe einer schriftlichen Stellungnahme des Gemahls vom 6. Februar 1967 gegenüber dem Vorstand des Europa-Hauses: »Frau Kanter ist – trotz ihrer wiederholten Bitten um Auskunft – niemals weder schriftlich noch mündlich mitgeteilt worden, welche Vorwürfe gegen ihr außerdienstliches Verhalten zunächst bei ihrer Suspendierung und dann bei ihrer Entlassung mitbestimmend gewesen seien. Der Vorsitzende des Kuratoriums, Herr [Heinz, D. K.] Berndt, hat lediglich einmal gegenüber Herrn Kanter geäußert, er habe in der Akte beim Bundesministerium für Familie und Jugend gelesen, daß wegen des Lebenswandels von Frau Kanter die jetzige Privatwohnung Kanter in der Kreissparkasse gekündigt worden sei. Der Direktor der Kreissparkasse Marienberg, Stahl, hat Herrn Kanter erklärt, daß das nicht zutreffend sei, und schriftlich bestätigt, daß die Wohnung nur aus Gründen des Platzmangels, die in dem Schreiben näher erläutert werden, gekündigt worden sei.«

»Die moralischen Zustände in Marienberg«, wusste Manfred Däuwel aus Marienberg, Ehrenmitglied des Landesvorstandes der Europa-Union, »waren derartig, dass man unmöglich junge Mädchen hinschicken konnte.« Däuwel berichtete dem Autor von eigenen Erfahrungen. Kanter habe ihn damals gebeten, Studentinnen des Auslands- und Dolmetscherinstituts in Germersheim als Übersetzerinnen für internationale Tagungen im Europa-Haus anzuwerben. Er habe daraufhin drei oder vier junge Damen für den Job gewonnen, anfangs sei auch alles gut gegangen, dann aber hätten die Frauen nicht mehr ins Europa-Haus gehen mögen, unter vielerlei Ausreden. Da habe er sich gedacht, »da stimmt was nicht«, eine der Dolmetscherinnen sei dann mit der Sprache herausgerückt, dass der Direktor Kanter nur darauf aus gewesen sei, sie und ihre Kommilitoninnen ins Bett zu bekommen. Einer jungen Seminaristin, Tochter des Bundesverfassungsrichters und Vorsitzenden des Kuratoriums des Europa-Hauses Egon Schunck, die sich ihm verweigert habe, habe er am Tage ihrer Abreise ein Taschentuch voller Sperma in ihrem Zimmer aufs Bett gelegt.

Markus Wolf wird seine Freude daran gehabt haben, wie »Fichtel« saftige Details der Schmutz- und Schundakte des Familienministeriums als Dienst an der Wissenschaft verteidigte, so auch die in Hangelar sichergestellten dänischen Schwulenpornos und seine Züge durch die Nachtklubs von Köln in Damenbegleitung. Wolf erhielt in Kopie ein Rundschreiben, das Kanter am 27. Februar 1967 an seinen Koblenzer Rechtsanwalt und an Europa-Freunde wie Walter Hallstein, den CDU-Bundestagsabgeordneten Adolf Süsterhenn, Eberhard von Brauchitsch und Paul Nelles geschickt hatte. »Wie mir gerüchteweise bekannt geworden ist, ist einer der Angriffspunkte gegen mich in moralischer Hinsicht meine Bekanntschaft mit Fräulein Ute Hannich. Beigefügt übersende ich Ihnen [die] Photokopie eines Schreibens von Fräulein Hannich an mich. Bei den von Fräulein Hannich erwähnten Schriften handelt es sich um in Dänemark im öffentlichen Buchhandel erhältliche Literatur. Ich hatte einige dieser Schriften zeitweise in meinem Privatraum unter Verschluß verwahrt.« Was Kanter »Literaturabführung« nannte, waren dänische Pornohefte, Hardcore.

In der beigefügten Fotokopie schreibt das Fräulein Hannich mit der Hand:

»Lieber Herr Kanter! [...] Da ich während meiner Ausbildung zur Sozialarbeiterin leider erfahren mußte, wie schnell Menschen auf die dümmste Art diffamiert werden können, bitte ich Sie, wenn es nötig sein sollte, diesen Brief als Rechtfertigung vorzulegen. [...] die finanzielle Lage meiner Eltern macht es notwendig, daß ich manchmal die Zeiträume zwischen meinen Ausbildungen dazu benutze, etwas Geld zu verdienen. Ich war deshalb froh, daß ich einmal für den Pontes-Verlag 4 Wochen lang arbeiten konnte, um mein Taschengeld aufzubessern.

Andersartiges Verhalten von Menschen ist mit ein wichtiges Gebiet meiner Ausbildung, insbesondere in den Fächern Sozialhilfe, Psychologie und Sozialpsychiatrie. Ich war Ihnen deshalb dankbar, daß Sie mich auf meinen Wunsch hin einigemale bei ›Streifzügen‹ durch Kölner Lokale, in die man als Mädchen normalerweise nicht allein gehen kann, begleitet haben. Die Unterhaltungen in diesen Lokalen waren für mich sehr interessant. Es ist wirklich schade, daß Ihnen nicht gut gesonnene Menschen daraus einen Anklagepunkt machen wollen.

Ganz eindeutig erkläre ich hiermit, daß diese Besuche rein Studienzwecken dienten. Dasselbe dient auch für einige Literatur, die Sie mir auf meinen Wunsch hin gelegentlich aus Dänemark mitbrachten. Solches Informationsmaterial war für mich deshalb von Interesse, weil bekanntlich in der Bundesrepublik in Zusammenhang mit der großen Strafrechtsreform eine öffentliche Diskussion geführt wird, die in meinen beruflichen Bereich hineinreicht. Übrigens bin ich volljährig und muß selbst wissen, über was ich mich mit Menschen, zu denen ich Vertrauen habe, unterhalten kann. Und damit meine ich besonders ältere Menschen. [...]

Bitte geben Sie mir Nachricht, wenn ich irgendetwas zu Ihrer Rechtfertigung tun kann.
Mit herzlichem Gruß
Ihre Ute Hannich«

Sollte ein älterer Mann der guten Ute die Hand geführt haben, beim Abfassen der Epistel über ihre gemeinsamen Studien in Pornoheften und Nachtlokalen?

Kaltblütig, wie es seine – auch von Markus Wolf bewunderte – Art war, lieferte Kanter auf einer außerordentlichen Mitgliederversammlung der Spendensammelorganisation Europäische Vereinigung am 3. März 1967 im noblen Düsseldorfer Industrie-Club in Anwesenheit von Brauchitschs seine Version, wie es zum Bruch kam.

Sitzungsprotokoll: »Am 3.1.1967 wurde ich auf Verlangen des Bundesministeriums für Familie und Jugend [...] von meiner Funktion als Direktor des Europa-Hauses suspendiert – verbunden mit einem Hausverbot. In den darauffolgenden Tagen wurden durch die Staatsanwaltschaft Koblenz und Bonn verschiedene Akten darunter auch die Akten der Europäischen Vereinigung für gegenseitigen Meinungsaustausch beschlagnahmt. In den darauffolgenden Wochen setzte ein zermürbender Nervenkrieg ein, denn das Bundesministerium für Familie und Jugend machte die Gewährung weiterer Zuschüsse und die Auszahlung einer bereits bewilligten Restsumme aus dem Jahre 1966 in Höhe von 30.000,- DM abhängig von meinem Rücktritt als Direktor des Europa-Hauses und meinem Ausscheiden aus dem Verein Europa-Haus. Es wurde mit zwei Aktenstücken von diesem Ministerium gegen mich gearbeitet: a) sollen unter meiner Verantwortung bei verschiedenen Vereinigungen die zur Verfügung stehenden Mittel nicht ordnungsgemäß verwandt worden sein, b) mein außerdienstliches Verhalten sei nicht korrekt. [...] Die Vorwürfe gegen mein außerdienstliches Verhalten sind mir bisher überhaupt nur gerüchteweise bekannt geworden. Unter dem durch das Bundesministerium für Familie und Jugend auf den Vorstand des Europa-Hauses und von diesem auf mich ausgeübten Druck – zum Teil auch bedingt durch meinen damaligen Gesundheitszustand (ich war wegen der Gefahr eines Herzinfarktes krank geschrieben) habe ich am 2.2.1967 meinen Rücktritt von sämtlichen Ämtern beim Europa-Haus und meinen Austritt aus dem Europa-Haus-

Verein erklärt. Inzwischen bin ich auch als Generalsekretär der Internationalen Föderation der Europa-Häuser zurückgetreten. Ich möchte betonen, daß ich mich im Sinne der gegen mich erhobenen Vorwürfe von jeder Schuld frei fühle.«

Siebtes Kapitel

Bös in der Tinte

Bei der »Zentralen Stelle der Landesjustizverwaltungen zur Aufklärung nationalsozialistischer Verbrechen« in Ludwigsburg ging am 30. November 1964 ein anonymes Schreiben ein. Der Absender schildert einen Vorgang, bei dem er offenbar Zeuge gewesen war:

»Als ehemaliger Justizangestellter beim Landgericht in Danzig, jetzt gezwungenermaßen in der Ostzone als Rentner lebend, bin ich zurzeit als ›Urlauber‹ bei Verwandten in Westberlin. In der Berliner Bild-Zeitung vom 13. November 1964 ist von einem ›Ersten Staatsanwalt‹ ABBOTT die Rede. Wenn es sich bei dem Genannten um den im letzten Krieg in Danzig gewesenen Staatsanwalt ABBOTT handelt, dann hätten die in der Ostzone erscheinenden Zeitungen vollkommen recht, dass die Justiz in der Bundesrepublik Deutschland ein Sammelbecken für Naziverbrecher ist. Der von mir verdächtigte Abbott war, trotzdem er gehbehindert war (durch einen Klumpfuß), schon am Anfang des Krieges bei der Danziger HJ in führender Stellung. Als Staatsanwalt war er der ›Danziger Freisler‹, der ›Danziger Blutanwalt‹ usw. genannt.

Nach Einrichtung der Hinrichtungsstätte in Danzig im Jahre 1943 wurde diese besichtigt. Hierzu kamen auch alle Staatsanwälte. Das von der Strafanstalt Berlin-Tegel gelieferte Fallbeil wurde von den besichtigenden Staatsanwälten ausprobiert, indem ein Justizwachtmeister, der für die kommenden Hinrichtungen als ›Henkerhelfer‹ vorgesehen war, einen sehr starken Vollgummireifen ohne Stahleinlage unter das Fallbeil legte. Das herunterfallende Beil zerschnitt diesen Reifen glatt.

Ein Besichtigender fragte die Anwesenden nun: ›Na, wer liefert uns den ersten Delinquenten?‹ Wie aus einem Munde riefen alle Staatsanwälte: ›Natürlich Abbott!‹ Worauf Abbott sagte: ›Ja, selbstverständlich, das lasse ich mir nicht nehmen, das Fallbeil wird durch mich stark in Anspruch genommen, dann brauche ich nicht immer die Opfer nach Königsberg zur Hinrichtung zu schicken.‹ Abbott war der gefürchtetste Staatsanwalt beim Sondergericht und man sprach damals in Beamtenkreisen darüber, dass 90 Prozent der Opfer, die durch den Antrag Abbotts zum Tode verurteilt und auch hingerichtet wurden, entweder unschuldig waren oder aber nicht die Todesstrafe als Sühne hätten bekommen dürfen.

Es ist doch eine Schande, dass solche Leute heute noch amtieren und das ganze deutsche Justizwesen in den Dreck ziehen. Wenn es sich bei dem Genannten um den von mir vieler Verbrechen verdächtigten Danziger Staatsanwalt handelt, dann muss er nicht nur amtsenthoben, sondern auch noch vor ein Gericht gestellt werden.
Gez. Ein Ostdeutscher (aber nicht Kommunist).«

Der Briefschreiber irrte sich nicht in seinem Verdacht. Es ging um Josef Aloysius Maria Abbott, am 28. Juli 1913 in ein streng katholisches Elternhaus in Aachen geboren, seit dem vierten Lebensjahr im linken Bein gelähmt infolge einer Polioerkrankung. Abitur im rheinischen Andernach, 1937 Eintritt in die NSDAP, Erstanstellung als Volljurist bei der Staatsanwaltschaft Koblenz, am 1. Juli 1943 zum Staatsanwalt bei der Staatsanwaltschaft Danzig, zuständig für Sondergerichtssachen, ernannt. »Gute geistige Anlagen, zielbewusster und gründlicher Sachbearbeiter, seine politische Zuverlässigkeit steht außer Frage«, so die dienstliche Beurteilung des NS-Generalstaatsanwalts. Mit Anträgen auf Todesstrafe auch aus geringfügigem Anlass erfüllte Abbott die in ihn gesetzten Erwartungen.

So wurde die Hausfrau Luise Kasperski am 1. April 1943 auf Antrag Abbotts als »Volksschädling« vom Sondergericht Danzig zum Tode verurteilt und im Sommer 1943 hingerichtet. Das Gericht sah als erwiesen an, dass sich die Hausfrau 1942 und 1943 in Danzig in größerem Umfang Lebensmittelkarten beschafft und zum Teil selbst verbraucht, zum Teil veräußert hatte. Hingerichtet, wie von Staatsanwalt Abbott beantragt, wurden am 5. Oktober 1943 auch die beiden Polen Kasprzyk und Adamski, weil sie durch »fortgesetzten Sachterror das Wohl des deutschen Volkes in den eingegliederten Ostgebieten schwer geschädigt« hätten. Ihre Vergehen: Bei Stalleinbrüchen erbeutetes Geflügel und anderes Kleingetier entweder selbst gegessen oder im Schwarzhandel verkauft zu haben. Wenige Tage vor Einmarsch der Roten Armee wurden drei weitere Todesurteile vollstreckt, auf die Abbott wegen Schwarzhandels der Beschuldigten plädiert hatte.

Im Februar 1945 setzte sich Abbott aus Danzig ab, kehrte nach Kriegsende ins Rheinland zurück, bewarb sich im Februar 1946 bei der Staatsanwaltschaft Koblenz, erhielt dort im Juli 1947 den Posten eines Hilfsstaatsanwalts. Im selben Jahr stellte die polnische Regierung bei den französischen Besatzungsbehörden einen Auslieferungsantrag. Abbott wurde im Januar 1948 vom Dienst suspendiert und inhaftiert, im Herbst 1948 an Polen überstellt. Das Appellationsgericht Danzig verurteilte ihn 1950 zu sieben Jahren Haft. Abbott kam 1955 wieder frei, Auslieferungs- und Untersuchungshaft waren ihm angerechnet worden. Im Mai 1955 beantragte er seine Wiederverwendung im rheinland-pfälzischen Justizdienst. Schon einen Monat später wurde er eingestellt und noch im selben Jahr zum Beamten auf Lebenszeit ernannt. Die Gefängnisstrafe in Polen war kein Hinderungsgrund im westdeutschen, von NS-Tätern durchsetzten Justizsystem der Nachkriegsjahre.

Im Gegenteil. Als handele es sich nicht um einen verurteilten Verbrecher, sondern um einen Spätheimkehrer aus Kriegsgefangenschaft, wurde er bald schon zum Ersten Staatsanwalt befördert. Der Koblenzer Oberstaatsanwalt belobigte ihn 1957 in seiner dienstlichen Beurteilung: »Staatsanwalt Abbott hat nach polnischer Gefangenschaft seinen Dienst bei der hiesigen Behörde wieder aufgenommen. Befürchtungen, dass er infolge der langen Abwesenheit und der während dieser durchgemachten körperlichen und seelischen Strapazen gebrochen oder zumindest in der ersten Zeit nicht in der Lage sei, ein volles Dezernat zu bewältigen, erwiesen sich sofort als unbegründet. Mit erstaunlicher Tatkraft und einer ausgesprochenen Schaffensfreude widmete sich der Beamte vom ersten Tage seines Hierseins der Erledigung der ihm übertragenen Aufgaben. Bei dem Beamten handelt es sich um einen Staatsanwalt aus Passion, der völlig in seinem Beruf aufgeht.«

Dem passionierten Strafverfolger voll ausgesprochener Schaffensfreude wurde in den ersten Januartagen 1967 ein interessanter Fall anvertraut. Es sollte gegen einen Mann mit vielen Titeln vorgehen – Erster Vorsitzender des Europahauses Marienberg, zugleich Stellvertretender Vorsitzender des Arbeitskreises freier europäischer Bildungsstätten in Hangelar und Generalsekretär der Internationalen Föderation der Europahäuser (FIME) in Hangelar und Generalsekretär der Europäischen Vereinigung für gegenseitigen Meinungsaustausch in Marienberg und Prokurist des Pontes-Verlages –, gegen Adolf Kanter also. Auf 53 Seiten hatte der Bundesrechnungshof ein Verdachtspotpourri zusammengemischt: Betrug, Untreue, Zweckentfremdung von Spenden in erheblichem Ausmaß. In seinem streng vertraulichen Prüfbericht vom 23. Dezember 1966 alarmierten die Kontrolleure der Staatsausgaben das Bundesministerium für Familie und Jugend: Der Fall Kanter »birgt die Gefahr von Interessenkollisionen und Machenschaften in sich«.

Der eifrige Abbott machte sich ans Werk. Binnen sechs Monaten hatte er, unterstützt von einigen Kollegen, über 120 Zeugen vernommen, in seiner Berichtspost ans Mainzer Justizministerium wiederholten sich die Hinweise, dass »die Ermittlungen sehr schwierig und zeitraubend« seien und »ständig neue Gesichtspunkte und Tatsachen auftauchen, die das Beweisergebnis verändern«. Dies gelte »insbesondere für den sog. Spendenkomplex«. Eine Erkenntnis aber, laut Rapport vom 27. Juli 1967, schälte sich dennoch früh heraus, dass nämlich »keinem Zeugen bekannt war, dass das ›Europa-Haus Marienberg‹ und die ›Europäische Vereinigung für gegenseitigen Meinungsaustausch‹ verschiedene Institutionen sind, und dass der größte Teil der Spender das Europa-Haus unterstützen wollten. Diese Firmen waren sämtlich von dem persönlich haftenden Gesellschafter der Firma Flick KG, Rechtsanwalt von Brauchitsch, auf Grund der Konzernbeziehungen zu ihren Spenden veranlasst worden.«

Abbott hatte dem Ministerium geschildert, wie sich der Edelmann »in seiner sehr eingehenden Vernehmung« wegen der Täuschung der Spender herausredete: »Es sei seinem Willen gemäss gewesen, dass die von ihm veranlassten Spenden nicht ausschließlich dem Europa-Haus, sondern sämtlichen von Kanter geleiteten Institutionen zugute kommen sollten. Darum, wieweit das Europa-Haus an den Spenden partizipierte, hat er sich zugegebenermassen nicht gekümmert, weil er Kanter restlos vertraute.« Abbott durchschaute das Zusammenspiel der beiden Spendenritter und prophezeite: »Wenn auch Kanter bisher noch nicht vernommen wurde, so kann es doch heute schon keinem Zweifel unterliegen, dass seine Verteidigung auf der gleichen Linie liegen wird wie die Angaben des Herrn von Brauchitsch.«

Über drei Jahre brauchte es, bis Abbott einen – nach seiner Schätzung – Zentner schweren Aktenberg aufgehäuft und daraus einen 33-seitigen Strafbefehl gefertigt hatte. Seinem Antrag entsprechend wurde am 26. Mai 1970 vom Amtsgericht Hachenburg gegen Kanter wegen Betrug und Untreue eine recht milde Geldstrafe von D-Mark 3.500, ersatzweise 70 Tage Haft, festgesetzt. In der Begründung des Strafbefehls offenbarte sich auch, wie geschickt Markus Wolfs »Fichtel« das Geschäft mit Europa zu seinen Gunsten auszunutzen verstand und warum er es nicht nötig hatte, der chronisch devisenschwachen DDR mit einem Agentenlohn auf der Tasche zu liegen. Ostberlin griff »Fichtel« in all den über 40 Jahren seiner Kundschafterei nur einmal mit einem namhaften Betrag – 15.000 D-Mark (West) – unter die Arme, als Kanter wegen seines Rausschmisses beim Europa-Haus finanziell ins Wanken geraten war.

Auf Betrug gemäß der §§ 263 und 74 des Strafgesetzbuchs erkannte das Gericht, weil der Herr Direktor dem Bundesministerium für Familie und Jugend, das seinem Europa-Haus 1965 Zuwendungen in Höhe von D-Mark 63.640,– auszahlte, eine Reihe nicht abrechnungsfähiger Veranstaltungen untergeschoben hatte, zum Beispiel durch die Umtaufe von Tagungen zur Entwicklungspolitik in »Jugendleiterseminare«. Dafür frisierte er die Teilnehmerlisten, indem, so der an Kanter gerichtete Strafbefehl, »Sie Personen, die auf Grund ihres Alters dem Prüfungsbeamten des Ministeriums hätten auffallen müssen, fort ließen«. Oder er rechnete eine Gasttagung, veranstaltet im Europa-Haus und ordnungsmäßig bezahlt von der Kammer für Steuerbevollmächtigte mit D-Mark 4.368,05, nochmals beim Familienministerium mit D-Mark 4.032,– ab als »Staatsbürgerliches Seminar für Lehrlinge von Steuerbevollmächtigten«.

Als Beleg ließ er ein gefälschtes Fünftageprogramm mit acht Referaten tippen. »Keiner der aufgeführten Referenten«, so die Begründung des Gerichts, »hat die aufgeführten Referate gehalten«. Einer der angeblichen Vortragsredner »war sogar nicht einmal anwesend, wie sich aus den Verpflegungslisten des Europa-Hauses ergibt.« Er lag zu Hause krank im Bett. Ein anderer war für das Europa-Haus gar nicht mehr tätig. Kanter selbst hatte sich als Referent zu den Themen »Bürger und Staat« und »Die europäischen Institutionen« aufgeführt, jedoch nicht ein einziges Mal das Wort ergriffen.

Dann wieder kassierte Kanter beim Ministerium Zuschüsse von D-Mark 4.500,– für »sonstige Maßnahmen der Jugendarbeit«, obwohl, so der Strafbefehl »die als ›Arbeitstagung‹ deklarierte Veranstaltung weder vom Inhalt noch von den Teilnehmerpersonen her etwas mit ›Jugendarbeit‹ zu tun hatte und in Wirklichkeit es sich um die III. Generalversammlung der FIME (Fédération Internationale des Maisons de l'Europe) gehandelt hat.«

Wegen Untreue (§§ 266,74 StGB) erging der Strafbefehl, da Kanter Spenden, »welche nach dem Willen der Spender dem Europa-Haus zugedacht waren, dem Europa-Haus entzogen bzw. diesem hat nicht zukommen lassen«. Dabei ging es allein im Jahr 1964 um insgesamt D-Mark 6.000,–, die er vom Europa-Haus weg auf das Konto des Spendenwaschsalons »Europäische Vereinigung« umgeleitet hatte. War von den genasführten Spendern direkt an die »Europäische Vereinigung« gezahlt worden, hielten von Brauchitsch und Kanter die Hand drauf. Dazu der Strafbefehl: In den Jahren 1962 bis 1966 habe das Europa-Haus »keinen Pfennig« von der Vereinigung erhalten. Der Bundesrechnungshof hatte festgestellt: »Die Europäische Vereinigung für gegenseitigen Meinungsaustausch e. V. ist eine völlig unabhängige Organisation, deren Aufgaben sich von denen des Europa-Hauses wesentlich unterscheiden [...] Eine persönliche Verbindung zwischen den beiden Einrichtungen besteht dadurch, dass der Direktor des Europa-Hauses, Adolf Kanter, gleichzeitig Generalsekretär der Vereinigung ist. Diese Doppelfunktion ermöglicht es, die für das Europa-Haus erbetenen Spenden der Vereinigung zuzuführen. Dadurch sind mindestens 37000,– DM, die von den Spendern für das Europa-Haus bestimmt waren, dessen Haushalt vorenthalten worden. Weitere Feststellungen könnten nur durch Einsicht in die Buchführung der Vereinigung getroffen werden. Im Rahmen unserer Prüfung ist das nicht möglich, da die Vereinigung nach Angaben des Kanter Zuwendungen aus öffentlichen Mitteln nicht erhält.«

Die Fahnder des Rechnungshofs ließen nicht locker, wurden wieder fündig, in einem Umfang, dass sie einen zweiten Prüfbericht mit Datum 6. März 1967 nachschoben. Diesmal gelangen tiefere Einblicke in die Geheimnisse der Europäischen Vereinigung. Die Staatsanwaltschaft Koblenz hatte bei Kanter Druck gemacht, zurückgehaltene Unterlagen herauszurücken. Die Fahnder lasen, dass Kanter den Verein als Alleinherrscher führte. Wie in der gerissen von Kanter formulierten Vereinssatzung vorgesehen, oblagen ja die Geschäftsführung und – noch wichtiger – auch die Kassenführung allein dem Generalsekretär Kanter. Nur er wusste, was an Geldern hereinkam und wohin sie verschwanden.

Dank der Amtshilfe der Staatsanwaltschaft bekamen die Rechnungshofdetektive auch das Kassenbuch der Vereinigung in die Hände, das freilich mehr verbarg als zu offenbaren, was wirklich lief in der Waschanlage. Im Prüfbericht steht dazu: »Ein Kassenbuch, das jedoch nur als Kladde bezeichnet werden kann.« Kanter habe erst erklärt, Einnahme- und Ausgabebelege seien »wohl vernichtet worden«. Später jedoch wenigstens Einnahmebelege geliefert, »es fehlen Ausgabebelege über einen Gesamtbetrag von rd. 22 000,– DM«.

Aber auch bei den Angaben über die Einnahmen hatte nicht alles seine Richtigkeit. Es seien die Provisionen »für die Werbung der von Juli 1959 bis April 1961 eingegangenen Spenden nicht bei den Ausgaben, sondern durch Absetzung von den Einnahmen gebucht worden. [...] Die Einnahmen der Vereinigung, die fast ausschließlich aus Spenden bestehen, erscheinen auf diese Weise nicht in ihrer tatsächlichen Höhe [...] Kanter hat [...] den überwiegenden Teil der für das Europa-Haus bestimmten Spenden durch irreführende Angaben gegenüber den Spendern auf das Konto der Vereinigung überweisen lassen.« 72.950 D-Mark Spendengelder allein aus Industrie und freier Wirtschaft seien so zwischen 1959 bis 1966 dem eigentlichen Empfänger vorenthalten worden. Insgesamt zählten die Rechnungsprüfer in der Kladde an Spenden 123.223,84 D-Mark zusammen. Ob die Einträge korrekt und vollständig waren, blieb unklar. Gefehlt haben jedenfalls die Angaben zu den Jahren 1960/61 über Einnahmen aus Anzeigen für die Hauspostille »Marienberger Hefte«, mindestens 7.952 D-Mark, die eigentlich dem Europa-Haus zugestanden hätten. Der Prüfbericht: »Die Vereinigung hatte mit der Herstellung und dem Vertrieb der Hefte nichts zu tun. Kanter hätte die Rechnungen für die Anzeigen von dem Europa-Haus und nicht von der Vereinigung ausstellen lassen müssen.«

Was mit all den Tausendern geschah, wie viel dieser Gelder an die CDU und Kohl weitergegeben wurden? Der Strafbefehl gab keine Antwort. Bei beschlagnahmten Unterlagen fanden sich keine Belege. Unklar auch, ob und in welchem Umfang den Spendern überhöhte Spendenquittungen für gemeinnützige Zwecke ausgehändigt wurden, um unrechtmäßig Steuern zu sparen. Es war jedenfalls genügend »Bimbes« vorhanden, um sich über verdeckte Zuwendungen die CDU-Getreuen um den jungen Kohl zu verpflichten und Einfluß auf die Politik zu verschaffen. Wie Trickbetrüger an der Haustüre hatten von Brauchitsch und Kanter mit dem Europa-Haus und seinen hehren proeuropäischen Bildungszielen den Spendern vorgegaukelt, sie würden Gutes tun, wenn sie Zahlungen an die vermeintliche Förderinstitution Europäische Vereinigung leisteten. Dort war das Geld dann für Europa verloren. Jahre später, 1973, wird die Finanzreferentin des Europa-Hauses dem Amtsgericht Montabaur schriftlich mitteilen, »daß die Vereinigung für gegenseitigen Meinungsaustausch nichts mit dem Europa-Haus Marienberg zu tun hat«.

Die Spender sahen sich allesamt getäuscht. Staatsanwalt Abbott führte sie in der Verfügung zum Strafbefehl seitenlang auf. Beispiele: Über die Firma Mühlens 4711 Köln, die zwischen 1959 und 1962 die Summe von 12.000,– D-Mark überwiesen hatte, schrieb er, durch »die äußerst raffinierte Verquickung zwischen ›Vereinigung‹ und Europa-Haus« sei bei der Spenderin der Eindruck entstanden, »sie spende ›für die Fertigstellung des Europa-Hauses‹.« Oder: »An der Absicht« der Firma Daimler-Benz – 1960, 1963 und 1964 mit Spenden von insgesamt 9.000,– D-Mark dabei – »diese Beträge der Arbeit des Europa-Hauses selbst zuzuführen«, zitiert Abbott deren Abteilungsleiter Heinz Burneleit, »kann gar kein Zweifel bestehen. Im Hause wurde Die Europäische Vereinigung für gegenseitigen Meinungsaustausch als Finanzierungsorgan im Sinne eines Freundeskreises des Europa-Hauses Marienberg angesehen«. Oder: Die Friedrich Flick KG, die in vier Jahren 17.000,– D-Mark »zu Gunsten des Europa-Hauses« überwies, dient dem Staatsanwalt als weiterer Beleg für das verdeckte Zusammenspiel der beiden Spendenerschleicher: Betreffs eines Teilbetrages von 5.000,– D-Mark sei es »geradezu auffällig, wenn ausgerechnet der Zeuge von Brauchitsch als Vorstand der ›Friedrich Flick Förderungsstiftung‹ an den Duzfreund Kanter als Direktor des Europa-Hauses schreibt: ›Wir wären Ihnen dankbar, wenn Sie uns sagen würden, wohin dieser Betrag zu überweisen ist‹.« Kanter habe dann das Konto der Vereinigung benannt. Oder:

Der Chef der Auto Union, Werner Henze, trauerte als Zeuge der in 1963 und 1964 gestifteten Summe von 6.000,– D-Mark hinterher: »Wenn wir eine solche Ausgabenwirtschaft vermutet hätten, wären die Spenden mit Sicherheit nicht gegeben worden.«

Unklar blieb, wie viel des eigentlich dem Europa-Haus zugedachten Geldes an Kohls CDU weitergeschoben wurde. Doch offenbarten die beschlagnahmten Papiere ganz klar, für welche anderen eigennützigen Zwecke Kanter die als gemeinnützig gedachten Spenden verwendet hatte: für sein Privathaus in Hangelar bei Bonn. Aus der Kasse der »Vereinigung« habe Kanter, so der Strafbefehl, »im offensichtlichen Widerspruch zu den von den Spendern verfolgten Zwecken anläßlich der Errichtung bzw. Einrichtung (seines) Privathauses in Hangelar« insgesamt D-Mark 15.994,02 genommen. Und aus der Kasse des Europa-Hauses seien zusätzlich D-Mark 11.985,50 für die »Einrichtung Hangelar« geflossen.

»Sie haben«, hielt Abbott weiter im Strafbefehl dem Beschuldigten vor, »praktisch – abgesehen von Ihrem privaten Schlafraum – das gesamte Haus durch Dritte [...] einrichten und bestücken lassen, ohne auch nur im geringsten sich einer Sparsamkeit zu befleißigen.« Mittels hoher Abschreibungssätze sei »Ihr beabsichtigtes Ziel, nämlich in spätesten 5 Jahren diese wertvollen Einrichtungsgegenstände zum Buchwert von DM 1,– sich beschaffen zu können, erkennbar«. Und: »Sie haben ohne Rücksicht auf den Willen der Spender Beträge verausgabt zu Ihrem ausschließlichen eigenen Nutzen.«

Im Strafbefehl ist aufgelistet, wie sich Kanter sein Schöner Wohnen auf anderer Leute Kosten leistete: für 5.435 D-Mark »ein großer eingebauter Wandschrank in Palisander, ein Schreibtischsessel mit Besuchersessel, ein Schreibtisch L-Kombination, ein durchgehendes Leuchtband mit eingebauten Röhren sowie einer schweren Blende über dem Fenster aus Massiv-Kiefernholz zur Aufnahme von Dekoration und Jalousette«. Abbott stützte sich hier auf den Befund im Prüfbericht des Rechnungshofs: »Der Wandschrank in Palisander ist im großen Wohnraum des Hauses

Kanter eingebaut worden und dient privaten Zwecken. Auch das durchgehende Leuchtband und andere Gegenstände gehören nach unserer Auffassung zur privaten Ausstattung des Hauses.« Laut Strafbefehl hat Kanter wesentlich mehr Spendengelder für sein Heim abgezweigt und für 4.904 D-Mark »sieben Stück Sessel mit Chromgestell und Sitzschale in Dura-Leder mit losen Einlegekissen, ein Palisandertisch mit drehbarer Platte, ein Palisandertisch mit schwerer Marmorplatte« angeschafft; dazu für 278 D-Mark »eine Kofferbank, zwei Auflagekissen«; für 2.700 D-Mark »eine Kamingruppe bestehend aus: drei Sessel, Spezialgestell mit verchromten Füßen und Rücken in Palisanderholz, Auflagekissen in echtem Leder mit Daunenfüllung«.

Gar nicht gut fand die Staatsgewalt, dass Kanter in seinen geschnorrten Mercedes ein luxuriöses Autoradio des Typs »Köln« zu dem für damalige Verhältnisse horrenden Preis von 605 D-Mark einbauen ließ, bezahlt ohne Genehmigung der zuständigen Organe vom Konto der »Europäischen Vereinigung«. Hier ging Strafbefehlverfasser Abbott besonders vorwurfsvoll mit Kanter ins Gericht: »Daß diese zu Ihrem reinen Privatvergnügen getätigte Ausgabe weder dem Willen der Spender noch mit der Satzung in Einklang zu bringen ist, ist offenkundig. Daß Sie dies auch erkannt haben, kann bei Ihrem Intelligenzgrad keinem Zweifel unterliegen, selbst wenn man zu Ihren Gunsten in Rechnung stellen will, daß Sie offenbar aus Repräsentations- oder Renommiersucht jegliches Maß und Gefühl für sparsame Wirtschaftsführung bei der Verwaltung fremder Gelder verloren haben [...] Selbst unter Berücksichtigung Ihrer sämtlichen Ämter und Funktionen bei den verschiedenen europäischen Organisationen können Sie nicht als eine Persönlichkeit gewertet werden, die – vergleichbar mit Inhabern höchster Ämter – unerläßlich zu jeder Zeit mit den neuesten Informationen aus erster Hand versehen sein müssen, um Sofortentscheidungen, u. U. von weittragender Bedeutung treffen zu können. Darüber hinaus ist festzustellen, daß Sie mittels eines weit billigeren Rundfunkgerätes die gleichen Informationen hätten beziehen können.«

Genüsslich zitiert Abbott, wie von Brauchitsch in seiner Befragung beim Thema Autoradio vom Kumpel Kanter abgerückt war: »Ob es allerdings im Sinne der Spender gelegen hat, bei leerer Kasse der Europäischen Vereinigung und bei gleichzeitigen Bemühungen, neue Spenden hereinzubekommen, um den europäischen Aufgaben gerecht zu werden, eine solche Anschaffung zu machen, muß ich bezweifeln.« Auch der Kassenprüfer habe als Zeuge ausgesagt, »daß es nicht Sache der Vereinigung gewesen ist, ein solches Gerät anzuschaffen«. Dennoch habe er zuvor auf Kanters »ausdrücklichen Wunsch« hin in seinen Prüfvermerk die Formulierung »Die in der Haushaltsführung gepflogene Sparsamkeit und Sorgfalt kann besonders hervorgehoben werden« verwandt, »weil er das größte Vertrauen zu Ihnen hegte«.

Keine Frage, Kanter war geschäftstüchtig. Entsprechend den Vorgaben des MfS hatte er sich in der Europäischen Bewegung auch international vernetzt. Der Generalsekretär des Bundes Europäischer Jugend wurde zum Mitgründer des Europa-Hauses in Marienberg, der internationalen Begegnungs- und Bildungsstätte für die Jugend Europas. In dem Westerwaldstädtchen bot sich der ehemalige Dienstsitz des Landrats, eine geräumige Villa mit Schiefergiebeln, als Bleibe der neuen Bildungsstätte an. Aber es fehlten die Mittel für den Ausbau. Der Stasi-Agent, noch bei der Bezirksregierung in Montabaur und beim Landratsamt Westerburg beschäftigt, kümmerte sich um die Finanzen. Er brachte einen Onkel namens Bernhauer dazu, eine Bürgschaft über 51.000,– D-Mark zu übernehmen. Mit dieser Zusage im Rücken wandte sich Kanter an den amerikanischen Hochkommissar John J. McCloy. In mehreren Verhandlungsrunden mit dem höchsten Vertreter der USA in der noch teilsouveränen Bundesrepublik schaffte es der DDR-Spion, dass McCloy ihm eine amerikanische Bierbrauervereinigung vermittelte, die 51.000 D-Mark für den Aufbau des Marienberger Europa-Hauses spendete. 1960 stieg der ehemalige Volksschüler zu dessen hauptamtlichem Direktor auf, besoldet nach Tarif A 14 für Beamte des höheren Dienstes, der in der Regel nur Hochschulabsolventen offensteht.

Chef des Europa-Hauses Marienberg – eine Position, die zum Geldmachen geradezu einlud. Strafbefehlautor Abbott hat »den Eindruck, daß Kanter alles ausgenutzt hat, was sich ihm bot«. Das war wahrlich nicht wenig. Wie nutzte er sein Haus in Hangelar, einem rechtsrheinisch gelegenen Vorort Bonns? Seinen Bungalow wandelte er mittels Plakette neben der Eingangstür um in die »Aussenstelle Bonn des Europa-Hauses Marienberg«, eine Art Marienberger Botschaft in der damaligen Bundeshauptstadt. Bald schon schraubte er weitere Platten neben den Briefkasten: das Schild »Arbeitskreis freier Europäischer Bildungsstätten e. V.«. In der vom Bundesfamilienministerium mit jährlich 60.000 D-Mark bezuschussten Organisation hatte er sich den Posten des Stellvertretenden Vorsitzenden ergattert. Dann das Schild »FIME – Fédération Internationale des Maisons de l'Europe – Internationale Föderation der Europa-Häuser« – zu deren Generalsekretär er sich hatte wählen lassen; dazu das Schild »Generalsekretariat der Europäischen Vereinigung für gegenseitigen Meinungsaustausch e. V.«

Das Privathaus gedieh zu einer internationalen Stätte wundersamer Geldvermehrung zugunsten des Hausherrn. Kanter kassierte für sein Heim an der Lindenstraße, wie der Bundesrechnungshof herausfand, bei den einzelnen Organisationen Mieten in Höhe von insgesamt 11.400,– D-Mark jährlich. Und von den 15.000 D-Mark Personalkostenzuschuss des Auswärtigen Amtes für die FIME zweigte FIME-Generalsekretär Kanter 6.008,42 D-Mark für sich und das Europa-Haus ab.

Dazu der vertrauliche Prüfbericht der Rechnungsprüfer: »Die Geschäftsstellen der 3 Organisationen sind in dem Hause in einem einzigen Raum von ca. 30 qm untergebracht, der durch ein Aktenregal in zwei kleine Räume aufgeteilt worden ist [...] Die Miete für den Raum beträgt pro qm rd. 31,50 DM monatlich. Im Raume Bonn-Godesberg wird für Büroräume eine Miete bis zu 8,– DM pro qm und für Räume mit Sonderausstattung bis zu 12,– je qm gezahlt. Die Geschäftsstelle hat keine Sonderausstattung. Kanter fordert also von den Verbänden fast das Vierfache der allgemein üblichen Mieten für Büroräume. Er hat eingewendet, dass der große Wohnraum des Hauses auch für Besprechungen mit Dritten im Interesse der Verbände in Anspruch genommen wird. Das ist nicht nachprüfbar. Selbst wenn das in gewissen Abständen der Fall sein sollte, rechtfertigt es in keinem Fall die Höhe der von den Verbänden geforderten Mieten, die sich letztlich auch auf den Zuschussbedarf der Einrichtungen auswirkt. Schriftliche Mietverträge mit den Verbänden bestehen nicht. Wir haben auch nicht feststellen können, ob die für die Finanzen der Verbände zuständigen Gremien die hohen Mieten gebilligt haben. [...] Kanter vereinnahmt [...] die Mieten nicht unmittelbar. Er hat die Beträge bis 31. Oktober 1964 an den Verlag Heinrich Warnecke, in dem er bis zu diesem Zeitpunkt stiller Teilhaber war, überweisen lassen. Der Verlag hat das als nicht korrekt angesehen und die bis dahin aufgelaufenen Mieten in Höhe von 7000,– DM auf Kanters Privatkonto überwiesen. Ab 1. November 1964 werden die Mieten laufend an den Pontes-Verlag gezahlt, dessen Geschäftsstelle sich gleichfalls im Hause des Kanter in Hangelar befindet und dessen Prokurist Kanter ist. Eine Erklärung für das auffällige Geschäftsgebaren konnte nicht gegeben werden.«

Der europäische Vielzweckfunktionär mit den Titeln Direktor/Generalsekretär/Vizevorsitzende scheute sich auch nicht, Besuche in den eigenen vier Wänden als Spesen abzurechnen. In der Verfügung zum Strafbefehl steht auf Seite 109: »Kanter hat nach Fertigstellung seines Privathauses in Hangelar anläßlich von ›Dienstreisen‹ dort häufig übernachtet und hierfür nachstehende Übernachtungsgelder in Ansatz gebracht und ausgezahlt erhalten: [1963–1966, zusammen DM 2.830,00.] [...] Die Berechnung von Übernachtungsgeldern im eigenen Hause in Hangelar war nach den Bestimmungen des Reisekostenrechts nicht zulässig.«

Wie ließ sich sonst noch Kanters Europa-Job für sein stattliches Anwesen ausnutzen? Der Bau eines Fasanengeheges ist ihm dazu eingefallen und einer ringsum laufenden Umfassungsmauer. Und warum sollten nicht auch die für seine verlegerischen Geschäfte notwendigen Umbauten im Kellergeschoss vom Spendengeld bezahlt werden? Die anstehenden Erweiterungsbauten des

Europa-Hauses im Marienberg boten eine günstige Gelegenheit, Material und Arbeitskräfte abzuzweigen und in die Kosten für die Renovierungen in Marienberg hineinzuschmuggeln.

Eigentlich hatte er dort ja ein größeres Ding drehen wollen. Dem Bauleiter, einem Architekten namens Mölls, habe er laut Zeugenaussagen bedeutet, »daß für ihn in Marienberg ein Haus ›abfallen‹ müsse«. Der Architekt habe jedoch jegliche Unkorrektheit abgelehnt. Kanter habe sich bereits in unmittelbarer Nähe des Europa-Hauses ein 1.500 Quadratmeter großes Grundstück gekauft, das der Bürgermeister, ein CDU-Parteifreund, schnellstens zu erschließen und baureif zu machen versprach. Auf seinen Privatgrund wollte sich Kanter einen »Direktorenbungalow« hinsetzen lassen. Über dieses Vorhaben soll er gesagt haben, »daß er sich wegen seiner Verdienste um das Europa-Haus mehr erlauben könne als andere«.

Da war es ja das Mindeste, dass für den verdienstvollen Direktor und sein Haus in Hangelar »die Rechnungen über das Europa-Haus hätten abgewickelt werden sollen«. Weiter in der Verfügung: Der Architekt Mölls habe das gegenüber einer Zeugin so kommentiert: »Der Rechnungshof müßte mal herkommen.« Der Architekt blieb störrisch, also wandte sich Kanter unmittelbar an die Baufirma. Und die schickte im Sommer 1966 nun ihre Arbeiter von Marienberg nach Hangelar, Fahrtzeit hin und zurück gut drei Stunden. Kutschiert wurden die Handwerker vom Hausmeister des Europa-Hauses im Dienstwagen des Europa-Hauses. Der Vorstand des Hauses nickte im Nachhinein die Kostenübernahme ab: »2.699 km × DM -,18 = DM 533,88, da ›die Ausbauarbeiten auch dem Außenbüro des Europa-Hauses zugute kommen‹« würden (Sitzungsprotokoll 3. September 1966). Aus welchen Töpfen die übrigen Kosten bezahlt wurden, vermochte Staatsanwalt Abbott nicht mit letzter Sicherheit aufzuklären, obwohl er sogar das Bundeskriminalamt bemühte. Immerhin kam er nebenbei kleineren Gaunereien auf die Spur. Kanter habe, zurück von einem ausgiebigen Spanien-Urlaub, die hohen Arbeitertransportkosten mit angeblichen Problemen beim

Kellerumbau, wie einem Wassereinbruch, verschleiern wollen. Nachdem eine Mitarbeiterin, von Kanter aufgefordert, dies mit ihrer Unterschrift zu bestätigen, es abgelehnt habe, bei diesem »Schwindel« mitzumachen, habe der Direktor eine andere Mitarbeiterin dafür gewonnen. Aus der Vernehmung der Küchenleiterin des Europa-Hauses brachte Abbott heraus, dass Kanter angeordnet habe, das Essen für die Arbeiter mit nach Hangelar zu schicken, es in den Verpflegungsnachweisen des Hauses aber nicht erscheinen zu lassen. Er habe deshalb einen höheren Tagessatz – 6,– D-Mark statt 3,50 D-Mark – für die in Marienberg beim Umbau Beschäftigten festgelegt.

Als Direktor des Europa-Hauses verdiente Kanter ordentlich für damalige Verhältnisse. Seine Steuerberaterin Annabarbara Struif gab für das Jahr 1964 Einkünfte aus nicht selbstständiger Arbeit von 26.433,67 D-Mark an. Kanter war das nicht genug. Sollte aus der Leitungsposition nicht mehr herauszuholen sein? Warum etwa sollte das ganze schöne Geld aus dem Etat der Europa-Institution für Drucksachen, europapolitische Bücher und Broschüren in fremden Taschen fließen? Also stieg der Direktor ins Druckgeschäft ein. Erst, 1961, als stiller Teilhaber bei dem Verlag Heinrich Warnecke in Hangelar, von dem das Europa-Haus seine Arbeitsmaterialien bezog. Für jeden Auftrag des Europa-Hauses kassierte dessen Direktor fortan Provisionen. Als Inhaber Warnecke 1964 starb, strich Kanter ein Ausscheidungsguthaben von 14.000,– D-Mark ein und sicherte sich die Rechte an Titeln wie »Marienberger Brief« »Vaterland Europa«, »Guten Tag Marianne« und »Kommunalprobleme in Europa«. Dann stieg er größer ins Verlagswesen ein.

Kanters Mutter, die Kriegerwitwe, hatte wieder geheiratet, einen Robert Wiesner aus Andernach. Gesteuert durch Kanter gründete der Strohmann Stiefpapa Ende 1964 den Pontes-Verlag. Dieser Verlag – am 6. Juli 1965 ins Handelsregister beim Amtsgericht Andernach unter HRA 801 eingetragen – übernahm sämtliche Verlagsrechte für das Marienberger Haus. Das Anfangskapital von 20.000 D-Mark setzte sich aus Heftbeständen des

Warnecke-Verlags im Wert von 15.000 D-Mark und Barmitteln von 5.000 D-Mark zusammen. Das Kapital wurde in der Buchhaltung als Darlehen Kanters an Wiesner geführt. »Wiesner selbst hat nicht einen Pfennig eingebracht«, hielt Abbott im Strafbefehl fest. Kanter schloss mit Wiesner am 1. November 1964 einen Vertrag, mit dem sich der Stiefsohn das Sagen in dem Laden sicherte. Als Angestellter übernahm Kanter die Geschäftsführung. Die Anstellung galt unbegrenzt. (Vertragstext: »Geschäftsführer im Angestelltenverhältnis auf Lebenszeit«). Der Bruttomonatslohn betrug 1.000 D-Mark. Ihm standen zusätzlich zehn Prozent des Reingewinns zu.

Zum stiefväterlichen Strohmann steht im Bericht des Rechnungshofs: »Wiesner ist zuständig für alle Buchhaltungsarbeiten des Verlages, die er in seiner Wohnung in Andernach erledigt. Ein Verlagsbüro besteht in Andernach nicht. Kanter erledigt alle anderen [...] Arbeiten im Hause Hangelar. Die gesamte Buchhaltung des Pontes Verlages besteht aus einem Journal mit den dazugehörenden Einnahme- und Ausgabe-Belegen. Personenkonten werden nicht geführt. Sämtliche Rechnungen werden innerhalb des Journals über ein Kontokorrentkonto abgewickelt. Ebenso werden Wareneingangs- und Warenausgangsbücher, wie sie von den Verlagen nach der Reichsabgabenordnung zu führen sind, nicht geführt.«

Der eigentliche Verlagschef Kanter langte kräftig zu. Abbott hielt ihm im Strafbefehl vor, »daß Wiesner, dem die gesamte Buchhaltung oblag, im Jahr 1965 nur DM 2.300,60 Gewinnentnahme als ›Inhaber‹ tätigte, während Sie selbst als ›Angestellter‹ nach den Feststellungen der Steuerfahndungsstelle Koblenz im gleichen Zeitraum insgesamt über DM 25.000,– entnommen hatten«. Der Rechnungshof hatte herausgefunden: »Nach dem Inhalt des Vertrages kann von einer Nebenbeschäftigung im üblichen Sinne nicht gesprochen werden. Kanter hat aus dieser Tätigkeit in den Jahren 1965 und 1966 ein Einkommen (Vergütung, Honorare, Gewinnbeteiligung) gezogen, das nur geringfügig hinter seinen Bezügen als Direktor des Europa-Hauses zurückstand.«

Genehmigen lassen hatte sich der Direktor seinen Anstellungsvertrag beim Pontes-Verlag im Nachhinein, Wochen später, durch den Vorstand des Europa-Hauses. Mit seinen Beschlüssen am 28. November 1964 war das Aufsichtsgremium dem Chef auch ansonsten gefällig: Die geschäftlichen Beziehungen zum Warnecke-Verlag wurden auf den Pontes-Verlag übertragen, der neue Verlag müsse sich »in erster Linie mit Publikationen im Sinne der Arbeit der Europa-Häuser befassen.« Vierteljährliche Einkünfte von 3.000 D-Mark waren so dem Pontes-Verlag garantiert für den Druck des Hausorgans »Marienberger Hefte«. Staatsanwalt Abbott wird Kanter später als Untreue auslegen, dass er auch Redaktionskosten nicht selbst zahlen mochte: 1965 und 1966 habe er »aus der Kasse der ›Vereinigung‹ die Zahlung von insgesamt DM 7.000,–« an einen Redakteur veranlasst, »obschon diese Kosten ausschließlich vom Pontes-Verlag zu bestreiten gewesen wären«. In den Vertragsabreden mit dem Europa-Haus über die Herausgabe seiner Zeitschrift habe Kanter eine »meisterliche Gummibestimmung« eingepasst, »mit der Sie nach Belieben jonglieren konnten, wenn Ihr Gewinnanteil am Pontes-Verlag in Gefahr zu geraten drohte«. Die Zahlungen an den Redakteur aus der Kasse der Vereinigung hätten nicht im Interesse der Spender gelegen, »sondern ausschließlich in Ihrem eigenen Interesse, um den Gewinn des Pontes-Verlages [...] nicht zu schmälern.« Dass Kanter so gedacht habe, »kann auf Grund Ihrer Intelligenz keinem Zweifel unterliegen«. Wo residierte wohl die Geschäftsführung des Pontes-Verlags? Selbstverständlich gemeinsam mit all den europäischen Institutionen in Kanters Privathaus in Hangelar an der Lindenstraße. Selbstverständlich für einen wie Kanter auch, dass er dem Europa-Haus zugedachte Spenden für den Kellerumbau des Hauses einsetzte. Ein Verlag braucht schließlich Lagerplatz für Papier und bedruckte Erzeugnisse.

Beeindruckend das Konstrukt der Mietverträge, die Kanter mit sich selbst abschloss, in seinen jeweiligen Funktionen. O-Text Rechnungshof: »Der Pontes Verlag hat in dem Wohnhaus seines Prokuristen Kanter vier Räume – davon zwei Kellerräume – mit rd. 70 qm für eine Miete von monatlich 150,00 DM gemietet. Für die Geschäftsstelle des Verlages werden nur die zwei Kellerräume (kleines Büro und Lagerraum) in Anspruch genommen. Die zwei weiteren kleinen Räume (geteilter größerer Raum) hat der Pontes Verlag an die genannten Organisationen [Europa-Haus Marienberg, Arbeitskreis freier europäischer Bildungsstätten, Internationale Föderation der Europa-Häuser, Europäische Vereinigung für gegenseitigen Meinungsaustausch, D. K.] untervermietet. Die Geschäftsführung dieser Organisationen liegt in den Händen des Adolf Kanter. Mit den Organisationen sind keine schriftlichen Mietverträge abgeschlossen worden. Offenbar handelt es sich hier um mündliche Absprachen zwischen dem Pontes Verlag und den Organisationen, die alle durch Kanter vertreten werden.« Im Klartext: Kanter machte mit seinem Eigenheim, das er an sich und seine Organisationen vermietete, monatlich gut einen Tausender Profit.

Der Rechnungshof war in Sachen Pontes-Verlag über eine Spende besonderer Art im Wert von 2.632,90 DM gestolpert: »Kanter hat als Direktor des Europa-Hauses bei der Feldmühle AG um eine Papierspende für die Marienberger Hefte gebeten. Nach dem Schreiben der Feldmühle AG vom 14. Oktober 1966 hat diese – offenbar auf Kanters Veranlassung – nicht dem Europa-Haus, sondern der Europäischen Vereinigung für gegenseitigen Meinungsaustausch e. V. folgende Papiermengen gespendet: 12.250 Bogen – 407 kg – Artiprint-Original-Kunstdruck; 11.500 Bogen – 774 kg – Artiprint-Originalkunstdruckkarton. Die Spende ist am 10. Oktober 1966 frachtfrei an die Firma ›Entwurf & Druck Walter Lütz-Kurt Herrmann, Bonn-Lengsdorf, Provinzialstrasse 75a‹ gesandt worden, von der die Marienberger Hefte gedruckt werden. Die Europäische Vereinigung hat mit dem Vertrieb der Marienberger Hefte nichts zu tun. Das besorgt vielmehr der Pontes Verlag (Prokurist Adolf Kanter) [...] Die Bitte um eine Spende für die Vereinigung ist von der Sache her nicht verständlich. Unseres Erachtens ist der Pontes Verlag Nutznießer der Spende geworden, was nicht in der Absicht des Spenders gelegen haben dürfte.«

Auch andere Sachspenden waren willkommen. Zum Beispiel 75 Tonnen Zement. Konnte man gut gebrauchen, da ja die Umbauten in Marienberg und Hangelar anstanden. Die zum Flick-Firmenreich gehörenden Buderus'schen Eisenwerke in Wetzlar boten 1966 an, den Baustoff mit Rabatt zu berechnen. Doch so einfach ging das nicht. Dann wäre ja nichts bei der Europäischen Vereinigung angekommen, in deren Kasse Kanter und Kumpan für eigene Zwecke griffen. Trickser Kanter wies daher – mit Brief vom 31. August 1966 – den Vizechef Karl von Winkler ein, wie vorzugehen sei: »Der Vorsitzende unseres Freundes- und Fördererkreises, Herr Eberhard von Brauchitsch aus dem Hause Flick, hat mir mitteilen lassen, daß Sie dankenswerterweise bereit sind, uns eine Teilspende in Form von Zement zukommen zu lassen. [...] Ich habe Ihre Bereitschaft dahingehend verstanden, daß Sie in der Lage sind, uns bei Abnahme des Gesamtbedarfes von ca. 75 to. einen Preisnachlass von ca. DM 3.000,– zu gewähren. Diese Hilfe nehmen wir gerne an, denn wir sind dringend darauf angewiesen, einen großen Teil der Mittel für das Vorhaben durch Spenden aus der Wirtschaft aufzubringen. Da wir diese Spenden als Eigenmittel nachweisen müssen, wäre ich Ihnen dankbar, wenn Sie uns eine Gesamtrechnung ausstellen würden und dann gesondert eine Spende von DM 3.000,- gewähren würden. Für diesen Betrag können wir Ihnen dann eine Spendenbescheinigung ausstellen, da wir als gemeinnützige Einrichtung anerkannt sind.«

Gerne gaunerte Kanter 1965/66 bei den Rechnungen. Der Sozialistischen Bildungsgemeinschaft Köln verkaufte er Sonderhefte *Begegnung mit Israel* aus Beständen des Europa-Hauses, »der Verkaufserlös hätte diesem zugestanden« (Strafbefehl). Dem Europa-Haus stellte er die Titel *Les Français et Berlin* für 3.000 D-Mark in Rechnung und wies als Chef des Hauses den Betrag auch gleich zur Überweisung an seinen Pontes-Verlag an, »obschon dieses Heft restlos ausverkauft war« (Strafbefehl). Die vom Europa-Haus bezahlten Luftnummern ließ er sich obendrein von der Staatskanzlei Rheinland-Pfalz bezuschussen. Hatte das Deutsch-Französische Jugendwerk 20.000 D-Mark für die kostenlose Verteilung von 8.500 Exemplaren des Heftes *Guten Tag Marianne* beim Pontes-Verlag berappt, forderte Kanter trotzdem für 2.000 der kostenlosen Hefte beim Europa-Haus nochmals 4.000 D-Mark ein.

Der Pontes-Verlag brauchte einen Adressierapparat für Massenversand seiner Produkte? Schon gekauft. 3.719,30 D-Mark kostete die ADREMA-Druckmaschine und wurden 1965 aus den Spenden für die Europäische Vereinigung bezahlt. Die Rechnungshofermittler fanden heraus: »Die ADREMA- Druckmaschine ist im Lagerraum des Pontes Verlages in Hangelar (Haus Kanter) aufgestellt. Nach Angaben der Büroangestellten Rüdel wird die Maschine mit geringen Ausnahmen von dem Pontes Verlag benutzt. Die Angaben des Kanter, daß die Maschine auch in erheblichem Umfange für das Europa-Haus benutzt wird, ist nicht glaubhaft, denn das Europa-Haus besitzt in Marienberg eine eigene ADREMA-Druckmaschine. Alle für dieses Haus anfallenden Arbeiten werden dort erledigt. Hier liegt die Annahme nahe, daß die vom Pontes Verlag zu tragende Ausgabe auf die Vereinigung abgewälzt worden ist.«

Gleich nach Anschaffung der Maschine musste die Vereinigung wieder herhalten und auch noch 3.500 D-Mark (»Wertkarten f. Freistempler f. Hangelar«, so der Kasseneintrag) für die Portokosten der Außenstelle des Europa-Hauses in Kanters Privathaus zahlen. Dass für die hohen Portoausgaben ganz besonders der ebendort beheimatete Pontes-Verlag verantwortlich war, steht für den Staatsanwalt außer Frage. Hinzu kamen 4.767,59 D-Mark Telefonkosten in Hangelar (1964 bis 1966). Weitere 4.956,44 D-Mark Spesenauslagen griff Kanter zwischen 1962 und 1966 bei der Vereinigung für gutes Essen und Trinken ab. »Bei keiner einzigen Abrechnung von Gaststättenbelegen war angegeben, mit wem oder zu welchem Zweck der Verzehr erfolgt war«, merkte Staatsanwalt Abbott an. »Durch sein undurchsichtiges Verhalten« habe Kanter die Spendengeber in Gefahr gebracht, bei den Finanzämtern die Steuerbefreiung ihrer angeblich gemeinnützigen Gaben einzubüßen.

Die Fahnder des Bundesrechnungshofs haben zusammengestellt, wie viel Kanters Europa-Haus Marienberg an Kanters Pontes-Verlags für die Lieferung von Druckschriften gezahlt hat: Im Rechnungsjahr 1965 waren es 48.041,26 D-Mark. Dazu kassierte der Pontes-Verlag von den anderen in Kanters Privathaus angesiedelten europäischen Organisationen für Druckerzeugnisse: 8.881,95 D-Mark (Arbeitskreis freier europäischer Bildungsstätten), 810,00 D-Mark (Internationale Föderation der Europa-Häuser) und 9.075,50 D-Mark (Europäische Vereinigung für gegenseitigen Meinungsaustausch). Obendrein kamen außer Haus vom Deutsch-Französischen Jugendwerk 20.000 D-Mark herein. Machte zusammen: 86.808,71 D-Mark. Im folgenden Rechnungsjahr flossen aus demselben Institutionenkreis immerhin noch 73.689,14 D-Mark aus Steuergeldern an den Pontes-Verlag und seinen Geschäftsführer.

Ganz besonders aber haderte Staatsanwalt Abbott mit einer anderen seltsamen Praxis im Reiche Kanters. Wer Spenden für die Vereinigung ranschaffte, Bares oder in Anzeigenform, durfte fast die Hälfte der Gelder der Vereinigung vorenthalten und als Provision einsacken. Abbott griff in seiner Verfügung den Fall eines Spendeneinwerbers namens Harry Lewandowski auf. »Wie sich aus dem Kassenbuch und einer gesonderten ›Spesenabrechnung‹ ergibt, sind für insgesamt DM 23.200,– Spenden, die (angeblich!) von Lewandowski beschafft sein sollen, insgesamt DM 9.750,– gezahlt worden, das sind rd. 41 % der Einnahmen.« Was die Spender dazu sagten, sei »für Kanter geradezu als vernichtend anzusehen«, so Abbott. Er zitierte Zeugen: »Die Höhe der Provision [...] ist in Anbetracht des ideellen Zweckes, den wir mit unseren Anzeigenaufträgen unterstützen wollten, unverständlich.« Oder: »Zur Höhe der Provision können wir nur sagen, daß diese unerhört und wohl einmalig ist.« Es bestehe laut Abbott der Verdacht auf Untreue gegenüber der Vereinigung und auf Betrug gegenüber den Spendern. Gar nicht gelten soll Kanters Einlassung. Der nämlich will erfahren haben, »daß eine der großen politischen Parteien in der Bundesrepublik (CSU) die gleichen Vereinbarungen mit ihren Spendenwerbern getroffen hat«. Abbotts Kommentar: »Völlig neben der Sache« und »lediglich eine billige Spekulation«; die Europäische Vereinigung »mit ihren sage und schreibe 11 Personen, die trotz entsprechender Bestimmung der Satzung niemals auch nur einen Pfennig Mitgliedsbeitrag gezahlt haben«, mit der CSU zu vergleichen, sei »eine Vermessenheit« und angesichts des »ansonsten offensichtlich hohen Intelligenzgrades Kanter[s] einfach unverständlich« und nur darauf zurückzuführen, dass »Kanter offenbar jedes ›Maß‹ im Laufe der Zeit ›verloren‹ hat«. Leider, leider aber vermochte Abbott dem Angeklagten wegen der seltsamen Provisionen nichts mehr am Zeug zu flicken: »Bezüglich dieses Komplexes, der zweifellos objektiv eine Untreue zum Nachteil der ›Vereinigung‹ darstellt«, befand der Staatsanwalt in seiner Verfügung, »ist eine Anklageerhebung aus Rechtsgründen nicht möglich, da Verjährung insoweit eingetreten ist«.

Dass es mit diesen Provisionen noch eine ganz andere Bewandtnis haben könnte, darauf ist der schneidige Staatsanwalt offenbar nicht gekommen. Ließ Kanter die weit überhöhten Provisionen ins »Kassenbuch der ›Europäischen Vereinigung für gegenseitigen Meinungsaustausch‹«, einer schlichten rotbraunen Pappkladde, eintragen, um so knapp die Hälfte der eingehenden Spenden zur freien Verfügung zu haben? Mit den Provisionen war »Bimbes« für Kohl und Co. zur Hand, hier waren verdeckte Zuwendungen an die junge CDU-Truppe abzuzweigen. Mitmachen beim Veruntreuen der Spenden musste der angebliche Empfänger der angeblichen Provisionen, Harry Lewandowski aus Meckenheim bei Bonn.

Auszug aus dem handschriftlich geführten Kassenbuch, zum Beispiel unter dem Datum vom 20. Juni 1960:

»Spende der Fa. Hoesch, A.G. Dortmund – 2.400,-
Prov. d. Spende d. Fa. Hoesch A.G. an H. Lewandowski, Meckenheim: 960,-
Spende d. Unterweser Reederei, Bremen: 100,-

Prov. D. Spende d. Unterweser Reederei an H. Lewandowski: 40,-
Spende d. Fa. Hermann Windel, Windelsbleiche: 100,-
Prov. d. Spende der Fa. H. Windel an Herrn Lewandowski: 40,-
Spende d. Fa. Ravensberger Spinnerei, Bielefeld: 75,-
Prov. D. Spende d. Fa. Ravensberger Spinnerei an H. Lewandowski: 30,-
Spende d. Fa. 4711, Köln: 3.000,-
Prov. d. Spende d. Fa. 4711 an H. Lewandowski, Meckenheim: 1.200,-«

Wenig später dann machte man sich nicht mal mehr die Mühe, das Verschwinden der Spendengelder als Provisionen zu tarnen. Im Kassenbuch steht nur noch:

»29. Dez. 1964, Auto-Union, Ingolstadt – Spende: 3000,-
30. Dez. 1964, Buderus, Wetzlar – Spende: 5000,-
31. Dez. 1964, Daimler-Benz, Stgt – Spende: 4000,-
31. Dez. 1964, Feldmühle, D'df – Spende: 2000,-
6. Jan. 1965, Flick KG, D'df – Spende: 3000,-
6. Jan. 1965, Metallhüttenwerke Lübeck – Spende: 2000,-«

Wohin alle diese Spenden geflossen sind? Das Kassenbuch gab keine Antwort. Kanter alias »Fichtel« und also auch Markus Wolf wussten das. Der Einfachheit halber ist der Generalsekretär zuweilen auch als Kontrolleur seines Kassenbuchs tätig geworden und hat hineingeschrieben »gesehen: A. Kanter, 6.6.66«.

Lewandowski war zwecks Befragung schwer greifbar. Der Prüfbericht gab an: »Nach Angaben von Kanter war Lewandowski von 1961 bis 1965 im Ausland und in dieser Zeit für die Vereinigung nicht tätig. Am 26. Mai 1965 hat Kanter Lewandowski erneut mit der Werbung von Spenden für die Vereinigung beauftragt. Hierfür sind nach der Rechnung der Fa. Lütz & Herrmann in Bonn-Duisdorf vom 7. Juli 1965 20 Blocks Spendenquittungen mit je 25 Blatt und 200 Besuchskarten für Lewandowski auf Kosten der Vereinigung gedruckt worden. Am 28.1.1967 hat Kanter die

Vereinbarung mit Lewandowski gekündigt. Ob und in welcher Höhe Lewandowski in dieser Zeit für die Vereinigung Spenden geworben hat, geht aus deren buchmäßigen Aufzeichnungen nicht hervor.«

Für Flick-Mann von Brauchitsch war Lewandowski angeblich ein großer Unbekannter. Sagte er jedenfalls bei seiner Zeugeneinvernahme durch Abbott am 5. Juli 1967. Protokollauszug: »Mir ist Herr Lewandowski und dessen Tätigkeit für die Europäische Vereinigung erstmalig aus einem der Berichte des Bundesrechnungshofes aus dem Frühjahr 1967 bekannt. Ich kenne Herrn Lewandowski nicht. Offenbar ist er auch nicht tätig geworden, seitdem ich mich um Mittel der gewerblichen Wirtschaft für die Europäische Vereinigung bemüht habe.«

Das ganze Jahr 1967 über war Staatsanwalt Abbott immer noch hinter Lewandowski her. Wenigstens hatte er rausgebracht, wo der jetzt wohnte: 265 Truman Road, Willowdale, Ontario, Kanada, also weit weg. Dessen Zeugenvernehmung sei notwendig, schrieb Abbott am 26. April 1967 an Paul Arnold Nelles, den Nachfolger Kanters im Amte des Generalsekretärs der »Europäischen Vereinigung für gegenseitigen Meinungsaustausch«, und versuchte, ausgerechnet den Kanter-Kumpel als Hilfssheriff einzusetzen. »[...] es droht«, schrieb Abbott, »wegen der hierseits zu beachtenden Bestimmungen btr. Rechtshilfeverkehr mit dem Auslande eine fühlbare Verfahrensverzögerung einzutreten, die ich im Interesse der Verfahrensbeschleunigung unbedingt vermeiden möchte. Selbst eine hiesige schriftliche Anfrage an Herrn Lewandowski kann bereits als möglicher Eingriff in die Hoheitsrechte eines dritten Staates gewertet werden. Hingegen dürften wohl keine Bedenken bestehen, wenn Sie als jetzt zuständiger Generalsekretär von Herrn Lewandowski Auskünfte erbitten, deren Beantwortung Sie mir bitte demnächst zur Verfügung stellen mögen, damit ich eine Entschließung darüber, ob Herr Lewandowski für das Verfahren Bedeutung hat, treffen kann.«

Dass der fabelhafte Lewandowski für das Verfahren Bedeutung hatte und Züge eines Phantoms zu haben schien, ergab sich zweifelsohne bereits aus dem zweiten Teil des Briefs von Abbott an Nelles:

»Wie Ihnen bekannt, hat Herr Lewandowski für die von ihm in den Jahren 1959 bis 1961 geworbenen Spenden in Höhe von DM 23.271,– an Provisionen DM 9.750,– (rd. 40 %) von Herrn Kanter zugebilligt erhalten. In diesem Zusammenhang wären folgende Fragen zu klären:

- Welche Beziehungen bestanden zwischen Herrn Lewandowski und Herrn Kanter und wie kam es zu dessen Einsatz als Spendenwerber?
  – Den bisher vernommenen Mitgliedern der Europäischen Vereinigung ist weder Herr Lewandowski noch die Tatsache bekannt, daß dieser Provisionen in besagtem Umfang erhalten hat. –
- Welche Absprachen bzgl. Provisionen wurden zwischen Herrn Lewandowski und Herrn Kanter getroffen?
- War die Auswahl der um Spenden anzugehenden Firmen pp. Herrn Lewandowski überlassen oder hatte er bestimmte Direktiven durch Herrn Kanter oder dritte Personen?

Ich wäre Ihnen sehr verbunden, wenn Sie im Interesse einer alsbaldigen Klärung obiger Bitte entsprechen wollten.
Hochachtungsvoll
Gez. Abbott,
Erster Staatsanwalt«

Doch Jurist Nelles, den Kanter am 23. Januar 1967 »in Deiner Eigenschaft als mein ›Privatanwalt‹« angeschrieben und mit vertraulichen Unterlagen versorgt hatte, mochte dem Staatsanwalt bei der Suche nicht helfen. Der Sozialdemokrat, Beigeordneter der Stadt Bochum, als Mitbegründer des Europa-Hauses dem CDU-Mitglied Kanter seit Jahren eng verbunden, zeigte sich wenig bis nicht kooperationsbereit. Er schob die Causa Lewandowski auf die lange Bank. Zur Frage »der Beschaffung von Auskünften des Herrn Lewandowski kann ich Ihnen heute eine abschliessende

Meinung noch nicht sagen«, antwortete er am 28. April 1967 dem Staatsanwalt, »da ich zunächst die mir verfügbaren Unterlagen noch auf Material durchsehen möchte. Da ich jedoch von heute an bis zum 20. Mai einschl. verreist sein werde, kann das nicht sofort geschehen. Ich bitte deshalb um Ihr Verständnis dafür, wenn ich auf diese Sache nach dem genannten Datum wieder zurückkomme.« Nelles kam nicht auf diese Sache zurück; das tat die Staatsanwaltschaft, per Einschreibebrief an Nelles vom 12. Februar 1968: »Zu meinem Bedauern muß ich feststellen, daß Sie zur hiesigen Bitte bzgl. Lewandowski noch keine Mitteilung haben zukommen lassen, ob und gegebenenfalls mit welchem Erfolg Sie insoweit etwas unternommen haben. [...] Aus diesem Geschehensablauf darf ich wohl den Rückschluß ziehen, daß die Europäische Vereinigung entgegen den gegebenen Zusicherungen nicht gewillt ist, an der Wahrheitserforschung mitzuwirken, [...].«

Dass dieser Rückschluss richtig war, bestätigte neuerliche Einschreibenpost von der Staatsanwaltschaft ein halbes Jahr später. Am 2. September schrieb Abbott, der zwischenzeitlich durch einen Herzinfarkt außer Gefecht gewesen war, an Nelles: »Bedauerlicherweise muß ich feststellen, daß Sie der hiesigen Bitte bzgl.

L e w a n d o w s k i trotz Erinnerung meines Kollegen, der während meiner Erkrankung das Verfahren Kanter bearbeitet hat, vom 12.2.1968 nicht nachgekommen sind. Ich darf Sie bitten, mir mitteilen zu wollen, ob Sie insoweit überhaupt etwas unternommen haben.«

Kanter hatte am 2. Juli 1967 dem Vorstand des Europa-Hauses mitgeteilt, dass er, leider, leider, auch nicht wisse, was aus dem »Mr. 40-Prozent« geworden sei: »Herr Lewandowski ist nach 1961 für die Vereinigung nicht mehr aktiv geworden. Nach seiner Rückkehr aus Kanada im Jahre 1965 wurde nochmals eine Vereinbarung über Spendeneinwerbung mit ihm getroffen. Sie führte jedoch zu keinerlei Ergebnissen [...] Als ich [...] erfuhr, daß [...] sein Aufenthaltsort nicht bekannt sei, habe ich Ende Januar 1967 die Vereinbarung zwischen Herrn Lewandowski und der ›Vereinigung‹ gekündigt. Das Kündigungsschreiben kam als unzustellbar zurück. Vermutlich ist Herr Lewandowski wieder nach Kanada gegangen, wo seine Kinder leben sollen.«

Der Zeuge Lewandowski blieb nicht greifbar und fehlte bis zum Schluss in Abbotts Sammlung der Vernehmungsakten. Kanters über lange Jahre aufgebautes, weitgespanntes Kontaktnetz zu Vertrauten und Helfershelfern in den Europa-Institutionen und deren Leitungsebenen, speziell auch zu den jeweiligen Kontrolleuren der Einnahmen und Ausgaben, hatte sich wieder bewährt.

Diese Kumpanei war es dann auch, die der Bundesrechnungshof in seinen Schlussfolgerungen anprangerte: »Die bei den geprüften Verbänden bisher festgestellten Mängel beruhen nicht nur auf einer zweckwidrigen und teilweise unkorrekten Bewirtschaftung und Abrechnung der öffentlichen Zuwendungsmittel, sondern auch auf mangelhafter Organisation. Das Europa-Haus in Marienberg erhält alljährlich aus Bundes- und Landesmitteln immerhin Zuwendungen von mehr als 200.000,– DM. Dazu treten hohe Zuschüsse des Bundes und des Landes Rheinland-Pfalz für bauliche Massnahmen [...]. Bei den geprüften Verbänden liegt die Geschäftsführung praktisch ausschliesslich in den Händen des Adolf Kanter. Sein Geschäftsgebaren war über Jahre hinaus nur möglich, weil weder die geldgebenden Behörden noch die Spitzenorgane der Verbände die Geschäftsführung ausreichend kontrolliert, vor allem aber keine oder keine ausreichenden Prüfungen der Einnahmen und Ausgaben haben vornehmen lassen. [...] Bei einer schärferen Kontrolle wäre es auch nicht möglich gewesen, dem Europa-Haus zugedachte Spenden in erheblichem Umfange auf einen Verband zu ziehen, der keine öffentliche Mittel erhält [und damit in der Regel der Kontrolle des Rechnungshofs entzogen ist, D. K.]. Dem Europa-Haus ist dadurch wesentlicher Schaden zugefügt worden [...]. Die zweckfremde Verwendung der Spenden konnte u. E. den Prüfern bei bloßer Durchsicht der Belege nicht verborgen bleiben. Wir halten daher die von den Prüfern abgegebenen Prüfungsvermerke nicht für überzeugend. [...] der Pontes Verlag (hat) seit seiner Gründung die von ihm herausgegebenen Hefte überwiegend an die von Kanter geleiteten Organisationen, die laufend Zuwendungen aus öffentlichen Mitteln erhalten, geliefert. [...] Hinzugerechnet werden muß das Deutsch-Französische Jugendwerk, das zwar eine selbständige internationale Körperschaft ist, die Hälfte seiner Mittel aber aus dem Einzelplan 29 des Bundeshaushalts erhält. Der Verdacht, daß es sich bei den umfangreichen Lieferungen an die verschiedenen Stellen zu einem erheblichen Teil um Zwecklieferungen mit finanziellen Vorteilen für Kanter handelt, liegt auf der Hand.«

Es wurde eng für Kanter. »So bös wie jetzt habe ich noch nie in der Tinte gesessen«, schrieb er am 23. Januar 1967 in einem der beschlagnahmten Briefe an Paul Nelles, den Mitbegründer des Europa-Hauses. Der SPD-Genosse, der später zum Staatssekretär im nordrhein-westfälischen Sozialministerium aufsteigen sollte, hatte Kanter immerhin wiederholt gewarnt, Verlagen, an denen er verdiente, unter Missbrauch seiner europäischen Ämter Aufträge und Profite zuzuschanzen. Kanter scherte sich nicht um die Ratschläge des gelernten Juristen, der nach Kanters Rücktritt zum neuen Generalsekretär der Vereinigung bestellt worden war. Nun aber bat Kanter ihn um Hilfe. »Kannst Du Dich mit Eberhard von Brauchitsch noch einmal beraten, was Eurer Meinung nach jetzt vordringlich geschehen sollte?« Dem Schützling wurde geholfen.

Achtes Kapitel

Befangene und Unbefangene

Man kannte sich gut und wusste, was man sich wechselseitig schuldig war.

Der eine, Otto Theisen, der Mann mit den Brandnarben im Gesicht – der Jagdflieger hatte 1943 einen Abschuss überlebt – diente als Staatssekretär im rheinland-pfälzischen Justizministerium und war zugleich mit keineswegs strengen Maßstäben bei Recht und Gesetz als Schatzmeister seiner Partei CDU zu Diensten. Eine Ämterkombination, die sich nach den Regeln des politischen Anstands verbot. Schwere Interessenkonflikte waren programmiert. Als Staatssekretär, zumal im Justizministerium, musste ihm absolute Gesetzestreue oberstes Gebot sein. Als Parteikassierer war er nahezu zwangsläufig in illegale Geldbeschaffung verwickelt, zumal in Helmut Kohls Rheinland-Pfalz, in dessen Landschaft das Geldwäschegewerbe blühte – Spenden in Zigmillionenhöhe flossen über vorgeblich gemeinnützige Organisationen steuerbegünstigt dem CDU-Schatzmeister zu.

Der andere, Eberhard von Brauchitsch, hatte ihm mehrfach stattliche Summen zweifelhafter Herkunft als Parteispenden hingeschoben und erwartete nun von ihm eine Gegenleistung in seiner amtlichen Funktion. Am 11. Dezember 1970 hielt Justizstaatssekretär Otto Theisen in einem Aktenvermerk fest: »Betrf.: Strafverfahren gegen Kanter – Herr Kanter hat durch Herrn Eberhard von Brauchitsch um ein Gespräch mit mir nachgesucht. Ich habe ihn für Montag, den 11. Januar 1971, 15.00 Uhr, bestellt.«

Das Anhören der Beschwerden von angeblich zu Unrecht Verfolgten gehört gewiss nicht zu den Alltagspflichten des ranghöchsten Beamten im Mainzer Justizministerium. Diese Gunst kann nur erfahren, wer sich in besonderem Maße verdient gemacht hat, zum Beispiel um die Finanzlage der CDU und ihres nun als Mainzer Ministerpräsident regierenden Landesparteichefs Helmut Kohl. Einzelheiten der denkwürdigen Begegnung Kanter/Theisen, von der Stasi-Chef Markus Wolf wie üblich bis in die Einzelheiten unterrichtet wurde, hat der damalige Leiter der Strafrechtsabteilung Vorberg protokolliert:

»Kanter hat bei seiner Vorsprache am 11.1.71 Vorwürfe gegen l. StA [leitender Staatsanwalt, D. K.] Abbott erhoben. [...] Es sei ihm Schlußgehör nicht gewährt worden. Abbott habe das Ermittlungsergebnis nicht objektiv gewürdigt und außerdem erklärt, das Verfahren würde mindestens 2 Jahre dauern. Wenn dies der Fall sei, gerate er – Kanter – in erhebliche wirtschaftliche Schwierigkeiten, zumal sein Verteidiger ein Honorar von 15.000,– DM verlange. Die StA [Staatsanwaltschaft, D. K.] habe nicht alle Aufklärungsmöglichkeiten ausgeschöpft und sich geweigert, das Gutachten eines Wirtschaftsprüfers einzuholen, sondern sich mit den Berichten des Bundesrechnungshofes begnügt. Der dort tätige Oberamtsrat Brodke sei voreingenommen und könne außerdem die Führung einer Einrichtung wie die des Europa-Hauses, das nicht nach Verwaltungsgrundsätzen zu leiten sei, nicht zutreffend beurteilen. – Nach den ausführlichen Erklärungen des Angeklagten, die über eine Stunde in Anspruch nahmen, hat der H. StS [Herr Staatssekretär, D. K.] erklärt, er sehe sich nicht in der Lage, der StA Koblenz Weisungen zu erteilen.«

Welche Weisungen sollten das sein? Abbott den Fall Kanter wegzunehmen und einem willfährigen Staatsanwalt zuzuweisen? Die Staatsanwaltschaft als Teil der Exekutiven unterstand formal dem Weisungsrecht des Justizministers.

»[E]r sehe sich nicht in der Lage, der StA Koblenz Weisungen zu erteilen.« Das hieß aber nicht, dass Theisen nicht helfen wollte. Nur, er konnte nicht. Er war ja in seinen Kompetenzen begrenzt als Staatssekretär. Über ihm saß als Justizminister in der CDU/FDP-Koalition der Freidemokrat Fritz Schneider. Der hätte eine solche Weisung billigen müssen. Der Landtagswahlkampf war entbrannt. Dem dahinsiechenden Koalitionspartner FDP wäre ein solcher Durchgriffsversuch des CDU-Staatssekretärs auf die Staatsanwaltschaft gerade recht gekommen. Es hätte sich eine sehr willkommene Chance zur Profilierung der Liberalen gegen die autoritäre größere Regierungspartei geboten.

Theisen war in der Strafrechtssache Kanter bis in die Einzelheiten im Bilde. Schon Wochen vor der Bitte von Brauchitschs um einen persönlichen Gesprächstermin für seinen Kumpan Kanter hatte der Flick-Mann den Schatzmeister angestoßen, sich um den Fall zu kümmern und den lästigen Staatsanwalt irgendwie zu stoppen. Also kümmerte sich der ranghöchste Beamte des Justizministeriums um die – für sich genommen – Kleinigkeit eines Strafbefehls, bei dem es um eine vergleichsweise läppische Geldbuße von 3.500,– D-Mark ging. Theisen schickte am 29. September 1970 seiner Strafrechtsabteilung die Mitteilung: »Betrf.: Ermittlungsverfahren gegen Adolf Kanter, Koblenz, Markenbildchenweg 1 – 13 Js 10/67 – Ich bitte um Beiziehung der Ermittlungsvorgänge und um Vortrag.«

Vor dem Gespräch mit Kanter am 11. Januar 1971 war Theisen allen Indizien nach auch von höchster Stelle ermuntert worden, sich etwas einfallen zu lassen und die Sache vom Tisch zu bringen. Das kam so: In der Vorweihnachtszeit hatte Ministerpräsident Kohl zwei Dutzend Männerfreunde zur traditionellen Staatsjagd im Hunsrücker Nationalpark bei Hattgenstein eingeladen. Wie üblich traf sich die Jagdgesellschaft zu Speis und Trank abends im Hotel »Waldfriede« in Birkenfeld. An der Tafel saßen der Landesherr und sein Duzfreund Eberhard von Brauchitsch nebeneinander. Der Wirtschaftsmanager sprach die Nöte des CDU-Parteifreundes Kanter an. Dem habe man ja, wie Kohl wisse, viel zu verdanken, den dürfe man jetzt doch nicht im Stich lassen. Es müsse reiner Tisch gemacht werden.

Welchen Erfolg die Fürsprache hatte, zeigte sich nach der Landtagswahl am 21. März 1971. Die FDP des Justizministers Schneider schmierte ab bis nahe an die Fünfprozentgrenze, der Todeslinie für Parlamentsparteien. Gut für Kanter: Kohl und seine CDU gewannen klar, im Mainzer Landtag erhielten sie die absolute

Mehrheit der Sitze. FDP-Justizminister Schneider mußte seinen Posten räumen. Im neuen Kabinett Kohl ward Staatssekretär Theisen zum neuen Justizminister befördert. Jetzt war er in der Lage, der Staatsanwaltschaft Koblenz Weisungen zu erteilen. Das tat er dann auch.

Am 18. Mai 1971 legte Theisen im Mainzer Landtag seinen Ministereid ab. Eine seiner ersten Amtshandlungen: Am 7. Juli 1971 fertigte er für sein Schutzprogramm Kanter den Entwurf einer Weisung. Überschrift: »Vermerk zu der Frage, ob der die Strafsache Kanter bearbeitende Erste Staatsanwalt Abbott wegen Befangenheit durch einen anderen Staatsanwalt zu ersetzen ist.« Es war ein Prachtexemplar juristischer Spitzfindigkeit.

Mit welchem Kniff ließ sich Abbott kaltstellen? Noch nie war in Rheinland-Pfalz ein Staatsanwalt von einem Fall durch Weisung eines Justizministers abgezogen worden. Frühere Regierungen fürchteten zu Recht den Vorwurf, das demokratische Gebot der Gewaltenteilung zu verletzen und in den Grenzbereich zur unabhängigen Justiz einzudringen. In seinem Vermerk sortierte Theisen aus, was nicht zu passen schien: »Auszugehen ist davon, daß für die Ablehnung eines die Ermittlungen führenden Staatsanwalts wegen Besorgnis der Befangenheit« die Bestimmungen der Strafprozessordnung – §§ 22 ff. StPO – über die Ausschließung von der Ausübung des Richteramtes »auf Beamte der Staatsanwaltschaft nicht anwendbar sind«. Und auch aus den Paragrafen des Gerichtsverfassungsgesetzes, die eine Übernahme oder Neuzuteilung von Amtsaufgaben untergeordneter Staatsanwälte durch deren Vorgesetzte regeln, würden sich, so Theisen, »Rechtssätze über die Ablehnung von Beamten der Staatsanwaltschaft nicht entnehmen lassen«.

Solcherlei zutreffende Erkenntnis hinderte den neuen Minister mitnichten, sich dieser Instrumente zu bedienen. Er ließ sich dafür folgenden Dreh einfallen: »Es besteht jedoch eine Amtspflicht der Beamten, insbesondere auch der Staatsanwälte, sich bei Befangenheit ihrer Amtshandlungen zu enthalten sowie – worauf es vorliegend ankommt – eine Amtspflicht der Dienstvorgesetzten und der obersten Dienstbehörde, befangene Beamte durch unbefangene zu ersetzen. Die tatbestandlichen Voraussetzungen für die Ersetzung sind dann gegeben, wenn bei einem Staatsanwalt Tatsachen vorliegen, die die Ablehnung eines Richters wegen der Besorgnis der Befangenheit rechtfertigen würden.« Und es kam noch toller.

Ein Staatsanwalt ist laut Theisen auch dann befangen, wenn er nicht befangen ist. »Nach einhelliger Meinung«, legte der Minister los, »kommt es für das Vorliegen der Besorgnis der Befangenheit nicht allein auf die wahre objektive Sachlage an, als darauf, ob ein normal, d. h. einigermaßen vernünftig urteilender Mensch in der Rolle des Angeklagten – von diesem Standpunkt aus – einen plausiblen Grund für Zweifel an der Unbefangenheit des Staatsanwalts hat. Die Besorgnis der Befangenheit ist demnach begründet, wenn ein Angeklagter bei besonnener und vernünftiger Wertung der ihm bekannten Tatsachen Gründe hat, eine unsachliche Einstellung des Staatsanwalts zu befürchten. Darauf, ob bei dem Staatsanwalt tatsächlich eine solche unsachliche Einstellung vorliegt, ob er also tatsächlich befangen ist, kommt es nicht an.«

Minister/Schatzmeister Theisen scheute sich nicht, dieses Konstrukt in sein amtliches Schriftstück zu übernehmen. Am 14. Juli 1971 schrieb er an Norbert Itschert:

»An den Herrn Generalstaatsanwalt – Koblenz,
Betr.: Strafverfahren gegen Adolf Kanter wegen Untreue usw.
– 13 Ls 19/70 StA Koblenz –
Ich bitte, dem Leitenden Oberstaatsanwalt in Koblenz den nachfolgenden Sachverhalt zu unterbreiten und ihn aufzufordern, den Ersten Staatsanwalt Abbott von der weiteren Sachbearbeitung zu entbinden. Sollte der Leitende Oberstaatsanwalt diesem Ersuchen nicht nachkommen, bitte ich Sie, Herr Generalstaatsanwalt, eine entsprechende Weisung zu erteilen.
Obwohl auf Staatsanwälte die Vorschriften der §§ 22 ff. StPO nicht anwendbar sind, besteht dennoch eine Amtspflicht der Dienstvorgesetzten, befangene Staatsanwälte durch unbefangene zu

ersetzen. Die Voraussetzungen für eine Ersetzung sind dann gegeben, wenn bei einem Staatsanwalt Tatsachen vorliegen, die die Ablehnung eines Richters wegen Besorgnis der Befangenheit rechtfertigen würden. Dabei kommt es nicht auf die objektive Sachlage, sondern darauf an, ob aus der Sicht des Angeklagten vernünftige Gründe dafür vorliegen, an der Unbefangenheit des Staatsanwalts zu zweifeln. Die Besorgnis der Befangenheit ist – unbeschadet der tatsächlichen Einstellung des Staatsanwalts – dann anzunehmen, wenn ein Angeklagter bei besonnener und vernünftiger Wertung der ihm bekannten Tatsachen Grund hat, eine unsachliche Einstellung des Staatsanwalts zu befürchten.

Eine begründete Besorgnis der Befangenheit des Ersten Staatsanwalts Abbotts gegenüber dem Angeklagten Kanter ergibt sich aus der Abfassung der Einstellungsverfügung vom 12. Mai 1970. Obwohl in dieser Verfügung das Ermittlungsverfahren hinsichtlich aller darin erörterten Tatkomplexe eingestellt worden ist, enthält sie Formulierungen, die geeignet sind, aus der Sicht des Angeklagten Kanter aus Zweifel an einer sachlichen und unvoreingenommenen Behandlung der Tatkomplexe aufkommen lassen, die Gegenstand des Strafbefehls sind.

Zur Verdeutlichung wird auf folgende Beispiele aus der Einstellungsverfügung hingewiesen:

Seite 22:

›[...] und entspricht wohl einer im Verlaufe der Ermittlungen häufig festzustellenden ‚Großmanns- und Renommiersucht' Kanters‹;

Seite 28:

›Die [...] Einlassung Kanters [...] liegt erkennbar auf der von ihm eingenommenen ›Generallinie‹, für ‚alles und jedes' eine Erklärung ‚parat' zu haben und nicht das geringste ‚zuzugeben'.‹

Seite 30/31:

›Es muß schon geradezu als Zynismus erachtet werden, [wenn] Kanter offenbar die saloppe Bezeichnung innerhalb des Europa-Hauses – sogenanntes ‚Chinesenzimmer' – mit ‚Aktivitäten im internationalen Bereich' in Verbindung bringen will, um die offensichtlich beabsichtigte ‚Vertuschung' der Ausgabe zu bemänteln.‹

Seite 35:
›Bei dieser Sachlage ist beweislich lediglich feststellbar, daß Kanter keineswegs ausschließlich altruistisch nur im Interesse des Europa-Hauses denkend, wie er dies im Rahmen seiner Verteidigung ständig hinzustellen beliebte [...], war, vielmehr auch ‚handfest' höchst eigensüchtige Ziele nicht außer Augen ließ [...]‹
Seite 46:
›Trotz seines an sich hohen Intelligenzgrades ist ihm offenbar bei dem Versuch, sich ‚auf Biegen und Brechen reinzuwaschen' nicht aufgefallen, wie er sich selbst widerspricht [...]‹
Seite 68:
›Dies beruht eindeutig auf der Raffinesse des Brieftextes, den Kanter zu schreiben pflegte.‹
Seite 85:
›[...] eine solche ‚Vermessenheit', die ‚Vereinigung' mit ihren sage und schreibe 11 Personen, [...] mit den von einer ‚großen politischen Partei' geübten Praktiken zu vergleichen, ist angesichts des ansonsten offensichtlichen hohen Intelligenzgrades Kanters einfach unverständlich und entspricht der Tatsache, daß, wie noch mehrfach festzustellen sein wird, Kanter offenbar jedes ‚Maß' im Laufe der Zeit ‚verloren' hat [...]‹
Diese letzte Formulierung zu dem Tatkomplex Provisionen ist gewählt worden, obwohl wegen dieses Vorwurfs eine Anklageerhebung schon aus Rechtsgründen nicht zulässig war, da insoweit im Zeitpunkt der Einstellungsverfügung bereits Verjährung eingetreten war.
Seite 91:
›Wie so oft im Verlaufe des Ermittlungsverfahrens festgestellt, ist auch hier als offensichtlich zutage tretend zu erachten, daß Kanter wieder einmal ‚schlauer' war als die anderen, die wegen ihres enormen Vertrauens zu ihm nicht ‚merkten, wem sie zustimmten'.‹
Seite 95:
›Wenn schon die Zeugen Scharnagl und von Brauchitsch keine Bedenken hatten – was zweifelsohne mit einer als merkwürdig

zu bezeichnenden Auffassung über sog. ‚Kameraderie' in Zusammenhang zu bringen ist –, so kann man von Kanter keine bessere Einsicht verlangen.‹
Seiten 112/113:
›Bei Betrachtung der einzelnen vom Gutachter untersuchten Fälle entsteht in der Tat der Eindruck, daß Kanter – alles ausgenutzt hat, ‚was sich ihm nur bot' [...]‹
Diese abfälligen Äußerungen zu der Person des Angeklagten in der Einstellungsverfügung begründen in ihrer Gesamtheit aus der Sicht des Angeklagten die Besorgnis der Befangenheit. Der Angeklagte, der seitens des Staatsanwalts in der Einstellungsverfügung derart beurteilt wird, kann die Befürchtung haben, hinsichtlich der noch verbliebenen Schuldvorwürfe voreingenommen behandelt zu werden. Die Einstellungsverfügung, die auch den nötigen Abstand zur Person des Beschuldigten vermissen läßt, ist in ihren Formulierungen in unvertretbarer Weise aggressiv und emotionell.
Ich bitte, mir demnächst über das Veranlaßte zu berichten.
Gez.: Theisen«

Die Argumente gegen Abbott, die der CDU-Minister da an den Haaren herbeizerrte, waren nicht mal dürftig, sie waren blanker Unsinn. Abbotts abfällige Bemerkungen waren belanglos für eine Verurteilung Kanters, sie fanden sich sämtlich in der 103-seitigen Verfügung über die Einstellung von Ermittlungen zu diversen Tatbeständen. Die Beweise für Betrug und Untreue, die zum Strafbefehl führten, aber waren eindeutig und hatten ihr eigenes Gewicht, egal ob der ermittelnde Staatsanwalt befangen war oder nicht.

Theisen versuchte daher, die Ablösung Abbotts mithilfe des Generalstaatsanwalts, des obersten Behördenleiters, stickum durchzuziehen und den missliebigen Staatsanwalt vor vollendete Tatsachen zu stellen. Das misslang gründlich, der Generalstaatsanwalt machte nicht mit bei den Heimlichkeiten. Die Empörung in der Koblenzer Staatsanwaltschaft loderte hoch. Kollegen Ab-

Anlage 10 195

4110 E - 4 - 14/67

1. An den
Herrn Generalstaatsanwalt
- persönlich o.V.i.A. -
Koblenz

Betr.: Strafverfahren gegen Adolf K a n t e r in Koblenz
wegen Untreue usw.
- 13 Ls 19/70 StA Koblenz -

Ich bitte, dem Leitenden Oberstaatsanwalt in Koblenz den nachfolgenden Sachverhalt zu unterbreiten und ihn aufzufordern, den Ersten Staatsanwalt A bbo t t von der weiteren Sachbearbeitung zu entbinden.
Sollte der Leitende Oberstaatsanwalt diesem Ersuchen nicht nachkommen, bitte ich Sie, Herr Generalstaatsanwalt, eine entsprechende Weisung zu erteilen.

Obwohl auf Staatsanwälte die Vorschriften der §§ 22 ff. StPO nicht anwendbar sind, besteht dennoch eine Amtspflicht der Dienstvorgesetzten, befangene Staatsanwälte durch unbefangene zu ersetzen. Die Voraussetzungen für eine Ersetzung sind dann gegeben, wenn bei einem Staatsanwalt Tatsachen vorliegen, die die Ablehnung eines Richters wegen Besorgnis der Befangenheit rechtfertigen würden. Dabei kommt es nicht auf die objektive Sachlage, sondern darauf an, ob vernünftige Gründe dafür vorliegen, an der Unbefangenheit des Staatsanwalts zu zweifeln. Die Besorgnis der Befangenheit ist - unbeschadet der tatsächlichen Einstellung des Staatsanwalts - ~~auch schon~~ dann anzunehmen, wenn ein Angeklagter bei besonnener und vernünftiger Wertung der ihm bekannten Tatsachen Grund hat, eine unsachliche Einstellung des Staatsanwalts zu befürchten.

Eine begründete Besorgnis der Befangenheit des Ersten Staatsanwalts Abbott gegenüber dem Angeklagten Kanter ergibt sich aus der Abfassung der Einstellungsverfügung vom 12.Mai 1970. Obwohl in dieser Verfügung das Ermittlungsverfahren hinsichtlich aller darin erörterten Tatkomplexe eingestellt worden ist, enthält sie Formulierungen, die geeignet sind, ~~die Ehre des Angeklagten zu verletzen, und die~~

Prachtexemplar juristischer Spitzfindigkeit: »... den Ersten Staatsanwalt Abbott von der weiteren Sachbearbeitung zu entbinden.«

botts leisteten verdeckten Widerstand, wollten Theisen Angriff auf ihre Unabhängigkeit unterlaufen.

Der Generalstaatsanwalt schob die Ministeranweisung vom 14. Juli 1971 dem Stellvertreter des urlaubenden Vorgesetzten Abbotts zu, einem Oberstaatsanwalt namens Wünsche. Der wiederum gab, was Theisen unbedingt hatte vermeiden wollen, eine Kopie der Ministerpost an Abbott weiter, um ihm eine Stellungnahme zu ermöglichen. Dabei habe Wünsche von Abbott, schrieb der Generalstaatsanwalt am 12. August 1971 dem Minister, »die Zusicherung erhalten, dass er die Ablichtung nicht weitergeben werde. Die Ablichtung habe er inzwischen zurückerhalten.« Scheinheilige Einfalt oder offene Obstruktion? Oberstaatsanwalt Wünsche räumte Abbott eine Frist von zehn Tagen für seine schriftliche Stellungnahme ein, ob er sich befangen fühle. Abbott lieferte eine gesalzene Abrechnung mit Theisens Papier und bat den Kollegen Wünsche, mit der Ablösung bis zur Rückkehr ihres Chefs, des Leitenden Oberstaatsanwalts Dr. Hans-Joachim Ulrich, am 16. August 1971 zu warten. Okay, für Wünsche kein Problem. Für den Generalstaatsanwalt aber wohl. Als der von dem neuerlichen Aufschub erfuhr, wies er Wünsche an, Abbott sofort zu feuern. Wünsche gehorchte, entband Abbott von der weiteren Bearbeitung der Strafsache Kanter und betraute einen Oberstaatsanwalt Braun mit dem Fall.

Der Minister reagierte obersauer. Unter dem Datum 13. August 1971 maßregelte er den Generalstaatsanwalt Norbert Itschert:

»Meine Verfügung vom 14.7.1971 war ausschließlich für Sie und Ihren Vertreter bestimmt [...] Die von mir zusammengestellten Tatsachen, die aus der Sicht des Angeklagten die Besorgnis einer Befangenheit des Ersten Staatsanwalts Abbott begründen, dienten der Erläuterung und Begründung meiner Verfügung.

Aus dem Gesamtinhalt meiner Verfügung war auch ohne weiteres zu entnehmen, daß ich davon abgesehen habe, mein Weisungsrecht gegenüber dem Leiter der Staatsanwaltschaft Koblenz unmittelbar auszuüben. Stattdessen habe ich Sie beauftragt, in eigenem Namen den Leitenden Oberstaatsanwalt in Koblenz aufzufordern, den Ersten Staatsanwalt Abbott von der weiteren Sachbehandlung zu entbinden. Für den Fall, daß ersterer Bedenken haben sollte, habe ich Sie gebeten, Ihrerseits diese Weisung zu erteilen [...].

Ich vermag es daher unter keinem Gesichtspunkt zu billigen, daß meine nur für Sie bestimmte Verfügung in Ablichtung Oberstaatsanwalt Wünsche ausgehändigt worden ist. Eine derartige Sachbehandlung widerspricht nicht nur den für den internen Schriftverkehr zwischen mir und Ihnen zu beachtenden Grundsätzen. Sie ist auch geeignet, unsere Zusammenarbeit zu erschweren.«

Dass Wünsche die ihm überlassene Ablichtung Abbott ausgehändigt habe, sei ihm, so Theisen, »schlechthin unverständlich«. Wünsche hätte erkennen müssen, »daß diese Verfügung keinesfalls für den Sachbearbeiter bestimmt war.«

Der wohlinformierte Sachbearbeiter Abbott feuerte zurück, in einem Schrieb vom 8. August 1971 an den Leitenden Oberstaatsanwalt: »Widerspruch« gegen Weisung und Begründung; seine Ablösung eine »erhebliche Diskriminierung«, eindeutig eine »Zwangsmassnahme«; er sei »in einer Notwehrsituation« ohne Anhörung des Betroffenen, die »Anforderungen an die Geheimhaltungspflicht« seien »geradezu unzumutbar«; er fühle sich »keineswegs befangen«; Verriss der These Theisens, dass es allein darauf ankomme, ob aus der Sicht eines Angeklagten Gründe dafür vorlägen, an der Unbefangenheit des Staatsanwalts zu zweifeln. Ein derartiges »Übergewicht des Angeklagten gegenüber dem Staatsanwalt« müsse zu einer »weitgehenden Hemmung des Beamten und Lähmung jeder Eigeninitiative führen.« Abbotts schwerstes Geschütz: Der Minister hat eine Gefälligkeitsentscheidung getroffen, seine Pflicht zu neutraler Amtsführung verletzt – denn es »kann keinem Zweifel unterliegen, daß eine Einflußnahme von außen gegeben ist«, er, Abbott, habe »die absolute Gewißheit, daß Einflußnahmen von außen vorliegen.« Der Staatsanwalt muss mithin von den Vorsprachen der CDU-Zuwender Kanter und von Brauchitsch bei Theisen erfahren haben. Im Übrigen hätten seine Texte gegen

Kanter über ein Jahr lang im Ministerium vorgelegen, ohne jede Beanstandung.

Danach ging der Krach erst richtig los. Aus dem Urlaub zurück griff der Leitende Oberstaatsanwalt Hans-Joachim Ulrich wegen der Ablösung seines Untergebenen Abbott den Minister frontal an. Nach Prüfung von Sach- und Rechtslage sei er überzeugt, schrieb er am 31. August dem Generalstaatsanwalt, »daß zu dieser Maßnahme kein sachlicher Grund bestand oder besteht.« Theisens These einer Amtspflicht des Dienstvorgesetzten, befangene Staatsanwälte seien schon dann durch unbefangene zu ersetzen, wenn sie allein aus Sicht des Angeklagten befangen sein könnten – nicht nachvollziehbar. Hier bestehe »die ernste Gefahr«, dass es Beschuldigten ermöglicht würde, »unbequeme Staatsanwälte [...] als Gegner auszuschalten.« Bei Abbotts Ablösung komme hinzu, »daß der Angeklagte Kanter einen dahingehenden Antrag gar nicht gestellt hat.« Von Amts wegen »einen Sachbearbeiterwechsel vorzunehmen, besteht jedoch nicht der geringste Grund«.

Der Leitende Oberstaatsanwalt geht in seinem elfseitigen Papier noch härter mit dem Minister ins Gericht. Der Justizminister habe eindeutig seine Befugnisse überschritten. Sein Recht zu Leitung und Aufsicht der nachgeordneten Staatsanwälte »umfaßt nicht das Recht, durch Weisung an den Generalstaatsanwalt selbst einen Wechsel des zuständigen Sachbearbeiters durchzusetzen«. Das stehe nach dem Gerichtsverfassungsgesetz (§ 145) nur den Ersten Beamten der Staatsanwaltschaften bei Oberlandesgerichten und Landgerichten zu. Die Verfügung des Ministeriums der Justiz finde »im derzeitigen Rechtszustand keine Grundlage«. Der Leiter der Koblenzer Staatsanwaltschaft urteilt: »Die Aufforderung des Ministeriums der Justiz an mich, Ersten Staatsanwalt Abbott von der weiteren Bearbeitung zu entbinden, und die gleichzeitig ergangene Anordnung an den Herrn Generalstaatsanwalt, mir nötigenfalls eine entsprechende Weisung zu erteilen, sind aber auch mit § 145 Abs. 1 GVG [Gerichtsverfassungsgesetz, D. K.] unvereinbar«.

Theisens Liste der beanstandeten Formulierungen fegte Ulrich vom Tisch. Auch Ulrich spielt dabei auf sachfremde Gründe und Einflussnahme von außen an. Die Verfügung Abbotts mit den kritischen Äußerungen über Kanter nämlich habe er, Ulrich, bereits am 26. Mai 1970 dem Justizministerium vorgelegt. »Ihr Inhalt aber hatte seinerzeit weder mir noch der Generalstaatsanwaltschaft und auch nicht dem Ministerium der Justiz Anlaß gegeben, Ersten Staatsanwalt Abbott für befangen zu halten und Maßnahmen im Wege der Dienstaufsicht zu erwägen. Neue Gesichtspunkte aber sind seitdem nicht aufgetreten.« Aus Theisens Anordnung vom 14. Juli 1971 ergebe sich »nicht einmal [...], aus welchen Erwägungen es das Ministerium der Justiz für notwendig erachtet hat, gerade zum jetzigen Zeitpunkt – nach Zeitablauf von mehr als einem Jahr – den Inhalt der Verfügung auf eine etwaige Befangenheit des Verfassers zu überprüfen.«

Theisens Verfügung, wettert Ulrich weiter, »müßte sich zwangsläufig auch auf den weiteren Gang des Verfahrens ungünstig auswirken. Einmal würde die Ersetzung [...] zu einer erheblichen Verzögerung führen, da sich ein neuer Dezernent erst in langwieriger und zeitraubender Arbeit in die sehr umfangreichen Akten einarbeiten müßte. Zum anderen wäre es naturgemäß von großem Nachteil, wenn die Anklage in der Hauptverhandlung nicht auch von dem Staatsanwalt vertreten werden könnte, der die Ermittlungen geführt hat. Die Aufklärung des Sachverhalts würde hierdurch erheblich erschwert werden.«

Zugleich gießt Ulrich, volle Kanne, Lob über Abbott aus, diesen »besonders passionierten Staatsanwalt, der sich seinen Aufgaben mit Leidenschaft sowie Hingabe widmet und in seinem Fleiß, seiner steten Einsatzbereitschaft und in seinem ausgeprägten Pflicht- und Verantwortungsbewußtsein allen meinen Mitarbeitern ein Vorbild ist [...] Das innere Engagement und das Temperament des Beamten spiegeln sich naturgemäß auch in seinen schriftlichen Verfügungen wider, die insbesondere durch eine sehr farbige und blumige, gelegentlich auch etwas scharfe Ausdrucksweise auffallen. Diese in dem Naturell des Beamten liegenden Eigenschaften sind aber kein Grund, irgendwie an seiner objektiven und sachlichen Einstellung zur Person eines Beschuldigten oder zum Gegenstand eines Verfahrens zu zweifeln. Hierzu reichen auch die in der ministeriellen Verfügung [...] mitgeteilten, aus dem Zusammenhang gerissenen Ausführungen nicht aus [...] Auch aus der Sicht des Angeklagten Kanter wäre bei vernünftiger und objektiver Würdigung aller Umstände eine andere Beurteilung der Sachlage nicht gerechtfertigt.«

Dann, in einem Satz, die offene Rebellion Ulrichs: »Im Hinblick auf meine Gegenvorstellungen habe ich veranlaßt, daß Erster Staatsanwalt Abbott vorerst weiterhin als Sachbearbeiter tätig bleibt.« Der Verfolger Kanters, eben erst in Abwesenheit des urlaubenden Chefs Ulrich von dessen Vize gefeuert, durfte weitermachen. Das war die Lage am Dienstag, den 31. August 1971.

Drei Tage später war sie wieder anders. Der Chef vom Chef Ulrich, der Generalstaatsanwalt Itschert, feuerte Abbott wieder.

In seiner Dienstpost an den Minister verwahrte sich Itschert zunächst gegen Theisens Tadel wegen der Weitergabe seiner Weisung gegen Abbott: »Die [...] Missbilligung meiner Verfahrensweise hat mich hart getroffen. Ich bedauere, daß der Eindruck eines Vertrauensbruchs entstanden ist, versichere jedoch, daß mir der Gedanke an einen solchen zu keinem Zeitpunkt gekommen ist. Daß es mir verwehrt sein könnte, dem Leiter der Staatsanwaltschaft oder seinem Vertreter eine Ablichtung der Verfügung vom 14. Juli 1971 zu überlassen, habe ich weder dem Inhalt des Schreibens noch der Form der gewählten Anschrift entnommen und nach meiner Auffassung auch nicht entnehmen können«. Dann aber meldete der Generalstaatsanwalt dem Minister brav Vollzug: »Da mich die Darlegungen des Leitenden Oberstaatsanwalts nicht zu überzeugen vermögen, habe ich ihn heute angewiesen, den von seinem Vertreter geschaffenen Zustand durch Ablösung des Ersten Staatsanwalts Abbott und Berufung eines anderen Sachbearbeiters unverzüglich wiederherzustellen.«

Von da an nahm das Landrecht im Reiche des mit absoluter Mehrheit regierenden Ministerpräsidenten Helmut Kohl seinen

Anlage 14 217

Generalstaatsanwaltschaft
Koblenz

5400 Koblenz, den 3. September 1971 Ha.
Karmeliterstraße 14 · Ruf 2521

Aktenz.: 1 AR 24/71
Bei allen Eingaben bitte angeben!

An den
Herrn Minister der Justiz
- persönlich oder Vertreter im Amt -
in M a i n z

Betr.: Strafverfahren gegen Adolf K a n t e r in Koblenz wegen Untreue usw. - 13 Ls 19/70 StA Koblenz -
Bezug: Verfügung vom 16.8.1971 - 4110 E - 4 - 14/67 -
Anl.: 1 Schriftstück

Die in der Bezugsverfügung enthaltene Missbilligung meiner Verfahrensweise hat mich hart getroffen. Ich bedaure, daß der Eindruck eines Vertrauensbruchs entstanden ist, versichere jedoch, daß mir der Gedanke an einen solchen zu keinem Zeitpunk gekommen ist. Daß es mir verwehrt sein könnte, dem Leiter der Staatsanwaltschaft oder seinem Vertreter eine Ablichtung der Verfügung vom 14. Juli 1971 zu überlassen, habe ich weder dem Inhalt des Schreibens noch der Form der gewählten Anschrift entnommen und nach meiner Auffassung auch nicht entnehmen können, Im übrigen war für mich nicht voraussehbar, daß Oberstaatsanwalt Wünsche die ihm auf seinen ausdrücklichen Wunsch zur Verfügung gestellte Ablichtung dem Ersten Staatsanwalt Abbott als dem Betroffenen aushändigen würde.

Die den Oberstaatsanwalt Wünsche betreffenden Ausführungen der Verfügung vom 16. August 1971 habe ich dem bis dahin beurlaubt gewesenen Beamten am 1. September 1971 mündlich eröffnet.

Eine Ablichtung der Stellungnahme, die Erster Staatsanwalt

-2-

Am Ende dienstbar: »Ich bedaure, daß der Eindruck eines Vertrauensbruchs entstanden ist.«

Lauf. Wie von Edelmann von Brauchitsch beim Jagdessen mit Kohl gewünscht und von dessen zum Justizminister erhobenen Parteikassierer durchgedrückt, beeilte sich ein willfähriger Staatsanwalt namens Heribert Braun, die Sache Kanter vom Tisch zu bringen. Ein passender Richter war auch bald gefunden. Kanter stand sich doch gut mit dem Nachbarn Buchner, der in Bad Marienberg in der Albrechtstraße, dicht bei Kanters Wohnung über der Sparkasse an der Bismarckstraße lebte. Nachbar Buchner war Richter am Amtsgericht in Betzdorf im Westerwald. Dem wurde der Fall Kanter hingeschoben. Oberstaatsanwalt Braun vermied es, den von Abbott produzierten Aktenberg zu erhöhen. Am 13. Oktober 1972 sprach Buchner sein Urteil in der Strafsache gegen den Kaufmann Adolf Kanter: »Im Namen des Volkes! Der Angeklagte wird freigesprochen. Die Kosten des Verfahrens einschließlich der notwendigen Auslagen des Angeklagten werden der Staatskasse auferlegt.« Oberstaatsanwalt Braun hatte es so beantragt.

Die Vorwürfe wegen Betrugs und Untreue? Alles erledigt, obgleich sie im Strafbefehl mehr als hinreichend belegt waren. Schön für den Schützling: »Obwohl der Angeklagte hinsichtlich des Betrugs als schuldig anzusehen war,« so Richter Buchner in seiner Urteilsbegründung, »konnte entsprechend der Anregung der Staatsanwaltschaft eine Einstellung des Verfahrens [...] erfolgen [...] die Schuld des Angeklagten für gering angesehen werden«. Dass Kanter, laut Urteilstext »ein Mensch von großer Intelligenz«, Tausende von D-Mark für einen Redakteur nicht von seinem Pontes-Verlag zahlen ließ – das hätte ja seinen Gewinn geschmälert –, sondern aus der Spendenkasse, kein Problem. Denn, argumentierte Buchner, es sei »nicht auszuschließen, daß der Angeklagte davon ausging, durch die Zahlung von Honorarkosten aus Mitteln der ›Europäischen Vereinigung‹ kein Unrecht zu begehen.« Dass es massive Unregelmäßigkeiten bei Abrechnungen zugunsten Kanters gegeben hat? Es wäre »dem Angeklagten ein strafbares Verhalten nicht mit Sicherheit nachzuweisen«. Dass er Belege fälschen ließ, weil sein Europa-Haus mehr ausgab, als das Bundesfamilienministerium bewilligt hatte? Eindeutig Betrug, das schon, aber die Staatsanwaltschaft drückte ja beide Augen zu. Am 18. Oktober 1972 meldete die Generalstaatsanwaltschaft dem

Justizminister auf dem Dienstweg Vollzug: Freispruch und Verfahrenseinstellung.

13 Jahre dauerte es, bis sich der rheinland-pfälzische Landtag auf Druck der Grünen dazu bequemte, einen parlamentarischen Untersuchungsausschuss zur »Strafsache Kanter« einzusetzen. Dass dabei nichts herauskommen würde, war spätestens klar, als die CDU-Mehrheit eine Vernehmung des Kohl-Jagdgastes von Brauchitschs als Zeuge ablehnte; Schützling Kanter wurde, versteht sich, auch nicht vorgeladen. Theisen wartete im Ausschuss mit der Erklärung für seine Ablösung Abbotts auf, er habe erst 1971 kurz nach seiner Amtsübernahme als Mainzer Justizminister von dessen Vergangenheit als Nazi-Jurist erfahren und auch deshalb so entschieden. Wieso er aber dieses Motiv damals nie erwähnte, weder gegenüber der Generalstaatsanwaltschaft noch gegenüber Abbotts Vorgesetzten? »Ich wollte nicht mehr Unruhe schaffen als nötig«, sagte er. Dass ihm bereits 1969 als Justizstaatssekretär die Generalstaatsanwaltschaft detailliert über die blutige NS-Vergangenheit berichtet hatte, sagte er nicht. Die weitere Karriere Abbotts hat darunter nicht gelitten. 1974, unter Justizminister Theisen, wurde der Erste Staatsanwalt zum Oberstaatsanwalt befördert.

Neuntes Kapitel

Nichts, aber auch gar nichts

Begonnen hatte die dunkle Strecke auf Kanters Lebensweg, die jetzt dank der Hilfe von ganz oben strahlend hell zu Ende ging, am 3. Januar 1967. Da suchte der Vertreter der Aufsichtsinstitution des Europa-Hauses, der Kuratoriumsvorsitzende Heinz Berndt, begleitet von seinem Vize Walter Stiefel, den Duzfreund Kanter in der Marienberger Gründerzeitvilla auf und händigte ihm ein förmliches Schreiben aus, gegen Empfangsbestätigung. Der Wortlaut:

»Im Zusammenhang mit der Führung Ihrer Geschäfte als Direktor des Europa-Hauses e. V. Marienberg und anderer Europa-Organisationen, in denen Sie in führender Stellung tätig sind, ebenso wie in Ihrer außerdienstlichen Lebensführung werden gegen Sie schwerwiegende Vorwürfe erhoben. Hinsichtlich einiger Vorwürfe ist sowohl dringender Tatverdacht einer strafbaren Handlung als auch Verdunklungsgefahr gegeben, falls Sie Ihre Funktion als Direktor des Europa-Hauses weiterhin ausüben.

Als Vorsitzender des Kuratoriums des Europa-Hauses e. V. in Marienberg untersage ich Ihnen deshalb mit sofortiger Wirkung die Ausübung Ihres Amtes und verbiete Ihnen das Betreten des Europa-Hauses in Marienberg.

Schriftstücke dienstlicher Art, die Sie etwa außerhalb des Europa-Hauses in Besitz haben, sind sofort abzuliefern.«

Auch gegen Gisela Kanter – die Ehefrau war Verwaltungsangestellte des Europa-Hauses – wurden am selbigen Tage Hausverbot und Freistellung vom Job verhängt.

Der Bundesrechnungshof hielt in seiner schriftlichen Darstellung des Prüfverfahrens fest: »Herr Berndt teilte in diesem Zusammenhang Herrn Kanter einige der Vorwürfe dienstlicher und außerdienstlicher Art, die gegen ihn und seine Frau in Bonn beim Familienministerium vorliegen, mit. Eine schriftliche und umfassende Mitteilung über die Vorwürfe erfolgt nicht.« Der Ministerialbeamte von Schönfeld habe Berndt am 2. Januar 1967, also am Vortage, in Bonn »Einsicht in eine Akte betreffend das außerdienstliche Verhalten Herrn und Frau Kanters« gewährt.

Auf das Höchste alarmiert – die Spendenwaschanlage Europäische Vereinigung akut einsturzgefährdet –, versuchte von Brauchitsch, den Zusammenbruch noch abzuwenden. Beim Vizevorsitzenden des Europa-Haus-Kuratoriums, Walter Stiefel, einem im Vereinigten Königreich lebenden Professor, warf er sich für seinen Kompagnon ins Zeug. Er drohte, »dass ich nicht mehr lange mit ansehe, dass unsachliche, von persönlichen Komplexen getragene Angriffe gegen Adolf Kanter dessen Gesundheit gefährden und damit auch die Existenz des Europa-Hauses schlechthin«. Man müsse sich darüber klar sein, dröhnte er in seinem Schreiben vom 6. Januar 1967, »dass in den permanenten Nörgeleien gegenüber Adolf die große Gefahr liegt, dass er eines Tages den ganzen Laden hinschmeisst und sich einer weniger aufwendigen, aber wahrscheinlich besser bezahlten Arbeit in der Wirtschaft zuwendet.«

Dem Kuratoriumsvorsitzenden Berndt schrieb von Brauchitsch unter demselben Datum: »Die von mir von der Wirtschaft erbetenen Spenden waren nicht immer einfach zu bekommen. [...] Ich habe mich deshalb bei der Werbung für die Spenden immer persönlich mit den Arbeiten von Herrn Kanter für die verschiedenen Institutionen auf der Ebene der Europahäuser identifiziert. Das konnte ich auch, weil ich Herrn Kanter seit nunmehr 17 Jahren in kritischsten Situationen in seinem Wirken beobachten konnte.«

Frech verlangte er dann den Fortbestand des Waschsalons: Es sei »unbedingt erforderlich, dass die von der Wirtschaft gegebenen Spenden auch in Zukunft über die ›Europäische Vereinigung für gegenseitigen Meinungsaustausch‹ laufen, damit ich mit gutem Gewissen den Spendern gegenüber dafür einstehen kann, dass nicht jede politische Richtung Einblick in Herkunft und Höhe der Spenden nehmen kann.«

Dem Vorsitzenden des Wissenschaftlich-Politischen Beirats des Europa-Hauses, dem erzreaktionären Juraprofessor und CDU-Bundestagsabgeordneten Adolf Süsterhenn – ein vehementer Befürworter der Todesstrafe – versicherte von Brauchitsch, Kanter würde zu Unrecht verfolgt. Am 12. Januar 1967 schrieb der Rechtsanwalt dem Rechtsgelehrten: »Nach den von Herrn Kanter mir gegenüber wiederholt abgegebenen Erklärungen muss ich davon ausgehen, dass strafrechtlich an der Sache nichts, aber auch gar nichts dran ist.«

Beigefügt ist dem Brief die Kopie seines Schreibens vom selben Tage an den Kuratoriumsvorsitzenden Berndt, in dem er für dessen Ja zum Engagement gefälliger Wirtschaftsprüfer wirbt: »In der Angelegenheit des Herrn Adolf Kanter habe ich mir überlegt, ob es nicht nützlich ist, eine renommierte Wirtschaftsprüfungsgesellschaft einzusetzen. Man käme dann sehr schnell zu der Erkenntnis, ob unter dem Gesichtspunkt einer ordnungsmässigen Geschäftsführung Vorwürfe gegen Herrn Kanter begründet sind. Wie gesagt, ist der Masstab des Bundesrechnungshofes weder für mich noch für die Unternehmungen, die ich zu Spenden veranlasst habe, richtungsweisend. Sollten Sie mit meinem Vorschlag einverstanden sein, so würde ich mich bemühen, die Wirtschaftsprüfungsgesellschaft unserer Konzernspitze, Harth & Klein GmbH, Düsseldorf-Grafenberg, für den Auftrag zu gewinnen. Die Kosten würde ich selber übernehmen.«

Daraus wurde dann nichts. Der Vorstand des Europa-Hauses stimmte zwar trotz einiger Bedenken, dass die Wirtschaftsprüfer womöglich noch Schlimmeres als der Bundesrechnungshof herausfinden könnten, dem Vorschlag des Flick-Manns zu. Staatsanwaltschaft und Bundesfamilienministerium aber winkten ab – kein Interesse an einem Entlastungsgutachten, die Bedenken seien hinreichend begründet. Kommentar des Amtsrats Brodke vom Rechnungshof: »Völlig sinnlos, weil die Wirtschaftsprüfer doch höchstens die rechnerische Richtigkeit feststellen könnten.«

Und auch sonst konnte von Brauchitsch den Freund nicht mehr retten. Der Vorstand des Europa-Hauses, vom angedrohten Entzug der öffentlichen Fördermittel tief beeindruckt, machte sich auf seiner Sitzung am 15. Januar 1967 daran, die Beziehungen zu Kanter und zur Außenstelle Hangelar abzubrechen. Beschlossen wurde:

»Einstellung des Dauerauftrages betr. Aufwandsentschädigung an Herrn Kanter.
Einstellung des Dauerauftrages in Höhe von monatlich 200,– DM als Grundkostenzuschuß für das Aussenbüro Hangelar. Das bisherige Aussenbüro in Hangelar soll aufgehoben werden. [...]
[...] wird beauftragt, den Telefonanschluß des EH in Hangelar abzumelden bezw. eine Ummeldung [...] vorzunehmen.
Das dem Europa-Haus gehörende Inventar (z. B. Diktiergerät) ist nach Marienberg zurückzuholen.
Der Dauerauftrag für den Dispositionsfonds an Herrn Kanter wird ebenfalls vorläufig angehalten.«

Es ging weiter bergab mit Kanter. In einem vertraulichen Schreiben vom 23. Januar 1967 berichtete er Partner von Brauchitsch, »daß sich die Situation sehr verschärft hat«. Das Bonner Familienministerium »fordert vorerst eine Rückzahlung von ca. 12.000,– DM«. Ihm schwante, dass es noch viel dicker kommen würde: »Ich glaube, daß ich bald ohne Rechtsanwalt nicht mehr auskomme.« Am selben Tag schrieb Kanters Frau Gisela an den befreundeten Paul Nelles von »neuesten bösen Dingen« und »daß wir entsetzt sind über das, was da auf uns zukommt«.

Schon am nächsten Morgen war das dann da: Staatsanwalt Abbott und drei Polizeibeamte standen vor der Tür der Privatwohnung der Kanters in Marienberg – Hausdurchsuchung, Beschlagnahme von Akten, Androhung von Untersuchungshaft für den Hausherrn, falls der weiterhin die Arbeit des Bundesrechnungshofs zu beeinträchtigen versuche. Typisch Kanter: Er forderte den Europa-Haus-Verein, dessen Vorsitzender er noch war, auf, ihm »juristischen Beistand zu stellen«. Der Vorstand lehnte ab und sichtete stattdessen die juristischen Grundlagen für eine fristlose Kündigung des Direktors. Die Zeit drängte, auch die Landesregierungen von Nordrhein-Westfalen und Rheinland-Pfalz hatten dem Marienberger Haus die Fördermittel gesperrt, das Auswärtige Amt verlangte die Rückzahlung von Zuschüssen.

Mittwoch, 1. Februar 1967, neuerliche Krisensitzung des Marienberger Führungsmannschaft, diesmal im Bonner Familienministerium. Aktenvermerk des Rechnungshofs dazu: »Der Vorstand des Europa-Hauses beschloß, Herrn Kanter aufzufordern, innerhalb einer Frist von vier Tagen zu kündigen, seinen Sitz als Vorsitzender des Europa-Haus-Vereins niederzulegen und aus dem Verein auszutreten. Widrigenfalls sei eine fristlose Kündigung und Ausschluß aus dem Europa-Haus-Verein seitens des Vorstandes auszusprechen. Auch diese Mitteilung wurde Herrn Kanter mündlich gemacht. Als Kündigungsgrund wurden Vorwürfe gegen sein dienstliches und außerdienstliches Verhalten genannt, die ihm aber auch zu diesem Zeitpunkt nicht vollständig vorgetragen wurden, geschweige denn wurde ihm Gelegenheit gegeben, sich dazu zu äußern. Zusätzlich wurde Herr Kanter darauf aufmerksam gemacht, daß größere, seinen eigenen und den Ruf des Europa-Hauses schädigende Presseveröffentlichungen zu erwarten seien. Herr Kanter hat daraufhin unter dem Druck der Verhältnisse am 2.2.67 seine Kündigung ausgesprochen und seinen Austritt aus dem Europa-Haus-Verein erklärt.«

Von Brauchitsch wechselte die Verteidigungstaktik und schob nun die Mitschuld »am immer unklarer werdenden Zustand« den Aufsichtsgremien zu. »Ich kann nicht die Auffassung teilen«, schrieb er am 13. Februar 1967 dem Kuratoriumsvorsitzenden Berndt, »daß es eine persönliche Angelegenheit von Herrn Kanter sei, wie sich die Untersuchungen weiter entwickeln. Für mich besteht kein Zweifel, dass allenfalsige Verfehlungen von Herrn Kanter auch unter dem Gesichtspunkt mangelnder Dienstaufsicht und unzulänglicher Jahresprüfungen gesehen werden müssen.«

Vom Posten des Generalsekretärs der Spendenwaschanlage »Europäische Vereinigung für gegenseitigen Meinungsaustausch« war Kanter am 3. März 1967 bei einer außerordentlichen Mitgliederversammlung dieses Vereins im Düsseldorfer Industrie-Club zurückgetreten. »Um«, wie er sagt, »eine objektive Prüfung des Geschäftsgebarens der Vereinigung unter meiner Verantwortung zu erleichtern.« Die dann selbstverständlich, mangels Geschäftspapieren, nie stattfand. »Durch die Umleitung der Spenden auf das Konto der Vereinigung wurden sie der öffentlichen Prüfung entzogen«, so war bereits im Protokoll der Europa-Haus-Vorstandssitzung vom 28. Januar 1967 festgehalten worden, und dann war das Geld weg: »Verschiedene Unterlagen über die Verwendung dieser Mittel sind offenbar z. T. nicht auffindbar«.

Von Brauchitsch aber tat weiterhin so, als wäre alles in bester Ordnung und als hätte er mit den Tricksereien bei der Umleitung der Spenden rein gar nichts zu tun. Laut Protokoll der Düsseldorfer Mitgliederversammlung der Europäischen Vereinigung am 3. März 1967 führte er aus: »Wenn er sich in der Vergangenheit stets darum bemüht habe, Spenden von Seiten der Industrie zu vermitteln, so habe er dies nicht ›wegen der blauen Augen des Herrn Kanter‹, sondern deshalb getan, weil er die europäische Idee habe unterstützen wollen und ›weil ich 16¾ Jahre wußte, daß man Herrn Kanter Geld anvertrauen kann‹. Es sei ihm gelungen, Geld flüssig zu machen, obwohl dies nicht einfach gewesen sei. [...] er [halte] es nicht für möglich und vertretbar, einen Mann ›einfach abzuschießen‹, der 17 Jahre für die europäische Sache gearbeitet habe. Er könne nicht ausschließen, daß Herr Kanter vielleicht Fehler gemacht habe, er halte es aber für untragbar, daß Herrn Kanter nicht einmal Gelegenheit gegeben werde, auf die gegen ihn, Kanter, erhobenen Vorwürfe vor den Organen und Gremien zu erwidern, die ihm zuvor jahrelang derart weitgehend Vollmachten erteilt hätten.«

Großer Eiertanz, als es im Protokoll um die Schmutz- und Schundakte ging: Vereinigungsmitglied Herbert Scheffler habe den Vereinigungspräsidenten Hans Velu aus den Niederlanden gefragt, »ob er sich in der Lage sehe, den Inhalt eines Schreibens bekanntzugeben, das er vom Familienministerium erhalten habe. Herr Dr. Velu gab anschließend den Wortlaut eines Schreibens des Bundesfamilienministeriums vom 2. Februar 1967 (unterzeichnet von Herrn von Schönfeld) bekannt. Er habe dem Ministerium bislang lediglich geantwortet, daß er das Schreiben zur Kenntnis genommen habe und in der Mitgliederversammlung vorlegen werde. Unter Zustimmung der anwesenden sonstigen Mitglieder« habe Velu seine »Missbilligung« über die Behandlung der Angelegenheit und den Inhalt des Briefes zum Ausdruck gebracht. Nicht etwa über das darin geschilderte Verhalten Kanters. Was darüber in dem Schreiben stand und vom Präsidenten wortwörtlich vorgetragen worden war, steht nicht im Protokoll. Das hat der Protokollführer lieber weggelassen.

Für dieses Protokoll interessierte sich auch Erster Staatsanwalt Abbott. Unter dem Briefkopf des Oberstaatsanwalts schrieb er (27. Februar 1967) ohne jegliche Floskel an von Brauchitsch: Er habe von der anstehenden Mitgliederversammlung erfahren, »ich bitte, mir demnächst eine Durchschrift des Protokolls der Versammlung überlassen zu wollen.« Da war er aber an den Falschen geraten. Der Edelmann würdigte Abbott keiner Antwort, sondern richtete (3. März 1967) eine Beschwerde an dessen Vorgesetzten über das Benehmen des Beamten. »Sehr geehrter Herr Oberstaatsanwalt! [...] Ich darf zunächst darauf hinweisen, dass ich es gewöhnt bin, dass ich in Korrespondenz, von der erwartet wird, dass ich sie lese, auch persönlich angesprochen werde. Sollten Sie eine Fortsetzung der Korrespondenz für zweckmässig halten, so wäre ich Ihnen verbunden, wenn Sie Ihre Mitarbeiter veranlassen könnten, die übliche Anrede und Schlussformel zu beachten.« An der Mitgliederversammlung der Vereinigung habe er im Übrigen als Gast teilgenommen, »infolgedessen fehlt mir die Legitimation, Ihrer Bitte zu entsprechen, Ihnen ein Protokoll [...] zu übermitteln.«

Von seinem hohen Ross kam von Brauchitsch bald herunter. Freund Kanter rutschte weiter ab. Von Brauchitsch musste Obacht geben, nicht mitgerissen zu werden. Die restlichen Pöstchen bei den in Hangelar in einem Büroraum zusammengepferchten Europa-Organisationen war Kanter wenig später quitt. Das Bundesfamilienministerium habe die Befunde des Rechnungshofs, so eine Aktennotiz der Prüfer vom 9. Februar 1967, »auch den Verantwortlichen von Organisationen und Institutionen zugeleitet, in denen Herr Kanter ehrenamtlich tätig war, verbunden mit der Empfehlung, Herrn Kanter seiner Funktionen zu entheben.«

Welche Gefahren in dieser Europäischen Vereinigung auch für von Brauchitsch noch lauerten, bekam er zu spüren, als ihn Staatsanwalt Abbott, den er wegen mangelhafter Umgangsformen bei dessen Vorgesetzten angeschwärzt hatte, am 5. Juli 1967 in seinem Hause in Düsseldorf aufsuchte. Abbott zahlte es ihm heim. Über zehn Stunden lang, bis nachts um 22.45 Uhr vernahm der Staatsanwalt den Flick-Manager und trieb ihn in die Enge. Zum Beispiel so:

Protokollauszug: »Frage: Sie haben über Zweck und Kanalisation der Spenden klar zum Ausdruck gebracht, daß Sie die Konzentration dieser Spenden bei der Europäischen Vereinigung für sachgerecht und von den Spendern gewollt beurteilen. Wie verstehen Sie dann, daß die bisher von mir befragten Persönlichkeiten der spendenden Firmen ganz überwiegend nur vom ›Europa-Haus‹ gesprochen haben und von der Existenz der Europäischen Vereinigung gar nichts gewußt haben? Wie beurteilen Sie die Tatsache, daß selbst jene Firmen, die unmittelbar an die Europäische Vereinigung gezahlt haben oder nachträglich eine Umbuchung in Kauf genommen haben, davon ausgegangen sind, daß es sich bei der Europäischen Vereinigung offenbar um eine Art Spendensammelbecken für Zwecke des Europa-Hauses gehandelt habe?«

Von Brauchitsch wand sich und vermied tunlichst eine klare Aussage, erfand stattdessen den Begriff »Vertrauensspenden«.

Protokollauszug: »Antwort: Ich glaube, daß die spendenden Unternehmen einfach überfordert sind, wenn sie heute sagen sollen, was mit letzter Sicherheit hinter den von mir erbetenen

Spenden gesteckt hat. Ich habe bereits [...] gesagt, daß selbst aus unserem Hause gelegentlich im Zusammenhang mit Spenden das Europa-Haus benannt worden ist und nicht die Europäische Vereinigung. Die Begründung liegt ganz offensichtlich darin, daß es sich letzten Endes bei den Spenden um Vertrauensspenden an Herrn Kanter gehandelt hat, selbstverständlich mit den Maßgaben, die ich noch einmal wiederholen möchte: Es sollten nur europäische Aufgaben direkt oder indirekt bedient werden, im Rahmen von Institutionen, denen Herr Kanter vorstand oder in deren Leitung er tätig war. Die Grundsätze der Anerkennung der steuerlichen Förderungswürdigkeit mußten in jedem Fall berücksichtigt sein. Die Unternehmungen, die durch meine Vermittlung gespendet haben, haben, abhängig von ihrer Größe, ein jährliches Volumen für Spenden im Gesamtbetrag von vielen 100.000,– DM, wenn nicht sogar von Beträgen über 1 Mio.«

Abbott brachte den Adligen zu einem peinlichen Eingeständnis: Einen angeblichen Brief an Kanter aus dem Jahre 1964, der die beiden beim Umgang mit den Spenden entlasten sollte, habe er erst Jahre später geschrieben. Also: gefälscht. Aussage von Brauchitsch laut Protokoll: »Ich glaube mich auch fest zu erinnern, Herrn Kanter im Jahre '64 vor Beginn einer neuen Spendenaktion über Kanalisierung und Verwendung der Spenden schriftlich meine ganz grundsätzliche Auffassung hierüber zum Ausdruck gebracht zu haben. [...] Da [...] sich bei meinen Akten eine Kopie des damaligen Briefes nicht fand, habe ich unmittelbar nach dem 5.1.67« – dem Tag, an dem ihn Kanter über die Beanstandungen des Rechnungshofs und die staatsanwaltlichen Ermittlungen informiert habe – »unter Rekonstruierung des Vorgangs 1964 unter dem Datum des 24.6.1964 diesen Brief aus dem Gedächtnis heraus noch einmal geschrieben.«

»Lieber Adolf«, schreibt von Brauchitsch in der Fake Post, er bitte darum, die von ihm geworbenen Spenden bei einem Verein – der Europäischen Vereinigung – zu sammeln, »der Gewähr dafür leistet, daß eine gewisse Diskretion besteht in Bezug auf Höhe und Herkunft der Einzelspender [...] Wir wollen es [...] bei der Absprache belassen, daß die Arbeiten der Europahäuser, soweit Du Einfluß auf sie hast, durch die Mittel der ›Europäischen Vereinigung für gegenseitigen Meinungsaustausch‹ unterstützt werden.« Es sollten dabei all jene europäischen Institutionen in ihrer Arbeitsfähigkeit unterstützt werden, die unter Kanters Leitung standen. Im Vernehmungsprotokoll fügte der Kanter-Freund hinzu, »daß dabei die Interessen des Europa-Hauses e. V. mitgedeckt werden sollten, war für mich zweifelsfrei.«

»Es kann keinem Zweifel unterliegen«, hielt Abbott 1970 in seiner Verfügung zum Kanter-Strafbefehl in einem seiner typischen Schachtelsätze dagegen, »daß die Tatsache, daß ausgerechnet das Schreiben des Jahres 1964, das für Kanter geradezu einen ›Blankowechsel‹ bedeutete und von ihm auch so gehandhabt wurde, [...] ›verschwunden‹ ist, auffällig, wenn nicht sogar verdachtserregend erscheinen muß und zwangsläufig die Frage auftaucht, ob das ›nachgemachte‹ Schreiben mit dem Datum 24.6.1964 u. U. ein ›Gefälligkeitsakzept‹ ist.« Er erachte es freilich »nicht als erweisbar, daß der Zeuge von Brauchitsch nachträglich mit dem rekonstruierten Brief Kanter habe ›helfen‹ wollen.« Dass von Brauchitsch mit Kanter unter einer Decke stecken könnte, mochte Abbott zu dieser Zeit noch nicht annehmen, »da dieser Zeuge im Falle des Nachweises irgendeiner ›Begünstigung‹ gesellschaftlich und beruflich zu viel riskiert hätte.« So kann sich auch ein Staatsanwalt irren. Abbott verzichtete auf Nachhaken und Weiterbohren – der Zeuge gehörte zum Hause Flick. Wer wollte sich schon mit dem mächtigen Milliardenunternehmen anlegen?

Zumal von Brauchitsch zu kleinen Deals bereit war und hinter dem Rücken von »Freund Adolf« bei Abbott punkten wollte. »Ich habe die unmittelbar vor meiner Vernehmung eingegangene Stellungnahme von Adolf Kanter zum zweiten Teil des Berichtes des Bundesrechnungshofes dem Staatsanwalt vorgelesen«, so berichtete er – »persönlich-vertraulich« – dem neuen Vereinigungsgeneralsekretär Paul Nelles (6. Juli 1967), »für ihn waren einige Neuigkeiten darin, aber nach seinem bisherigen Stand der Ermittlungen kaum etwas von entlastender Bedeutung. Dein Einverständnis voraussetzend – es handelt sich immerhin um die Kopie eines Briefes von Adolf an Dich – schicke ich heute eine Fotokopie dieser Stellungnahme von Adolf unmittelbar an Herrn Abbott. Ich beabsichtige nicht, Adolf von dem beiliegenden Protokoll [seiner Vernehmung, D. K.] und der Tatsache der Übersendung seiner Stellungnahme an den Staatsanwalt zu informieren.« Der Staatsanwalt hatte sich erkenntlich gezeigt und Dienstliches ausgeplaudert, wie sich aus dem Brief an Nelles ergibt: »Interessant«, berichtete von Brauchitsch, »war der vertrauliche Hinweis von Herrn Abbott, dass die Staatsanwaltschaft Bonn inzwischen das Ermittlungsverfahren gegen Adolf in Sachen ›Schmutz und Schund‹ eingestellt hat. Nach dem Stand der Ermittlungen haben keine Beziehungen von Adolf zu geschützten Personen bestanden.«

Kanter gefeuert, die Europäische Vereinigung wegen Spendenzweckentfremdung in Verruf geraten – das ganze Unternehmen Marienberg war schon zuvor dem Adligen zu heiß geworden. Die Bitte des Stellvertretenden Direktors des in Geldnöte geratenen Europa-Hauses, Walter Scharnagl, vom 17. März 1967 um weitere Finanzspritzen schlug von Brauchitsch ab: »Bei dieser Sachlage sehe ich mich zu diesem Zeitpunkt nicht in der Lage, Ihnen mit Geldspenden behilflich zu sein.« Und fuhr dann in seinem Schreiben vom 4. April 1967 fort: »Es bleibt nur noch die Möglichkeit zu sehen, dass so schnell wie möglich über die ganze Angelegenheit Gras wächst.« Vorsichtshalber versuchte sich der Kohl-Unterstützer schon jetzt aus der Affäre zu ziehen. Eben noch hatte er im Brief an Scharnagl beteuert, dass ihm »die Arbeit des Europa-Hauses am Herzen liegt«, am selbigen Tage teilte er dem Vorsitzenden des Europa-Haus-Kuratoriums, Berndt, mit, »dass ich mein Amt als Leiter des Freundes- und Fördererkreises des EUROPA-HAUS e. V. niederlegen muss.«

Der einst zum »Abt von Marienberg« in der Presse hochgejubelte Kanter mochte sich in dem Westerwaldstädtchen kaum noch blicken lassen. Beim Vorstand des Europa-Hauses beklagte er sich am 6. Februar 1967: »Das Vorgehen des Bundesrechnungshofes und des Bundesministeriums für Familie und Jugend hat zu einem Rufmord solchen Ausmaßes geführt, daß tiefgehende Einwirkungen in die private Sphäre der Familie und Auswirkungen auf die minderjährigen Kinder [zwei Söhne, D. K.] nicht zu vermeiden waren. Die Kinder sind inzwischen aus Marienberg fortgebracht und umgeschult worden und leben getrennt bei den Großeltern in Koblenz und Andernach.«

Der Sturz Kanters jagte Schockwellen in sein lange und weit und vielfältig aufgebautes Beziehungsgeflecht, in dem selbstverständlich kleine oder auch größere Geschenke – eine Wahlkampfspende hier, ein Buchhonorar da – die Freundschaften erhalten sollten. Kanter war eng mit den richtigen, wichtigen Leuten bei den Gewerkschaften, in den Kirchen, in der CDU, in der SPD, in der FDP, in Rheinland-Pfalz, in Bonn, in Paris, in Europas Institutionen und Verbänden sowieso. Kanter war Kontaktprofi, Ostberlin profitierte. Besonders wichtig für das MfS war Kanters guter kurzer Draht zu Walter Hallstein.

Aus Sicht der DDR war Hallstein einer ihrer schlimmsten Feinde. Sprach der doch dem »ersten Arbeiter- und Bauernstaat auf deutschem Boden« die Existenzberechtigung ab und betrieb die internationale Ächtung des Regimes in der »Ostzone«. In Hallsteins Nähe einen Agenten zu platzieren und möglichst viel aus dessen dienstlichem und privatem Leben, auch über seine sexuelle Orientierung, zu erfahren, war für das sozialistische Regime überlebenswichtig. Für Ostberlin kam auch deshalb Kanter eine Schlüsselrolle zu.

Von Bundeskanzler Konrad Adenauer, der in den 1950er-Jahren auch das Amt des Außenministers übernommen hatte, war Hallstein zum Staatssekretär im Bonner Auswärtigen Amt berufen worden. Der CDU-Beamte stand für die nach ihm benannte Hallstein-Doktrin mit ihrem Alleinvertretungsanspruch, wonach die westdeutsche Bundesrepublik die einzige legitime Vertreterin des deutschen Volkes sei. Mit dem Ziel, das ostdeutsche Regime außenpolitisch zu isolieren, wurde die Aufnahme diplomatischer

Beziehungen zur DDR als »unfreundlicher Akt« gegenüber der Bundesrepublik bewertet und mit Sanktionen bis hin zum Abbruch der Beziehungen Bonns zu einem solchen Drittstaat belegt. Was immer »Fichtel« über die Feindlage von Hallstein erfahren konnte – für Ostberlin war es hochinteressant. Nicht minder interessant für Markus Wolf: jegliche Information, die Kanter zu liefern vermochte zum geplanten Aufbau eines eigenständigen europäischen Militärbündnisses, der Europäischen Verteidigungsgemeinschaft (EVG). Als AA-Staatssekretär war Hallstein tief in die Vorbereitungen des – letztlich gescheiterten – NATO-Ersatzes eingebunden. Und ganz besonders wichtig wurde die Schiene Kanter/Hallstein für die Stasi, als der Staatssekretär 1958 in Europa ganz nach oben rückte. Hallstein wurde von der Außenministerkonferenz in Paris zum Präsidenten der ersten Kommission der im Vorjahr von Frankreich, Italien, der BRD und den Beneluxstaaten gegründeten Europäischen Wirtschaftsgemeinschaft (EWG) gekürt; er hielt sich auf dem Spitzenposten bis 1968.

Kanter hatte sich früh an Hallstein herangemacht, das war nicht sonderlich schwer unter der Fahne der europäischen Bewegung. Es entwickelte sich ein enges Vertrauensverhältnis. Kanter gewann den CDU-Parteifreund auch dafür, beim Projekt Europa-Haus Marienberg mitzutun. Der EWG-Kommissionspräsident und gelernte Rechtsprofessor Hallstein ließ sich durch Kanter zum Ehrenvorsitzenden des Wissenschaftlich-Politischen Beirats des Europa-Hauses berufen. Kanters Pontes-Verlag brachte zwei Jubelbücher heraus: »Walter Hallstein – Europa 1980« und »Walter Hallstein und die junge Generation«. Autor der beiden Werke war der spätere Chefredakteur des Westdeutschen Rundfunks, Theo M. Loch. Kanter und damit Ostberlin wussten um dessen Vergangenheit als NSDAP-Mitglied und SS-Obersturmführer in der Leibstandarte Adolf Hitler, die Öffentlichkeit lange nicht.

Wie groß der Schreck Hallsteins über den erzwungenen Rücktritt des Marienberger Direktors war, schilderte Kanter selbst in einem Gedächtnisprotokoll, das er wahrscheinlich für Verteidigungszwecke verfasste und vermutlich in Kopie der Stasi übermittelte. Hat Adolf Kanter alias »Fichtel« auch den Kommissionspräsidenten Walter Hallstein geschmiert?

Die Aktennotiz, die Kanter am 23. Februar 1967 geschrieben hat, lässt zumindest diese Fragestellung zu.

Der Wortlaut:

»Heute hatte ich ein über dreistündiges Gespräch mit Herrn Georg Streiter, Leiter des Verbindungsbüros der Europäischen Gemeinschaften in Bonn.

Herr Streiter bemerkte in dieser sehr offen und in freundschaftlicher Weise geführten Unterhaltung unter anderem:

1.) Vom Bundesministerium für Familie und Jugend werde in Bonn das Gerücht lanciert, daß ich Gelegenheit gehabt hätte, zu den vom Bundesrechnungshof erhobenen Vorwürfen Stellung zu nehmen und daß ich daraufhin die Konsequenzen gezogen hätte, indem ich von meinen Ämtern im Europa-Haus zurückgetreten sei. Damit sei ein klares Schuldbekenntnis gegeben.

2.) Er, Herr Streiter, habe erst Mitte Januar in vorsichtiger Form den stellvertretenden Kabinettchef von Professor Hallstein, Herrn Dr. Kalkbrenner, davon telefonisch unterrichtet, daß ich suspendiert worden sei. In den darauf folgenden Tagen habe sich herausgestellt, daß Interventionen vom Europa-Haus Marienberg in Brüssel beachtliche Bestürzung ausgelöst hätten. In der näheren Umgebung von Professor Hallstein und beim Gemeinsamen Presse- und Informationsdienst habe man den Eindruck gewonnen, daß die Spitzen der Gremien des Europa-Hauses hart gegen mich eingestellt seien.

3.) Im Kabinett Hallstein sei ich intern als ›Vetter des Papstes‹ bezeichnet worden, womit man auf die engen freundschaftlichen Beziehungen zu Hallstein anspielen wollte. Man sei soweit gegangen, Präsident Hallstein einen Schreckschuß dergestalt zu geben, daß er, Hallstein, als Förderer von mir in den Verdacht geraten könne, daß sein Haus, welches in unmittelbarer Nähe von Marienberg in Rennerod demnächst fertiggestellt sein wird, auf dem Umwege über mich (›der Kanter ist ja ein anerkanntes

Finanzgenie, dem man alles zutrauen kann‹) unrechtmäßige Mittel erhalten habe.

Professor Hallstein sei über diesen Verdacht außerordentlich bestürzt gewesen und habe veranlaßt, daß vom Gemeinsamen Presse- und Informationsdienst genau geprüft wird, welche Mittel dem Europa-Haus Marienberg und mir als Generalsekretär der FIME in den letzten Jahren zur Verfügung gestellt worden seien und ob diese Mittel zweckentsprechend verwendet worden sind.«

Warum sollte Hallstein »über diesen Verdacht außerordentlich bestürzt« gewesen sein, wenn an dem Verdacht nichts dran war und er kein Geld bekommen hat? Warum dann die Aufregung? Wenn er sicher wusste, kein Geld von Kanter bekommen zu haben, warum lässt er dann prüfen, ob eine zweckentfremdete Verwendung der Zuschüsse aus Brüssel aufgefallen war? Und warum ergeht dieser Auftrag nicht an die Finanzkontrolleure der EWG, sondern lediglich an den Presse- und Informationsdienst? Wollte Hallstein sich vergewissern, dass eventuelle Zusicherungen Kanters stimmten, eventuelle Zuwendungen würden nicht aus öffentlichen Fördertöpfen, sondern aus nicht öffentlichen Spendenzugängen bei der Europäischen Vereinigung stammen?

Den Bau des Hauses in Rennerod bei Marienberg hatte Hallstein in Auftrag gegeben, als absehbar wurde, dass er als Kommissionspräsident in Brüssel keine Zukunft mehr haben würde; Frankreichs Präsident Charles de Gaulle, Verfechter der Idee eines »Europas der Vaterländer«, verweigerte die Wiederwahl des Deutschen, der für ein supranationales Europa stritt. Der EWG-Kommissionspräsident hatte die Gemeinschaft in die »Krise des leeren Stuhls« gesteuert. Aus Protest gegen die angestrebte Vergemeinschaftung von Politikbereichen – Brüssel sollte die Hoheit über die Agrarpolitik erhalten – boykottierte Paris die Sitzungen des Ministerrats. Hallstein zog es in den Westerwald, in die Nähe des einflussreichen CDU-Manns Kanter, auch um seinen Einstieg in die deutsche Politik vorzubereiten. Hallstein gelang es, von der CDU als Bundestagskandidat für den Wahlkreis Neuwied aufgestellt zu werden, den er 1969 als Direktmandat gewann.

Mit den »engen freundschaftlichen Beziehungen zu Hallstein«, von denen in Kanters Aktennotiz die Rede ist, war »Fichtel« etwas ganz Besonderes gelungen. Denn Hallstein, der brillante Jurist, der es schon im Alter von 28 Jahren zum Professor gebracht hatte, galt als kauziger Einzelgänger. »Hallstein war ein Mann, der ganz in seiner Arbeit aufging, private Passionen daneben kaum besaß«, schrieb der *Spiegel* 2006. »Der Dienst war Elixier und Sinn seines Lebens; das Dienstzimmer bildete den Lebensmittelpunkt. In seine Privatwohnung ließ er, mit Ausnahme der Putzfrau, niemanden hinein. Von Freundschaften des Junggesellen wissen auch wohlwollende Chronisten nichts zu berichten. Mit keinem seiner Mitarbeiter hat sich Hallstein je geduzt. Hallstein blieb unnahbar, kühl, distanzierend, abweisend.« Mit Männerfreund Kanter aber war er eng.

Dann der Absturz des »Vetters des Papstes«. Ohne festes Einkommen, vom Staatsanwalt verfolgt, aus Marienberg fluchtartig nach Koblenz verzogen – es stand nicht zum Besten für Markus Wolfs besten Mann in Westdeutschland. Kanter war klamm, jammerte bei seinem Ostberliner Verbindungsmann Werner Krüger über die Notlage. Stasi-General Wolf half aus. Im Urteilstext des Koblenzer Oberlandesgerichts von 1995 steht darüber:

»Im Jahre 1967 wurde der Angeklagte weiter dadurch in die nachrichtendienstliche Tätigkeit verstrickt, daß ihm das MfS einen Geldbetrag in Höhe von 15.000 DM zukommen ließ. Anlaß dafür waren finanzielle Schwierigkeiten, in die der Angeklagte durch die Aufgabe seiner beruflichen Tätigkeit im Europahaus und das sich anschließende langwierige Strafverfahren geriet. Das Geld wurde ihm damals bar in drei Raten zu je 5.000 DM übergeben. Wenngleich der Angeklagte den Namen des unbekannt gebliebenen Überbringers nicht zu nennen vermochte, war er sich der Herkunft des Geldes, die sein damaliger MfS-Instrukteur Dr. Krüger ihm zudem bestätigte, von Anfang an bewußt. Obwohl darüber nicht ausdrücklich gesprochen wurde, entwickelte sich mit der Annahme des Geldes bei ihm unterschwellig das Gefühl, nicht mehr ohne weiteres aus der eingegangenen Verbindung mit dem MfS aussteigen zu können.«

In einem Aktenvermerk hatte Kanter am 14. Dezember 1969 »nur die Hauptpositionen meines materiellen Schadens« festgehalten:

»Drei Jahre lang monatlich weniger Einnahmen als Arbeitsentgelt von ca. je 1.500,- bis 2.000,- DM, insgesamt ca. 70.000,- DM (brutto).

Drei Jahre (ab Februar 1967) habe ich den vertraglich vereinbarten monatlichen Zuschuß zur Altersversorgung von 250,- DM nicht erhalten, was einen Verlust bedeutet von 9.000,- DM (netto).

Wegfall meiner Entschädigung als Generalsekretär der Internationalen Föderation der Europa-Häuser ab Juli 1967 und wesentliche Reduzierung meines Einkommens aus ›schriftstellerischer Arbeit‹ als Herausgeber verschiedener Publikationen von monatlich mindestens 1.000,- DM = 30.000,- DM.

Rechtsanwaltskosten für insgesamt vier Rechtsanwälte, die bisher direkt und indirekt eingeschaltet wurden. Mit den bereits geleisteten Abschlagszahlungen sind an Mindestkosten zu erwarten: ca. 20.000,- DM.

Entstandener Schaden bis Jahresende 1969 rund 130.000,- DM.

In diesem Betrag sind nicht enthalten diverse recht erhebliche Verluste, wie z. B. Notverkäufe usw. In diesem Betrag von 130.000,- DM ist auch nicht enthalten der beachtliche Verlust, den der Pontes-Verlag durch das Vorgehen gegen mich erlitten hat. Herr Wiesner, der Inhaber des Pontes-Verlages, hat in diesen Tagen einen ersten Schaden von ca. 40.000,- DM angemeldet. Diese Frage berührt mich nicht unmittelbar, aber indirekt doch. Theoretisch könnte der Pontes-Verlag einen Regreßanspruch gegen mich geltend machen, was ich Anbetracht des guten Verhältnisses zwischen Herrn Wiesner und mir jedoch nicht annehme. Dies nur zur Vervollständigung.«

Tarnen und Täuschen, Kanter kam auch jetzt nicht aus seiner Haut. Er stellte seine finanzielle Notlage schlimmer dar, als sie war. Und er konnte bei der Auflösung der Dienststellen in seinem Hangelarer Privathaus den gelernten peniblen Beamten nicht ablegen, der auch in ihm steckte. In vierfacher Ausfertigung tippte er am 26. Mai 1967 eine

»Übernahme-Bestätigung für die restlichen im Haus Hangelar vorhandenen Gegenstände des Europa-Hauses Marienberg e. V. und der Europäischen Vereinigung für gegenseitigen Meinungsaustausch e. V.
Es wurden im einzelnen übernommen:

- für den Europa-Haus Marienberg e. V.:
  - ein kompl. Wandschrank mit Verkleidungsmaterial und Zwischenfächern sowie Rückwand (ehem. Sekretariatsbüro),
  - vier restliche Teile des bereits übernommenen Services (3 Eierbecher und 1 Platte) sowie 1 Serviertablett und 1 Zuckerdose,
  - vier Hausschilder,
  - ein Foto, gerahmt, sowie ein Europa-Schiff-Bild,
  - ein kompl. Staubsauger.
- Zur Weiterleitung an die FIME.
  - sechs FIME-›Konsulatsschilder‹.
  - eine elektrische Schreibmaschine ›Olympia‹ (Nr. 27-82113). (Da die Rechnungsunterlagen nicht vorliegen, ist nicht sicher, ob diese oder eine der bereits übernommenen Schreibmaschinen der Europäischen Vereinigung für gegenseitigen Meinungsaustausch gehört.)
  - Aus dem Gästezimmer 2 Steppdecken, deren Eigentum nicht geklärt ist, die Herr Kanter aber vorsorglich dem Europa-Haus ohne Ansprüche übergeben möchte.
  - Aus dem Büroschrank der Vereinigung ein dort lagernder Restbestand von 25 ›Trostbüchlein‹, in Leder, numeriert.

- Für die Europäische Vereinigung wurden übernommen:
  - ein kompl. Wandschrank mit Lichtblende einschl. der dazugehörenden Lampen, Rückwand und Verkleidungsmaterial, wie es seinerzeit von der Fa. Boss in Rechnung gestellt wurde. Damit ist die gesamte Büroeinrichtung kompl. übergeben.

Auf Fragen erklärt Herr Kanter, daß ihm nichts bekannt ist von weiteren Gegenständen, die dem Europa-Haus gehören sollten. Auf die Frage bezgl. eines Tonbandgerätes erklärt Herr Kanter, daß ein aus Mitteln der Vereinigung in früheren Jahren angeschafftes Tonbandgerät sich beim Europa-Haus e. V. in Marienberg befindet.«

Der gefeuerte Direktor stand zwar ohne festes Einkommen da, aber keineswegs unvermögend. Das hatte er zuvor selbst angegeben, als er zu belegen versuchte, dass er auch persönlich für die europäische Sache viel Geld aufgewendet habe. In sein ansehnliches Anwesen in der Hangelarer Lindenstraße habe er »privat über 150.000,- DM investiert für Grundstück, Baukosten und Teileinrichtung. Diesen Betrag habe ich durch zwei Bausparverträge, zwei Bankdarlehen, den Verkauf eines geerbten Grundstücks und Eigenbarmittel gedeckt« (Stellungnahme für den Kuratoriumsvorsitzenden Berndt vom 24. Januar 1967). Die Einnahmen für den weit überteuert vermieteten Büroraum fehlten. Sie wurden rasch ersetzt.

»Ich habe nunmehr für das Haus Hangelar eine gute Lösung gefunden und muß das Haus ab Mitte nächster Woche für den neuen Benutzer zur Verfügung stellen«, schrieb er seinem Nachfolger als Generalsekretär der Vereinigung, Nelles, am 18. Mai 1967. Wenige Tage später, am 1. Juni 1967, verriet Kanter dem Generalsekretär Nelles auch, wen er sich da geangelt hatte. »Das Haus Hangelar ist zwischenzeitlich zu recht guten Bedingungen an Herrn Prof. Dr. Thomas Ellwein vermietet worden. Die jetzt aus dem Haus erzielte Miete ist wesentlich höher, als das was das Haus bisher eingebracht hat, obwohl nur ein Teil der von mir angeschafften Einrichtungsgegenstände übernommen wurde.« Die

»Privat über 150.000,– DM investiert«: Haus in Hangelar, wo Staatsminister Bahr und – wahrscheinlich – Professor Ellwein abgehört wurden.

Neuvermietung war eine gute Nachricht auch für Markus Wolf, den Spionagechef der DDR.

Wahrscheinlich ist Kanters Haus in der Hangelarer Lindenstraße, das 1970 Egon Bahr anmietete, bereits 1967 vor dem Einzug des Politikwissenschaftlers Ellwein verwanzt wurde. Wolf gibt in seinen Erinnerungen lediglich an, die Installation von Abhöranlagen sei der Stasi »im Zuge von Reparaturarbeiten« gelungen, er schreibt aber nicht, wann das geschah. Ellwein war für die DDR-Spionage eine Topzielperson, Ellwein war ein renommierter Reformer der Bundeswehr.

Seine Aufgabe: die in die Jahre gekommene westdeutsche Armee, der es an Fachkräften mangelte, im Personalbereich aufzurüsten. Der damalige Bonner Verteidigungsminister Helmut Schmidt hatte SPD-Parteifreund Ellwein beauftragt, durch bessere Bildung und Ausbildung des Offizierskorps für eine höhere

Schlagkraft der Bundeswehr zu sorgen. Nach dem Ellwein-Konzept sollten Abiturienten mit einem besonderen Angebot angelockt werden: Wer sich auf mindestens zwölf Jahre verpflichtete, sollte drei Jahre lang auf bundeswehreigenen Hochschulen studieren. Dies sollten keine reinen Militärakademien sein; die Breite der Studienfächer mit ihren staatlich anerkannten Abschlüssen würde den Zeitsoldaten beim Ausscheiden aus der Bundeswehr eine zweite, zivile Karriere eröffnen. Das Ausspähen Ellweins war also für die DDR-Aufklärung ein Muss, konnte von strategischer Bedeutung sein. Kanter ebnete Wolfs Kundschafter den Weg zur Zielperson Ellwein. Die 15.000 D-Mark (West) waren aus Stasi-Sicht bestens angelegt.

Wie kam Kanter an Mieter wie Ellwein und Nachmieter wie Egon Bahr, den engsten Berater des SPD-Kanzlers Willy Brandt? Wolfs Mann war dank jahrelanger Hege der politischen Landschaft auch unter Sozialdemokraten bestens vernetzt. Das ging, wenn auch ein wenig verschlungen, zum Beispiel so: 1958 hatte Kanter es zuwege gebracht, dass die französische Regierung ihn als Direktor des Europa-Hauses Marienberg samt siebenköpfiger Delegation – Ehefrau Gisela war mit von der Partie – zu einer Informationsreise in das vom Bürgerkrieg zerrissene Algerien einlud. Er nutzte die Gelegenheit, sein europäisches Kontaktnetz ausbauen und zugleich der Stasi und damit dem sowjetischen Geheimdienst KGB interessante Innenansichten von Stärken und Schwächen der französischen Kolonialmacht und ihrer Streitkräfte im Kampf gegen die aus dem Osten unterstützten algerischen Rebellen der Nationalen Befreiungsfront FLN bieten. Kanter lieferte umfangreiches Material, dabei auch die Berichte, die er von den anderen Mitgliedern seiner Delegation erbeten hatte. Leseproben: »Der in einigem Abstand entlang der tunesischen Grenze errichtete elektrisch geladene Stacheldraht, der mit einem komplizierten Kontrollsystem verbunden ist, scheint die Tätigkeit der FLN erheblich geschwächt zu haben. Die Versorgung mit Waffen und Munition, die aus dem Osten (CSR-Skodawerke, Polen, Rumänien etc.) über Tunesien mit Vermittlung der italienischen KP erfolgt, wie auch die militärische Ausbildung der FLN-Rekruten in tunesischen Lagern wird dadurch gehemmt.« Oder: »Einer unserer Gesprächspartner von der Militärregierung in Algier gab die Stärke der französischen Truppen, die unmittelbar im Einsatz gegen die FLN stehen, mit nur 30.–40.000 Mann an, eine Stärke, die nach seiner Ansicht auch der Gegner besitze.« In einem seiner Dankesbriefe an die Organisatoren der Reise ätzte der Stasi-Agent: Es »ist uns klar geworden, daß einer der stärksten Feinde für Algerien und Europa der Kommunismus ist.«

Zurück im Westerwald erfuhr Kanter, dass zur nämlichen Zeit auch eine Gruppe Jungsozialisten auf Infotour in Algerien und Tunesien gewesen war. Er lud zum Erfahrungsaustausch ins Europa-Haus. Am 30. Dezember 1958 begrüßte er dort den damaligen Jusovorsitzenden und SPD-Bundestagsabgeordneten Hans-Jürgen Wischnewski. In dessen Gefolge waren der Bundestagabgeordnete Hans Hermsdorf und der Mainzer Landtagsabgeordnete Jakob »Jockel« Fuchs. Es waren lohnende Kontakte: für Kanters weitere Karriere, für Kanters Schatten Wolf sowieso und später auch für den Steuersparer Flick. Die Jusobesucher hatten steile Karrieren vor sich.

Genosse Wischnewski hatte sich als Unterstützer der algerischen Rebellen engagiert, verdiente sich mit seinen vielfältigen Beziehungen in die arabische Welt den Spitznamen »Ben Wisch«; er stieg auf zum Bundesminister für Entwicklungspolitik, zum Bundesgeschäftsführer der SPD, danach wurde der enge Vertrauter von Helmut Schmidt Staatsminister im Auswärtigen Amt und im Bundeskanzleramt.

Genosse Hermsdorf war zu jener Zeit persönlicher Referent des SPD-Partei- und Fraktionsvorsitzenden Erich Ollenhauer, er machte sich als Haushalts- und Finanzexperte einen Namen, brachte es zum Parlamentarischen Staatssekretär im Bundesfinanzministerium. Genosse Fuchs zog für viele Jahre in den Bundesvorstand der SPD ein und regierte 22 Jahre lang die Landeshauptstadt Mainz als Oberbürgermeister.

Die Algerienreise brachte Kanter einen weiteren, noch größeren Gewinn. Auf dem Orienttrip hatte er gemeinsam mit Kumpeln aus der Europa-Szene die Idee für die Spendenwaschanlage Europäische Vereinigung ausgeheckt. »Die Vorgeschichte der Vereinigung für gegenseitigen Meinungsaustausch«, so rechtfertigte sich der geschasste Marienberger Direktor am 10. März 1967 in einer Aktennotiz wolkig für die Zweckentfremdung von Spenden, »beginnt mit einer Algerienreise von Aktiven aus dem Kreis des Europa-Hauses. Bei diesem Projekt – im Jahre 1958 – zeigte sich die Notwendigkeit, eine Hilfsorganisation neben dem Europa-Haus-Verein zu haben, über die Sonderprojekte, die über den Rahmen der Satzung des Europa-Haus-Vereins hinausgingen – aber im Interesse des Europa-Hauses und seiner Zielrichtung lagen – abgewickelt werden konnten.« Finanzieren sollten den neuen Verein ausschließlich Spenden europabegeisterter Gönner. Die sollte ihre Gaben steuerlich absetzen dürfen, der Verein musste also als gemeinnützig anerkannt sein. Öffentliche Gelder? Besser nicht, man wollte sich ja keine staatlichen Kontrolleure auf den Hals holen.

Was konnten wohl »Sonderprojekte im Interesse des Europa-Hauses und seiner Zielrichtung« sein, von denen Kanter schrieb? Das war schön allgemein gehalten und deckte sehr vieles ab. Zum Beispiel: den aufstrebenden Helmut Kohl und seine Unterstützer in der CDU zu fördern, wie es Ostberlin dem Agenten »Fichtel« vorgegeben hatte? Kohl war ja Proeuropäer. Gelder aus der Spendenkasse der Vereinigung für die Kampagnen der Kohl-Rebellen sollten sich als bestens angelegt erweisen: Kohl kippte den CDU-Altvorderen Johann Peter Altmeier, 1966 aus dem Parteivorsitz in Rheinland-Pfalz, 1969 vom Sessel des Ministerpräsidenten. Heinz Schwarz, Kohls damaliger Mitstreiter, erinnerte sich im Gespräch mit dem Autor, ja, man habe »Geld von Kanter bekommen«. Wann, wofür und wie viel? Daran mochte sich der 92-Jährige im Juli 2020 nicht mehr erinnern.

Mitgebastelt an der Idee der Spendenwaschanlage Europäische Vereinigung hatte in den Mußestunden der Algerienreise Kohls

Verbindungsmann zu Kanter, der gelernte Vermessungsingenieur Herbert Scheffler. Man kannte sich aus den europäischen Sturm-und-Drang-Zeiten nach Ende des Zweiten Weltkriegs. Wie von der Stasi vorgegeben, hatte sich Agent Kanter in die Europa-Szene eingeschlichen. Im September 1949 wurde im Odenwald auf der Wachenburg bei Weinheim der Bund Europäischer Jugend (BEJ) als Jugendorganisation der Europa-Union ins Leben gerufen, Kanter zählte zu den Gründungsmitgliedern. In diesem Umfeld lernte er von Brauchitsch kennen. Der berichtete dem Staatsanwalt Abbott laut Vernehmungsprotokoll: »Ich war in den Jahren etwa von 1949–1953 in dem Bund Europäischer Jugend, Landesverband Rheinland-Pfalz, und teilweise auch in dem Bundesvorstand dieser Organisation. Aus dieser Zeit kenne ich Herrn Kanter, der in diesem Zeitraum das Europahaus Marienberg gegründet hat.« In seinen Erinnerungen schreibt von Brauchitsch: »Die Verbindung zwischen Kohl und Kanter stammte aus den späten fünfziger Jahren, als Kanter im Regierungspräsidium von Montabaur arbeitete und in einem schicken Büro im Schloß residierte.« [Das Europahaus betreute er anfangs daneben als Halbtagsjob, D. K.]

Auch jener »Algerier« (so titulierte Kanter in Anschreiben seine Mitreisenden) Herbert Scheffler tat im Bund Europäischer Jugend mit, stieg zu dessen Bundesvorsitzenden (1962 bis 1965) auf. Nach Zwischenstationen bei der SPD und im Deutschen Gewerkschaftsbund hatte er zur CDU gefunden, sich mit Kohl angefreundet und bald schon als Berufseuropäer Karriere gemacht, so in Berlin beim Institut für gesamtdeutsche Bildungsarbeit und bei der Deutschen Welle. Kaum hatte Kohl es in Rheinland-Pfalz ganz nach oben geschafft, berief er Scheffler im wohldotierten Range eines Ministerialrats in die Mainzer Regierungszentrale. 1973 beförderte Kohl ihn zum Direktor der neu gegründeten Landeszentrale für politische Bildung.

Im Hause Flick war ganz klar, ein solches Bindeglied zwischen Kohl und Kanter und von Brauchitsch galt es zu schmieren. Der *Spiegel* (49/1984) schreibt über Scheffler: »Am 11. Juli 1974 schloß er mit dem Konzern einen Honorarvertrag über ›2500 p. M.‹ ab und arbeitete sogar, wenn er krank war, fleißig für Flick. Er habe ja ein ›Diktiergerät an seinem Ruhebett in seiner Zweitwohnung in Mainz‹, hieß es in einer Notiz des Konzerns. Diktiert hat er über Jahre hinweg offenkundig so viel, daß Scheffler auch 1979 und 1980 noch mit je 30 000 Mark in Flicks Honorarlisten steht.« Als Vertragspartner angeworben habe ihn Kanter. Der war ja 1972 durch von Brauchitsch im Bonner Lobbybüro des Flick-Konzerns eingestellt worden.

Das Scheffler-Engagement nahm kein gutes Ende. Ein wegen Heirat aus dem katholischen Priesterstand ausgeschiedener früherer DDR-Bürger namens Dieter Kittlauß weiß mehr – durch Gisela Kanter. Die vom Europa-Haus Gefeuerte hatte zum Familieneinkommen beitragen müssen. Roswitha Verhülsdonk, die durch Flick und Kanter gefördert worden war und es in der CDU weit gebracht hatte, vermittelte Gisela Kanter einen Verwaltungsjob im Hedwig-Dransfeld-Haus (HDH) in Bendorf am Rhein. Ex-Pastor Kittlaus übernahm dort 1976 eine Assistentenstelle, 1981 dann den Posten eines Direktors. Gisela Kanter zog den »Algerier« Scheffler nach. Der wurde erster Vorsitzender des HDH-Kuratoriums.

Kittlauß berichtete dem Autor: Man habe sich viel versprochen vom neuen Kuratoriumschef bei der chronischen finanziellen Schieflage des Hedwig-Dransfeld-Hauses. Scheffler habe ja beste Beziehungen zu einflussreichen Leuten in Politik und Wirtschaft gehabt. »Das Ehepaar Scheffler war eng befreundet gewesen mit dem Ehepaar Kohl«, sagte Kittlaus. Doch Scheffler habe »nicht viel gebracht«. Und dann habe er auch noch den Direktorenposten bei der Landeszentrale für politische Bildung verloren, »wegen so 'ner Steuersache«. Von Gisela Kanter habe er erfahren, es sei um Flick-Gelder gegangen, die habe Scheffler »versehentlich« nicht versteuert. Scheffler und Frau hätten sich nach Tunesien abgesetzt.

Sein Verhältnis zu den Kanters sei bestens gewesen, berichtete Kittlauß. Mehrmals hätten die ihn auf ihren Landsitz, den Birkenhof, tief hinten im Mallendarer Bachtal beim Rheinörtchen Urbar eingeladen, einem stattlichen Anwesen mit einem großen

Fischteich, umgeben von Pferdeweiden. Geld habe Kanter allem Anschein nach immer gehabt, den Bauernhof habe er sich »um 1970 herum« zugelegt. Und später bei Flick ohnehin prächtig verdient. Und von seinen Besuchen bei Kanters sei ihm eines fest in Erinnerung geblieben: »In Giselas Schränken hat sich das Meißener Porzellan gestapelt.«

Auch Roswitha Verhülsdonk hat schöne Erinnerungen an den Birkenhof. Die langjährige Bundestagsabgeordnete, die Kohl 1991 zur parlamentarischen Staatssekretärin im Bundesfamilienministerium machte, war seit Jugendzeiten mit Gisela Kanter, der Tochter eines Koblenzer Zahnarztes, der im Zweiten Weltkrieg gefallen war, befreundet. Von der Sexta bis zur Oberprima 1947 sei man in derselben Klasse im Koblenzer Gymnasium gewesen, erinnerte sich die rüstige 92-Jährige im August 2020. Gisela habe die alljährlichen Abitreffen des Jahrgangs 1947 organisiert. Auf Kanters Wiesen hätten Pferde und Damwild gegrast. Gemeinsam mit ihrem Mann habe sie eine »Fohlentaufe« auf dem Birkenhof miterlebt und wiederholt Zuchtkaninchenausstellungen besucht, denn Kanter sei der Vorsitzende des örtlichen Kaninchenzüchtervereins gewesen. Auch in Bonn habe sie Kanter häufig getroffen, zum Beispiel auf Empfängen, zu denen Kohl eingeladen habe. »Kanter war in ständiger Verbindung mit Juliane Weber; war ja klar, als Flick-Vertreter«. Im Gespräch zwischen ihr, Verhülsdonk, und Kanter sei die Büroleiterin des Kanzlers stets »die Juliane« gewesen. »Immer wenn wir was von Helmut Kohl wollten, haben wir uns an Juliane gewandt. Und dann lief das.« Ja, Geld habe Kanter ihr auch zugesteckt, sagte Roswitha Verhülsdonk, als Wahlkampfhilfe, »so dreitausend Mark waren das mal«, Kanter habe ja in ihrem Wahlkreis gewohnt.

Der gelernte Seelsorger Kittlauß hatte auch die dunklere Seite der Mallendarer-Bachtal-Idylle kennengelernt. Man habe die Büros auf demselben Flur im Hedwig-Dransfeld-Haus gehabt, »da hat sie oft ihr Herz bei mir ausgeschüttet«: Sie sei in all den Jahren meistens allein gewesen, der Mann sei nur mal an Wochenenden oder Feiertagen auf den Birkenhof gekommen, sie habe die ganzen

Tiere versorgen müssen, die Kinder hätten Schwierigkeiten gemacht, einen der Jungen habe man ins Internat stecken müssen. »Ein Familienleben hatten die Kanters nicht.«

Seine tatsächliche wirtschaftliche Lage wußte Kanter zu verschleiern. Er habe »zur Zeit praktisch keine Barmittel«, jammerte er in einem Brief vom 25. April 1967 an Paul Nelles, seinen Nachfolger als Generalsekretärs der »Europäischen Vereinigung«. Er wolle einiges der aus deren Spendenmitteln angeschafften Einrichtung in seinem Privathaus in Hangelar behalten, die Fensterdekorationen etwa, selbstverständlich nur »zum Zeitwert« und dafür »eventuell ein Darlehen aufnehmen.« Doch das musste er nicht. »Die Fensterdekorationen im Haus Hangelar«, meldete er am 23. Februar 1970 der Europäischen Vereinigung, »sind zwischenzeitlich von den beiden Mietern übernommen worden. Herr Staatssekretär Bahr, der jetzige Mieter, hat kürzlich den Restbetrag überwiesen.« Der Vormieter, Bundeswehrreformer Ellwein, hatte offenkundig auch gezahlt.

Ermöglicht hatte Kanters Aufstieg nach dem Zusammenbruch der Spendenwaschanlage in Marienberg sein Kumpel von Brauchitsch. In seiner Biografie notierte von Brauchitsch, ohne zu verraten, wie viel man für Wolfs Mann springen ließ: »Kanter war seit Ende der sechziger Jahre als freier Mitarbeiter für das Haus Flick und beratend für Konrad Kaletsch [Flick-Vorstandschef, Neffe des Konzerngründers Friedrich Flick, als Finanzspezialist auch für Spenden an die SS zuständig, D. K.] und mich tätig gewesen.«

Dann der große Satz nach oben in Kanters Karriere, der auch der Stasi so große Freude machte.

Von Brauchitsch schrieb: »1972 hatte man ihn ins Bonner Flick-Büro berufen. An dieser Nahtstelle des Konzerns zur Politik hatte er von nun an freien Zugang zu sämtlichen Informationen, die das Verhältnis der Flick-Gruppe zu den Politikern aller Parteien betrafen.« »Freien Zugang zu sämtlichen Informationen«, das hieß, Kanter wusste alles über die von Flick geschmierte Republik.

Auf Wunsch des Büroleiters Walter Schmitz, so von Brauchitsch weiter, sei Kanter zunächst »für zwei Jahre auf Probe« eingestellt worden. »Schmitz mochte Kanter nicht und hat immer wieder an seiner Arbeit herumgemäkelt. Ich wußte von Kanters hervorragenden Beziehungen zu Politikern, insbesondere zu Politikern der CDU, und sah in ihm eine gute Ergänzung zu Schmitz, der eher der FDP nahestand.« Auf die Berufung Kanters habe Helmut Kohl im Übrigen keinen Einfluss genommen; »er hätte sich aber gewiß gemeldet, wenn er das Gefühl gehabt hätte, daß Kanter aus der Sicht der CDU nicht der richtige Mann auf diesem Posten war.«

Von Brauchitsch muss als sicher angenommen haben, dass sich Kohl in der Schuld seines Unterstützers und Mitkämpfers Kanter sah. Sonst hätte er wohl kaum den mittlerweile zum Mainzer Ministerpräsidenten aufgestiegenen Christdemokraten in einem »persönlich/privat!« deklarierten Brief angestoßen, sich bei Kanter mit einer Wohltat zu revanchieren. Am Dienstag, 11. Dezember 1973, kurz vor der alljährlichen Staatsjagd, schrieb der Flick-Generalbevollmächtigte:

»Lieber Herr Kohl,
zu meinem grossen Bedauern muss ich überraschend für ein paar Tage nach Amerika und kann deshalb am Wochenende nicht in den Hunsrück kommen. Ich bedauere das um so mehr, als ich Sie und die alten Freunde gerne wiedergesehen hätte. So bleibt mir nur, Sie zu bitten, meine besten Grüße zu übermitteln.

Erlauben Sie mir, dass ich diese Zeilen zum Anlass nehme, noch einmal auf den mißlichen Vorgang Kanter zurückzukommen.

Sie wissen, dass Herr Kanter aufgrund der Freisprüche – bis auf ein Trinkgeld – keine Entschädigung für die ihm zugefügten und sich als gegenstandslos erwiesenen Strafverfahren bekommen hat. Sie kennen die ganze Geschichte und Sie wissen, welche persönliche Not entstanden ist. Ich habe mir ein eigenes Urteil über die finanzielle Lage von Herrn Kanter verschafft. Der Verschuldungsgrad ist so hoch, dass er eigentlich prohibitiv sein müsste für die Beschäftigung von Kanter bei uns. Wenn ich mich dennoch zu einer Vertragsgestaltung mit Kanter entschlossen habe, so nur in der festen Annahme, dass durch Massnahmen der Landesregierung und/oder des Europahauses und/oder der Bundesregierung die grosse Schuldenlast bei Kanter dezimiert wird, die ausschließlich durch die falschen Anschuldigungen entstanden ist.

Ich habe mir nun einmal überlegt, ob es für die Landesregierung Rheinland-Pfalz eine Erleichterung wäre, wenn diese das sehr hübsche und zweckmässige Haus von Kanter in Hangelar – 10 Minuten vom Stadtkern Bonn – zu einem vernünftigen Kaufpreis übernehmen würde. Das Haus ist immerhin so gut, dass es lange Zeit von Staatsminister Egon Bahr mietweise genutzt worden ist. Könnten wir ›die Kuh nicht langsam vom Eise kriegen‹?

Herzliche Grüße

Ihr

gez. von Brauchitsch«

Welch ein Ansinnen. Ein Ministerpräsident soll mit dem Geld der Steuerzahler die Schuldenlast eines seiner Aufstiegshelfer mindern. Dass sich von Brauchitsch getraute, einen solchen Vorschlag zu machen, zeugte entweder von naiver Unverfrorenheit des Flick-Manns oder – eher – vom Ausmaß der Komplizenschaft zwischen ihm und Kohl und Kanter.

Wie Kohl das Schreiben beantwortete, blieb verborgen. Aber der CDU-Regierungschef kümmerte sich weiter um den Protegé, wie ein bei von Brauchitsch beschlagnahmtes Papier belegte. Über ein Gespräch mit Kohl am Regierungssitz Mainz elf Monate darauf – im November 1975 – vermerkte der schreibfreudige Manager in einer Aktennotiz, dass der zweite Punkt der Tagesordnung das »Thema Kanter« gewesen sei. Vor dem Flick-Untersuchungsausschuss des Bundestages ein Jahrzehnt später in Bonn blieb die Frage, welche Kuh wie vom Eise zu kriegen sei, ohne klare Antwort. Kohl: »Ich habe in der Sache nichts unternommen [...] Ich habe nie Grundstücke vertrieben und war nie im Immobiliengeschäft tätig, auch als Ministerpräsident nicht.«

Zehntes Kapitel

Heiße Quellen

Die zweite Demokratie auf deutschem Boden war in Gefahr. Doch die Mehrheit der Demokraten in Regierung und Opposition wollte ihr nicht helfen, im Gegenteil. Über den nach der gescheiterten Weimarer Republik gegründeten zweiten demokratischen Staat, die Bundesrepublik, war schlimmes Unheil hereingebrochen. Otto Schily, der einstige Grünen-Parlamentarier, nannte es »die große politische Korruption«. Das große Geld, der mächtige Flick-Konzern, hatte sich in den 1970er- und 1980er-Jahren insgeheim maßgeblichen Einfluss auf Entscheidungen der Bundestagsparteien CDU/CSU, FDP und SPD gekauft, hatte sich von der Politik eine Steuerersparnis von knapp einer Milliarde D-Mark zuschieben lassen, steckte mit hinter den Plänen für einen Staatsstreich von oben, für eine umfassende Amnestie vorbei an Recht und Grundgesetz für alle Geber und Nehmer illegaler Spenden, hatte sogar mittels enormer Geldbeträge erfolgreich den Wechsel an der Spitze des Staates betrieben, die Ablösung der Bundesregierung unter SPD-Kanzler Helmut Schmidt und die Bildung der nächsten Bundesregierung unter CDU-Kanzler Helmut Kohl. Als die Machenschaften nicht mehr zu verbergen waren, sollte ein mit richterlichen Befugnissen ausgestatteter Untersuchungsausschuss des Deutschen Bundestags den Kauf von Politik und Politikern mittels Millionenspenden aufklären. Den Demokraten, die Geld von Flick genommen hatten, und das waren sehr viele, gefiel das gar nicht. Das *FAZ-Magazin* zitierte 1985 den CSU-Vorsitzenden und bayerischen Ministerpräsidenten Franz Josef Strauß, was mit diesem Untersuchungsausschuss zu geschehen habe: In einer Jauchegrube versenken und »zuscheißen«. Strauß hatte sich von Flick mindestens 700.000 D-Mark allein in bar und ohne Quittung zustecken lassen.

Die Mehrheit der Parlamentarier aus CDU/CSU, FDP und SPD in dem Gremium hat sich Mühe gegeben, den Ausschuss auf kaum weniger anrüchige Weise hinter sich zu bringen. Das Ergebnis – ihr Abschlussbericht – war überwiegend Mist. Man beschränkte sich auf die Umstände der Steuerbefreiung für Flick. Das tatsächliche Abhängigkeitsverhältnis der gekauften Politiker wurde nicht ausgeleuchtet. Um die eigene Aufklärerei zu behindern, hat man sich allerlei Tricks einfallen lassen: Die Ausschussmitglieder der CDU/CSU und der FDP hintertrieben mit ihrer Mehrheit, dass sämtliche von der Staatsanwaltschaft bei Flick beschlagnahmten Akten – 1981 waren bei mehreren Durchsuchungen von Büros und Privatwohnungen mehr als 150 Ordner und Hefter mitgenommen worden – von den Parlamentariern durchgesehen werden durften. Allenfalls 20 Prozent der sichergestellten Papiere bekamen die Abgeordneten zu Gesicht. Erwünschter Effekt: Die Ausschussvernehmungen wichtiger Akteure wie der geschmierten FDP-Minister Otto Graf Lambsdorff und Hans Friderichs oder des Hauptdrahtziehers Eberhard von Brauchitsch gestalteten sich schwierig, für präzises Fragen fehlte die umfassende Aktenkenntnis.

Zeugenbefragungen hätten – Falschaussagen vor dem Ausschuss waren strafbedroht – Licht in Dunkelzonen der Bonner Republik bringen können. Also galt es, Zeugenaussagen zu torpedieren. Beschlossen worden war die Einvernahme von 104 Zeugen. Vernommen wurden aber lediglich 36 Zeugen. Bei 13 weiteren wurden die Vernehmungen begonnen, dann aber – beliebtes Mittel der Obstruktion – unterbrochen und entgegen öffentlichen Ankündigungen nicht fortgesetzt. Von dieser Methode der Verschleierung profitierten Figuren, die Flick besonders reich bedacht hatte, also der CDU-Bundeskanzler Helmut Kohl, der CSU-Ministerpräsident Franz Josef Strauß und der FDP-Außenminister Hans-Dietrich Genscher. Dass deren Vernehmungen unterbrochen werden mussten, garantierte der ausgetüftelte Zeitplan. Die drei waren jeweils erst für die Nachmittagsstunden vor den Ausschuss geladen worden, es war von vorneherein klar:

Ein halber Tag würde bei der Fülle der Fragen nicht ausreichen. Auch die Vernehmung einer der Schlüsselfiguren der Affäre, des Flick'schen Hauptbuchhalters Rudolf Diehl, der akribisch die Millionenzahlungen an die Politik in einer Liste festgehalten hatte, wurde unterbrochen, blieb unvollendet und unergiebig.

Dann wurde die Vernehmerei ganz abgewürgt: Mit den Stimmen der SPD beschlossen die Vertreter der Altparteien Anfang 1985 den vorzeitigen Abbruch der Beweisaufnahme. Sonst hätte – vielleicht – doch noch nachgewiesen werden können, dass Kanzler Kohl entgegen seinen Aussagen vor dem Ausschuss seine Büroleiterin und engste Vertraute Juliane Weber losgeschickt hat, um bei von Brauchitsch 30.000 D-Mark in bar einzukassieren. Es hatte sich nämlich in verspätet zugegangenen Akten folgende Notiz aus dem Sekretariat des Flick-Managers vom 5. Dezember 1977 befunden: »Frau Weber/Sekr. Dr. Kohl fragt an, ob es Ihnen recht ist, wenn sie morgen, Dienstag, 6.12. gegen 16. 00 Uhr bei Ihnen kurz vorbeikommt.« Dazu passte unter dem Datum 6. Dezember 1977 der Eintrag in der Liste Diehls »v.B. wg. Kohl 30 000«. Weder Kanzler Kohl noch die Botin Weber wurden dazu befragt – sorry, Beweisaufnahme abgeschlossen. 14 Jahre später offenbarte von Brauchitsch in seinem Buch *Der Preis des Schweigens*, wie das gelaufen war: »Er [Kohl, D. K.] hat mich gelegentlich angerufen und nur gesagt ›Juliane kommt‹ [...] Frau Weber wartete zehn Minuten, während ich bei Diehl das Geld anforderte.«

Die Strategie des leeren Zeugenstuhls rettete zahlreiche Würdenträger und ihre Parteien vor öffentlicher Entlarvung und Blamage. Ohne Verhör im Ausschuss, obwohl ihre Namen in den Spendenlisten standen, kamen ebenfalls davon: der CDU/CSU-Fraktionsvorsitzende Alfred Dregger, der FDP-Fraktionsvorsitzende Wolfgang Mischnick, der CSU-Bundestagspräsident Richard Stücklen, der CDU-Bundesfinanzminister Gerhard Stoltenberg, die zwei ausgedienten Bundespräsidenten Walter Scheel, früherer FDP-Parteivorsitzender, und Karl Carstens, ehemaliger Vorsitzender der CDU/CSU-Bundestagsfraktion. Und viele andere mehr ...

Ganz großen Wert legten die Kenner der Bonner Innenwelten in den Führungsrängen der Unionschristen, der Liberalen und der Sozialdemokraten aber darauf, dass eine spezielle Figur auf gar keinen Fall zur Aussage vor dem Untersuchungsgremium geladen werden durfte. Wie von oben vorgegeben, lehnte die Ausschussmehrheit eine Vorladung Kanters als Zeuge ab. Einer der wichtigsten Wissenden von Bonn wurde geschont, und mit ihm Helmut Kohl und seine Kollegen Politiker. Wie schon zuvor in Mainz. Auch vor einem Untersuchungsausschuss des rheinland-pfälzischen Landtags zur »Strafsache Kanter« – als es um die Eingriffe von CDU-Justizminister Theisen in das Ermittlungsverfahren ging – wurde Wolfs Mann nicht vorgeladen und vernommen, obwohl das Gremium unter seinem Namen firmierte. Schützling.

»Wichtige Aufschlüsse«, bedauerte Grünen-Ausschüssler Schily, wären von Kanter und dem Kollegen im Bonner Flick-Büro, Walter Schmidt, zu erwarten gewesen. Schily rettete immerhin aus den beschlagnahmten Dokumenten in seinem Buch *Politik in bar* einiges an Akten für die Öffentlichkeit, dabei auch Angaben zu einigen Tätigkeitsberichten des Bonner Flick-Büros. Die hatten Sprengkraft. Erschreckend das Ausmaß der großen politischen Korruption, das sich bereits aus den beschlagnahmten Inhaltsangaben einzelner Jahresberichte und dazugehöriger Notizen herauslesen lässt.

So zum Beispiel der Bericht für 1980: »Ich wäre Ihnen dankbar«, schrieb von Brauchitsch im Begleitbrief »persönlich, unter Umschlag« seinem Mitgesellschafter bei Flick, Hanns Arnt Vogels, »wenn wir – wie in der Vergangenheit – so verfahren könnten, daß Sie nach Studium des Berichtes diesen vernichten und auf mein Panzerschrankexemplar jederzeit zurückgreifen. Die Vernichtung kann allerdings auch zurückgestellt werden, bis zu einem Gespräch, das nun zwischen uns und den Herren des Büros Bonn notwendig ist, um den Herren die Gelegenheit zu geben, die geplante Arbeit 1981 vorzutragen.«

1980 war Bundestagswahl. Der bayerische Ministerpräsident wurde erster CSU-Kanzlerkandidat der Unionsparteien, Franz Josef Strauß trat an gegen den SPD-Bundeskanzler Helmut Schmidt. Hätte der Wahlsieger Strauß geheißen, hätten der Flick-Konzern und sein Büro Bonn einen mit Millionenbeträgen geschmierten Regierungschef an der Hand. Strauß verlor die Bundestagswahl. Trotz der Hilfe von Kanter und Co.

Sich »gute Freunde« sichern, war eine der Hauptaufgaben Kanters, parteipolitische Neutralität konnte dabei nur stören. Die »Politische Stabsstelle der Geschäftsführung«, wie der Generalbevollmächtigte von Brauchitsch die ihm unmittelbar unterstehenden, mit jährlich 870.000 D-Mark unterhaltene Lobbyzentrale an der Bonner Hausdorffstraße gerne titulierte, engagierte sich massiv zugunsten von Strauß im Wahlkampf. Im Jahresbericht war die Einmischung des Flick-Konzerns in die Bundespolitik im Abschnitt »Beispiele politischer Einflußnahmen« als Gemeinplätze getarnt: »Beratung von Abgeordneten und Beamten aus verschiedenen Fachbereichen sowie Mitarbeitern in Fraktionen und Parteizentralen« Oder: »Argumentative ›Begleitung des Wahlprogramms‹ der CDU/CSU« Oder: »Koordinierung von wahltaktischen ›Einzelfragen‹ mit CSU-Landesleitung und CSU-Büro Bonn«. Beste Verbindungen hatte sich Kanter auch zu den Freunden im Zentralkomitee der deutschen Katholiken aufgebaut. »Mitwirkung bei Erklärung zur Bundestagswahl«, vermerkte er in der Erfolgsbilanz 1980. Die Katholen hatten in ihrem Aufruf die Gläubigen zur Wahl von CDU/CSU und Strauß aufgefordert. In der Stasi-Zentrale in Ostberlin füllten sich die Ordner mit »Fichtels« Berichten über Bonner Hintergründe.

Auch im Vorjahresbericht an die Flick-Führung waren »Beispiele politischer Einflußnahme« aufgeführt – wieder so nichtssagend wie möglich: »Formierung einer Arbeitsgruppe für Stoiber (u. a. inhaltliche Vorbereitung CSU-Kongreß ›Zukunft‹) sowie Mitwirkung.« Was steckte dahinter? Der Flick-Lobbyist und DDR-Agent Kanter hätte demnach mit seinen Propagandaexperten und politischen Zielvorgaben dem CSU-Generalsekretär Edmund

Stoiber die Feder geführt? Dessen Sprüche und Parolen deckten sich mit den Ansichten im Hause Flick: »Freiheit statt Kollektiv«; die SPD unter der Knute ihrer »Moskau-Fraktion«; nicht noch mehr Macht den Gewerkschaften.

Und weiter geht es im Rechenschaftsbericht: »Im Jahre 1979 zeigte sich, daß der Rat des Büro Bonn von Parlamentariern, Beamten sowie Funktionsträgern in Parteien und anderen Organisationen in zunehmendem Maße in Anspruch genommen wurde. Auf diese Weise konnten im Vorfeld politischer Vorgänge bereits Korrekturen vorgenommen werden (u. a. CDU-Konzept Forschung und Umwelt durch Lieferung von Beiträgen aus Unternehmen der Gruppe; Verhinderung der Gründung einer wirtschaftsfeindlichen Umweltstiftung [...]).« Schon klar, weshalb Kanter im Ausschuss nicht vorgeladen werden durfte. Er hätte Fragen beantworten müssen, wie sich die CDU von der Flick-Gruppe und ihren Dreckschleudern wie der Papierfirma Feldmühle AG in ihrer Umweltpolitik wirtschaftsfreundlich steuern ließ. Und dies jahrelang. Bereits im Jahresbericht 1978 hatte das Büro Bonn über seine verdeckten Umtriebe notiert: »Massives Einsteigen in die Diskussion um das CDU-Grundsatzprogramm, Beratung bei der Entwicklung einer neuen Konzeption zur Umweltpolitik.«

Aktuelle Probleme wurden mit Schmiergeld geglättet. Beispiel: Das Feldmühle-Werk Baienfurt hatte den Bodensee verschmutzt. Das Landratsamt Ravensburg konterte mit Umweltauflagen. Von Brauchitsch beschwerte sich beim baden-württembergischen CDU-Ministerpräsidenten Hans Filbinger. Mittelsmann für das Gespräch war Filbingers persönlicher Berater Adalbert Seifriz, früherer Bundesratsminister. In beschlagnahmten Notizen für den Firmenchef Friedrich Karl Flick berichtete von Brauchitsch, gestützt auf Informationen, die ihm Berater Seifriz gesteckt hatte, Filbinger sei willens, »die Angelegenheit Baienfurt positiv voranzutreiben«. Es sei von Filbinger der Auftrag ergangen, »die Ministerialbürokratie einschließlich Wasserwirtschaftsamt beim Regierungspräsidenten Tübingen auf konstruktive Linie zu bringen.« Und: »Sofortige Vollziehung der Auflagen des Landratsamts

Ravensburg gegen Baienfurt ist durch neue Verfügung soeben ausgesetzt worden; damit ist das wesentliche Problem Baienfurt zunächst gelöst.«

Dem Mitgesellschafter Konrad Kaletsch schrieb von Brauchitsch: »Seifriz hat uns in ungewöhnlichem Maße in der Angelegenheit Baienfurt geholfen. Uns war schon damals klar, daß das Geld kosten wird. Wir sollen in der ersten Tranche DM 5000,- für die Deutsch-Indische Gesellschaft bezahlen. Seifriz kommt sicher immer wieder und deshalb sollten wir uns zunächst auf diesen Betrag beschränken.« Seifriz kam wieder, und wieder sollte das Geld selbstverständlich gegen steuerbegünstigte Spendenquittung, über die Deutsch-Indische Gesellschaft ihm zufließen. Er war Präsident der Gesellschaft. Diesmal waren 10.000,– D-Mark fällig. CDU-Seifriz bedankte sich am 22. Februar 1974 bei von Brauchitsch: Mit der Spende »haben Sie mir eine ganz große Freude bereitet«.

Im erbitterten Widerstand der Flick-Gruppe gegen den Ausbau der betrieblichen Mitbestimmung und den Machtzuwachs der Gewerkschaften kämpfte Kanter an vorderster Front. Das Büro Bonn hatte sein ganzes Arsenal im Einsatz: Heranschaffen vertraulicher Informationen aus Regierung und Parlament für die Chefs in Düsseldorf, massives Einwirken auf die politische Meinungsbildung, Mitmischen bei Kandidatenaufstellung und Wahlen zugunsten von Mitbestimmungsgegner, selbstverständlich auch mittels Barem.

Große Hoffnungen setzten Kanter und von Brauchitsch auf Kurt Biedenkopf. Der Professor hatte mit einer Expertenkommission im Auftrag der CDU/CSU-Bundestagsfraktion ein Mitbestimmungsmodell geliefert, das den Anteilseignern das Übergewicht bei Entscheidungen sichern sollte. »Ich würde gern gelegentlich«, schrieb von Brauchitsch am 13. April 1973 an den Unternehmerfreund, der beim Waschmittelriesen Henkel angeheuert hatte und vor dem Wechsel auf den Posten des CDU-Generalsekretärs stand, »mit Ihnen über die Frage sprechen, ob es nicht zweckmäßig ist, den Kreis zusammenzurufen, der im vorigen Herbst im Haus von

Herrn Dr. Henkel in Hösel über den Wahlkampf gesprochen hat.« Es war ein Wink mit dicken Geldscheinbündeln.

Der »Höseler Kreis«, benannt nach dem Wohnort des Industriellen Konrad Henkel, war ein Treff der Bosse großer Firmen, in dem es um die überwiegend illegalen Finanzhilfen für die CDU und die Freidemokraten ging. Bevorzugte Geldwaschanlage war die gemeinnützige Staatsbürgerliche Vereinigung 1954 e. V. Bedingung für den Spendenzufluss: unternehmerfreundliches Wohlverhalten der Empfänger. Zu Gast beim großen Geld in Hösel waren – mehrmals – Helmut Kohl, der CDU-Schatzmeister Walther Leisler Kiep, Walter Scheel als FDP-Parteichef und Nachfolger Hans-Dietrich Genscher, der Außenminister. Biedenkopf war selbstverständlich auch dabei. Für Spionagechef Wolf besonders interessantes Kompromat: Henkel-Manager Biedenkopf mochte bei seinem Wechsel auf den Posten des CDU-Generalsekretärs keine finanziellen Einbußen hinnehmen; das hohe Gehalt für ihren neuen Generalsekretär konnte die CDU nur stemmen, indem sie in ihre von der Industrie gefüllten schwarzen Kassen griff.

Ein Herz für Unternehmer zu haben, lohnte sich. Von den Höseler-Kreislern zahlte allein schon die Firma Flick 1974 beträchtliche Beträge an die Christenunion. Chefbuchhalter Diehl notierte in seiner Kladde als »inoffizielle Zahlungen an die CDU/CSU« wegen (Kürzel: wg.) »Kohl 50.000, wg. Dregger 50.000, wg. v. Hassel 30.000, wg. CDU 30.000, wg. CDU-Bonn 20.000, wg. Heubl 50.000, wg. Jaumann 20.000, wg CSU 25.000«. Als »offizielle Zahlung« hielt Diehl 1974 fest: »Staatsbürgerliche Vereinigung wg. Leisler Kiep 500.000,- wg. CDU-Rheinland 100.000,-, wg. Dr. R. Barzel 250.000«.

In der Bonner Flick-Stabsstelle boten sich, besser noch als in Marienberg Zeiten, mannigfache Möglichkeiten, Kanters alten Kameraden in der Gruppe um Kohl finanzielle Freundschaftsdienste zu leisten. So versorgte der DDR-Agent die engen Kohl-Vertrauten Willibald Hilf und Heinz Schwarz mit Geld von Flick. Hilf war, nachdem Kohl 1969 das Amt des Ministerpräsidenten erobert hatte, zum Leiter der Staatskanzlei in Mainz im Rang eines Staatssekretärs befördert worden und sollte 1977 zum Intendanten des Südwestfunks aufsteigen. Heinz Schwarz wurde für seine Mithilfe beim Sturz des Kohl-Vorgängers Johann Peter Altmeier als Mainzer CDU-Ministerpräsident mit dem Amt des rheinland-pfälzischen Innenministers belohnt.

»Persönlich/vertraulich« regte Kanter 1976 in einem Schreiben an von Brauchitsch an, »noch zwei Hilfen zur Bundestagswahl per Briefumschlag zu geben«. Ein Geldkuvert sollte gehen »an Willibald Hilf für Rhein-Lahn-Wahlkreis. (Obwohl er [...] nicht kandidiert, möchte er hier seine politische Heimat erhalten und die dortigen Funktionäre für sich bei Laune.) Begründung: Seine Bedeutung auch künftig im Bereich der Medienpolitik.« Für den anderen Brief mit Barem empfahl Kanter »einen ›Nachschlag‹ von DM 3000,- an Heinz Schwarz. Begründung: Es gab hier offensichtlich zwischen Heinz Schwarz und Dr. Schmitz ein Mißverständnis bei einem Gespräch mit einem Dritten auf dem CDU-Bundesparteitag. Schwarz hatte uns (Dr. Schmidt und mich) kürzlich zu einem vierstündigen Privatbesuch an seinen Fischweiher eingeladen. Auch Dr. Bergsdorf, der Büroleiter von Dr. Kohl – als Parteivorsitzender – war zeitweise anwesend. M. E. ist hier aufgrund des erwähnten Gespräches auf dem Bundesparteitag psychologisch etwas zu reparieren.« Buchhalter Diehl vermerkte unter dem Datum 30. September 1976 den Betrag von 5.000,– D-Mark »an Herrn Willibald Hilf (CDU), Chef der Staatskanzlei Mainz, Spende Bundestagswahl«. Der andere Geldempfänger bevorzugte die Umleitung über eine Waschanlage. Notiz Diehl 1976: 10.000,– D-Mark an die »Gemeinschaft zur Erschließung unterentwickelter Märkte wg. Schwarz Rheinland-Pfalz«.

Im Interesse von Flick und Wolf stets auf der Suche nach neuen Informanten unter Journalisten und Beamten, nach aufstrebenden Jungpolitikern und gefälligen Wirtschaftswissenschaftlern machte sich Kanter auch an die Junge Union heran. Das übliche Anfüttern gelang ihm bei deren Bundesvorsitzenden Matthias Wissmann, der es unter Kohl zum Bundesminister für Forschung und Technologie und Bundesverkehrsminister bringen würde.

Kanter berichtete am 30. Dezember 1974 an von Brauchitsch: »Heute wollte ich nur noch einmal herausstellen, daß mir der Kontakt mit Matthias Wissmann und Peter Helmes, dem Bundesgeschäftsführer der Jungen Union und zugleich Bundesgeschäftsführer der Schüler-Union, auf Perspektive sehr wesentlich und auch in unserem Sinne hoffnungsvoll erscheint. Man muß allerdings für solche Leute etwas tun, wobei ich keinesfalls nur an Geld denke. Die persönliche Kontaktpflege ist sehr wichtig.«

Am 22. August 1975 hakte das Bonner Duo Kanter/Schmitz nach und schrieb der Konzernspitze von Brauchitsch/Kaletsch: »Wir haben im vergangenen Jahr mehrfach über den Standort der Jungen Union gesprochen; dabei wurde festgestellt, daß sich Personengruppen innerhalb der Jungen Union herauskristallisieren und zunehmen, die unseren politischen Vorstellungen nicht nur aufgeschlossen gegenüberstehen, sondern aktiv in unserem Sinne in die Jungen Union hineinwirken. Sie hatten im vergangenen Jahr entschieden, erstmalig 1975 der Jungen Union einen Betrag von DM 5000,- zuzuwenden. Wir möchten uns erlauben, den Vorschlag zu machen, diesen Betrag jetzt auszuzahlen, um einerseits die Konsolidierung der Bundesgeschäftsstelle durch den uns persönlich in der Sache sehr nahestehenden Bundesgeschäftsführer, Herrn Peter Helmes, zu fördern und andererseits einen zeitlichen Abstand zu dem bevorstehenden Gespräch mit Herrn Wissmann zu wahren. Die Spende sollte adressiert sein an Junge Union Deutschland z. Hd. Herrn Peter Helmes, 5300 Bonn-Bad Godesberg [...] Eine Spendenbescheinigung wird durch den Verein Robert-Tillmann-Haus e. V. ausgestellt.« Eintrag in Diehls Liste für 1975 in der Rubrik »An die CDU und der CDU nahestehende Institutionen geleistete offizielle Zahlungen: ›Verein R. Tillmann-Haus, Berlin wg. Helmes/Junge Union 8000,-, wg. Helmes/Schülerunion 10000,-‹«.

Gezahlt wurde also mehr, als vom Büro Bonn angeregt, wie üblich steuersparend und gesetzeswidrig durch eine Waschanlage, diesmal über das Robert-Tillmann-Haus, nach bewährtem Muster der Europäischen Vereinigung in Marienberg. Empfänger

Helmes stammte aus Neuwied in Kanters Heimatmilieu; in der Tat »uns persönlich in der Sache sehr nahestehend«, wie in seinen Büchern *Die grüne Gefahr. Der »Treibhausschwindel« und andere Öko-Täuschungen* oder *Die blutigen Ikonen der Grünen. Terroristen, Kommunisten, Atheisten* nachzulesen ist. Seine Parteikarriere stürzte ab, weil er als Hauptgeschäftsführer die CDU/CSU-Mittelstandsvereinigung mit fragwürdigen Finanzoperationen in die Überschuldung trieb. Er wurde gefeuert. Figuren wie Helmes lagen dem CDU-Parteifreund Kanter, der sich bestens darauf verstand, den Strammrechten zu geben. Den Reaktionären der Union bot er in dem von ihm gegründeten »Konrad-Adenauer-Kreis für freiheitliche und europäische Politik e. V.« einen Sammelplatz.

Bei derart gefestigtem Ruf genoss der Stasi-Agent rasch das Vertrauen auch des nationalkonservativen »Stahlhelm«-Flügels. Darin hatten sich die Ultras unter den CDU/CSU-Bundestagsabgeordneten, angeführt vom hessischen CDU-Vorsitzenden, dem Wehrmachtshauptmann Alfred Dregger, zusammengeschlossen. Am 21. März 1978 empfahl Kanter deshalb seinem Vormann von Brauchitsch, die Kontakte zur Dregger-Gruppe nur ja nicht über seinen Bürokollegen Schmitz wegen dessen zu großer Nähe zur FDP laufen zu lassen, sondern ausschließlich über ihn: »Hier geht es einzig und alleine darum, einige heiße Quellen bei den CDU-Rechten für Dich zu erhalten!« Zuvor schon hatte er dem Flick-Boss über »meine guten Beziehungen zu Dr. Dregger persönlich und zu seiner Umgebung im besonderen« berichtet. Der einstige CDU-Mittelstandsfunktionär Peter Spary, des Öfteren mit Kanter zum Geschäftsessen verabredet, erinnert sich: »Der war total von Dregger geprägt, der war noch viel konservativer als ich. Wenn ich nur geahnt hätte, dass der alle meine Sprüche über Kohl an die DDR verraten hat.«

Buchhalter Diehl hatte wieder zu tun bekommen. Über seine Zahlungen schrieb er in seine Kladden: »1974 wg. Dregger 50 000«, »1975 wg. Dregger 20 000«; 1976 in der Rubrik »Offizielle Zahlungen an die CDU und der CDU nahestehende Organisationen: Staatsbürgerliche Vereinigung wg. Dr. Dregger, Fulda 20 000«

und weiter, offenbar für Wahlwerbung: »Rechnung der Fuldaer Zeitung wg. Dr. Dregger, Fulda 9621,81«.

Kanter, allem Anschein nach ein tiefschwarzer Rechter, schaffte es, auch von notorisch misstrauischen Gesinnungsfreunden ins Vertrauen gezogen zu werden. So von Friedrich Voss. Der sich stets verschlossen und verschwiegen gebende Mann, vom Ruch mannigfacher Geheimdienstkontakte etwa zum Bundesnachrichtendienst umweht, war auf das Engste mit dem CSU-Vorsitzenden Franz Josef Strauß verbunden. Der hatte noch als Bundesfinanzminister den Finanzrichter Voss aus Düsseldorf, obwohl CDU-Mitglied, als politischen Referenten an sich gebunden und – nach dem Wechsel in die Opposition 1969 – zum Leiter seines Abgeordnetenbüros bestellt. Voss trat in die CSU ein, wurde 1976 über die bayerische Landesliste in den Bundestag gewählt. Der Parlamentsneuling durfte dank Strauß gleich in einen der wichtigsten Ausschüsse des Bundestags, den Finanzausschuss einrücken. Strauß machte seinen Mann zum Landesschatzmeister der CSU und schob ihn 1982 als seinen Aufpasser in der ersten Kohl-Regierung auf den Posten des parlamentarischen Staatssekretärs im Bundesfinanzministerium. Für Kanter, also für Flick und die Stasi, war Voss fraglos eine besonders »heiße Quelle«. Wie an ihn rankommen?

Eine Gelegenheit bot sich, als von Brauchitsch für den 29. April 1977 in München zum Termin – 13.00 Uhr – mit Franz Josef Strauß verabredet war. Das Gespräch vorbereiten sollten Kanter für den Flick-Manager und Voss für seinen CSU-Boss. Kanter schrieb – »persönlich/sehr vertraulich« – am 22. April an Eberhard von Brauchitsch: »Zwischen dem Mitarbeiter und Vertrauten Deines Gesprächspartners und mir ist in diesem Zusammenhang keine konkrete Tagesordnung besprochen worden. Neben einem grundsätzlichen Gedankenaustausch, ›der ab und zu unter vier Augen stattfinden sollte‹, schien es wünschenswert, aktuelle brennende Probleme aus dem Bereich der Finanzpolitik zu erörtern [...] Es wäre für uns, wobei ich natürlich in erster Linie an Deine Position denke, wahrscheinlich sehr nützlich, Dr. V., der dieses Gespräch vorbereitet, irgendwie an uns zu binden. Vielleicht ist dies nebenbei auch ein Thema für Dich mit Deinem Gesprächspartner. Hierzu meine unmaßgebliche – aber in diesem Fall sicher fundierte – persönliche Meinung: Dr. Krei [gemeint ist Rechtsanwalt Reinhold Kreile, Flick-Aufsichtsratsvorsitzender und CSU-Bundestagsabgeordneter, D. K.] hat in den letzten Jahren offensichtlich immer mehr an Ansehen verloren [...] Dr. V. scheint gegenüber seinem Chef absolut loyal zu sein, was dieser wahrscheinlich auch spürt und würdigt. Er ist ein unabhängiger Junggeselle mit voller Einsatzbereitschaft. Er hat seine Zulassung als Rechtsanwalt. Bekanntlich war er früher Finanzrichter, bevor er von seinem jetzigen Chef damals ins Bundesfinanzministerium gerufen wurde. Es ist wohl auch ziemlich einmalig, daß ein fröhlicher Rheinländer aus Düsseldorf CSU-Abgeordneter wird.«

Voss war bereits »irgendwie« an Flick gebunden – wie ein Eintrag in Diehls Kassenbuch für das Vorjahr 1976 zeigt: »7.2. Ka wg Dr. Voss, Bonn 15000,-«. Auf der Rückseite der dazugehörigen Quittung steht handschriftlich: »D. Voss, Bonn Frz. J. Strauß FJS«. Die 15.000,– D-Mark hatte demnach Flick-Gesellschafter Kaletsch beim Hauptbuchhalter angefordert und erhalten. Unklar, ob das Geld für Voss bestimmt war oder für Strauß, Voss also nur Geldbote war. Klar aber, dass Voss bei Flicks Milliardencoup der Steuerbefreiung des Erlöses aus dem Verkauf der Daimler-Aktien eine Spitzenquelle für vertrauliche Informationen aus dem Regierungsapparat sein würde.

Kanter machte sich also an ihn ran und schickte am 21. März 1978 eine Erfolgsmeldung an von Brauchitsch: »Mit dem ›Vertrauensmann in Bonn‹ von Franz Josef Strauß, Dr. V., habe ich ja ein besonders gutes Verhältnis.« Im selben Brief sprach Kanter an, dass Voss mit einem »Spezialbrief«, gefüllt mit großen Scheinen, zu schmieren sei: »Es gibt hier ein Problem. Bei unserer Januarbesprechung zu dritt hatten wir Dr. V. auf die Liste mit acht Abgeordneten genommen, die ggf. ›einen Umschlag‹ für ihre politische Arbeit erhalten sollen. Dr. V. kündigte ich dies an. Er hat dankend akzeptiert [...] Es wäre nur notwendig, daß dieser Umschlag in Deinem Namen von mir übergeben würde.« Im Juni 1978 hakte Kanter nach und schrieb unter Betreff »Spezialbrief für Dr. V.« an von Brauchitsch: »Im Januar hatten wir Dir acht Fälle vorgetragen, die bedacht werden sollten. Hiervon hatte ich zwei Personen vorgeschlagen. Im Prinzip hattest Du zugestimmt; möglichst sollten gemeinnützige Vereine genannt werden. Ausnahmen seien möglich. Bei der Rücksprache am 27.4. in Bonn hattest Du nach entsprechender Erklärung von mir eingewilligt, daß ausnahmsweise ›Spezialbrief‹ erfolgen solle.« Mit Datum 4. Oktober 1978 vermerkte Diehl in seinem Kassenbuch: »inoffizielle Zahlungen an die CSU: Kanter wg. Dr. Voss 5000,-«. Dazu passend, an anderer Stelle der Flick-Akten, der Schreibmaschineneintrag »CSU-Landtagswahl – Dr. Voss 5000«, ergänzt durch die handschriftliche Notiz »Dr. Voss: Spezial«. Für das Jahr 1980 notierte Diehl: »v.B. wg. Voß ü Kanter 5000«.

Der enge Strauß-Vertraute Voss mit seinen exzellenten Kontakten ins Bundesfinanzministerium war eine der Schlüsselfiguren beim großen Steuercoup Flicks. Der Konzern hatte 1975 Aktien der Daimler-Benz AG für 1,9 Milliarden D-Mark an die Deutsche Bank verkauft und beim Bundeswirtschaftsministerium Steuerbefreiung nach § 6b des Einkommensteuergesetzes und § 4 des Auslandsinvestitionsgesetzes für volkswirtschaftlich besonders förderungswürdige Wiederanlage des Erlöses beantragt. Steuerersparnis: 986 Millionen D-Mark. Den größten Brocken des Erlöses sollte beim US-Mischkonzern Grace reinvestiert werden. Die FDP-Wirtschaftsminister Hans Friderichs und Nachfolger Otto Graf Lambsdorff erteilten die Genehmigung. In Diehls Listen ist das Kürzel »wg. Lambsdorff« mit Flick-Zahlungen von insgesamt 1,1 Millionen D-Mark, das Kürzel »wg. Friderichs« mit Beträgen von über 560.000 D-Mark aufgeführt. Mitbeteiligt im Genehmigungsverfahren war das Bundesfinanzministerium unter dem Sozialdemokraten Hans Matthöfer, dessen Name mit der Zahl 40.000 in Diehls Papieren steht.

Stasi-Agent Kanter steckte tief drin in den geheimen Beratungen und Aktionen zur Rettung der Flick-Milliarden vor dem

Zugriff der Finanzbehörden. Und der von Kanter geköderte Voss war ebenso dabei. Wertvolle Tipps für Flick kamen von Voss-Boss Strauß, der vier Jahre lang als Bundesfinanzminister Erfahrungen und Kontakte gesammelt hatte, und von dessen Anwalt Franz Josef Dannecker, der als CSU-Justiziar und Schatzmeister in Gelddingen auch vom Fach war. An Konzernherrn Friedrich Karl Flick schickte von Brauchitsch folgende Notiz (11. Juli 1978): »Dannecker teilt mir soeben folgendes mit: Der Termin am 11.7. könne mit ihm (Dannecker) und Voss stattfinden. FJ [das Kürzel steht für Franz Josef Strauß, D. K.] käme nur dann hinzu, wenn Du auch dazukämst. Dannecker selber war der Meinung, daß es vielleicht zur Aufklärung des Sachverhalts (§ 4/Grace) richtiger sei, wenn wir zu dritt (Voss, Dannecker, v.B.) reden und anschließend berichten. So sind wir verblieben.«

Voss und seine Ratschläge waren gefragt, wenn es Probleme gab beim Vorbeischleusen des Milliardenerlöses am Finanzamt. Probleme gab es viele, etwa die Frage, ob das Wiederanlegen der Gelder im Grace-Konzern wirklich volkswirtschaftlich förderungswürdig sei oder ob und wie die als gemeinnützig anerkannten Flick-Stiftungen nach dem Tode des Konzerngründers Friedrich Flick 1972 zu nutzen wären beim Steuersparen. Darüber berichtete von Brauchitsch am 17. Juli 1978 wiederum an Friedrich Karl Flick: »FJ hatte Gespräche mit Dr. Voss angeregt, und zwar unter zweierlei Gesichtspunkten: Position von Voss im Zusammenhang mit unserem Steuerrechtsstandpunkt, daß für die Stiftungen die erste Erbersatzsteuer als gezahlt gilt, so daß erst nach weiteren drei Jahren effektiv gezahlt werden muß. Voss hat das nur für die beiden kleinen Stiftungen akzeptiert, nicht aber für die FKF-Stiftung. Angebliche Hinweise aus der Finanzverwaltung (Bundesfinanzministerium?), daß unsere Begründung für Grace (§ 4) nicht ausreiche. Fehlende Kooperationsverträge könnten möglicherweise sogar die Genehmigung der ersten Tranche Grace rückwirkend unwirksam machen.«

Über Strauß-Anwalt Dannecker erhielt Flick (18. Juli 1978) dann die Zusicherung, der EX-Finanzminister und CSU-Vorsitzende

»stehe nach wie (vor?) gerne mit Rat und Tat zur Seite und müsse nur entsprechend informiert werden.« Woher die Hilfsbereitschaft des Vielbeschäftigten? Kein Akt reiner Nächstenliebe. Für den 11. Juli 1978 hatte Buchhalter Diehl in die Rubrik »Inoffizielle Zahlungen an die CSU« eingetragen: »Dr. FKF wg. FJS 250.000,–«. Eine Quittung fehlte in den beschlagnahmten Unterlagen; die Viertelmillion für Strauß hatte Flick wohl einer seiner schwarzen Kassen entnommen.

Kanter nutzte Voss als Späher. Unter der Dachzeile »Hilfe aus München« lieferte Kanter – streng vertraulich – am 2. August 1978 für Flick höchst geldwerte Hinweise an von Brauchitsch: Er habe »heute ein ausführliches Gespräch mit Herrn Dr. V. geführt. Der Gesprächspartner verstand schnell das vorsichtig angesprochene Thema, mit dem er offensichtlich mehrfach direkt und indirekt befasst worden war. Aufgrund von Informationen, die er von früheren Kollegen aus dem BMFi [Bundesministerium der Finanzen, D. K.] erhalten und an seinen Chef weitergegeben hatte, habe man in München in informeller Weise über die anstehende Frage nachgedacht, davon ausgehend, daß man interessiert sei zu helfen, soweit dies möglich ist. Der Gesprächspartner deutete an, daß offensichtlich Probleme enthalten seien, bei der Grace-Beteiligung, was die vorgesehene Aufstockung angeht. Bei den Zuständigen beim BMFi sei der Eindruck entstanden, daß es sich hier nicht, wie in den gesetzlichen Bestimmungen vorgesehen, um eine Kooperation handele, sondern wohl nur um eine Kapitalanlage. Dies sei gesetzlich unzureichend, um die beantragte Zustimmung zu erhalten. Weitere der vorliegenden Anträge seien nicht ausreichend gut formuliert. Die juristische Betrachtung sei sehr gut, aber die politischen Aspekte kämen nicht ausreichend zur Geltung. ›Gutwillige Leute‹, die seinem Chef nahestehen würden, hätten zum Teil über ihn Hinweise gegeben, daß die Gefahr bestände, ›daß aus Grundsätzlichem, was zum Teil in der Formulierung der Anträge liege, die Gefahr bestehe, daß vieles kaputtgehen würde‹. Da der Unterzeichnende im Konkreten nur teilweise über die anstehenden Fragen unterrichtet ist, ›mit Vorbehalt‹ folgende Anregung: Nachdem der ›Chef‹ angeblich Herrn Dr. FK Flick grundsätzlich unterrichtet hat, könnte es nützlich sein, daß Dr. V. evtl. eingeschaltet wird. Er ist bereit, tätig zu werden, wenn er von München aus den Auftrag oder zumindest ›grünes Licht‹ erhält. Zur Person des Gesprächspartners nur noch einmal zur Erinnerung: Er war früher Finanzrichter in Düsseldorf, dann im BMFi Chef des Ministerbüros. Er ist jetzt Mitglied des Finanzausschusses des Deutschen Bundestags und nach wie vor in besonderer Weise Vertrauensmann seines Chefs in finanzpolitischen und bedingt auch in steuerpolitischen Fragen. Er ist als Steuerberater zugelassen.«

Sechs Tage später schob Kanter unter dem Betreff »Spezialbrief für Dr. V.« die Mitteilung nach: »Bei meinem Gespräch mit Dr. V. am 2.8. habe ich zu diesem Punkt am Rand vermerkt, ›daß die Sache noch laufe‹. Dabei konnte ich auf mein Antippen hin nochmals feststellen, daß eine Abwicklung über die ›Münchener Stiftung‹ für ihn nicht wünschenswert ist«. Voss wollte also das Schmiergeld in bar im Umschlag in die Hand, auch wenn das für Flick teurer wurde. Den Umweg über eine gemeinnützige Stiftung, mittels deren Quittung Flick den Betrag hätte von der Steuer absetzen können, wollte er nicht. Voss war bei seiner Flick-Connection auf größtmögliche Diskretion bedacht, wie sich aus Kanters Schreiben weiter ergibt: »Wenn Dr. V. aufgrund seiner Intimkontakte zu früheren Kollegen etwas tun kann, dann ist dies nach meiner Einschätzung nur möglich, wenn ihm sein Chef ausdrücklich ›grünes Licht‹ gibt. In Bonn möchte er dann aber auch keine weiteren Mitwisser haben. Er hat Sorgen, daß seine sehr guten persönlichen Informationskontakte im BMFi schnell verlorengehen könnten.«

Welch wichtige Rolle Kanters Kontaktmann für den großen Steuercoup hatte, wurde auch aus einem Briefwechsel zwischen CSU-Chef und dem Firmenchef deutlich. Friedrich Karl Flick erwähnte Voss namentlich in einem Schreiben (29. August 1978) an Strauß:

»Deinen Brief am 24. Juli im Anschluß an unsere ausführliche Unterhaltung habe ich dankend erhalten. Ich darf Dir versichern, daß ich alle Sorgen und Anregungen, die Du zu Papier gebracht hast, und die aus der Anlage Deines Briefes zu entnehmen waren, einer sorgfältigen Behandlung in meinem Hause zugeführt habe. Ich werde darauf bedacht sein, daß die gebotenen Schlußfolgerungen gezogen werden.

Vielleicht darf ich in diesem Zusammenhang doch noch einmal auf Deine Anregungen aus dem Frühjahr zurückkommen wegen eines Zusammentreffens meiner Fachleute mit Dr. Voss in Bonn.

Es ist mir ein Bedürfnis, Dir auch auf diesem Wege noch einmal zu danken, da Du nun schon seit Jahrzehnten die Geschehnisse in meinem Hause kritisch begleitest. Dein Rat hat einen besonderen Rang für mich.«

Zur Erinnerung: Beim Parteispendenskandal, hat Markus Wolf geschrieben, »wurde auch damals nur die Spitze eines Eisbergs bekannt«. Sein Agent Kanter, wäre er denn je vor einen parlamentarischen Untersuchungsausschuss geladen worden, hätte sehr viel, schrecklich viel über die wahren Ausmaße der Korruption im politischen System der Bundesrepublik aussagen können. Er hat miterlebt und mitgemacht, wie der Flick-Konzern unter Einsatz von insgesamt 26 Millionen D-Mark Gleitmittel bei Bundestagsparteien und Bundesregierung seine Steuerbefreiung durchschob. Er hat – als Flick-Prokurist und Freund des von Brauchitsch – über alle dicken Dinger Bescheid gewusst. Er hat mitbekommen, wie Flick-Geld die Karriere Helmut Kohls an die Spitze von Partei, Bundestagsfraktion und Kanzleramt förderte und Widersacher wie Rainer Barzel zum Schweigen brachte. Barzel, Kohls Vorgänger auf dem Posten des Bundestagsfraktionsvorsitzenden und CDU-Parteichefs, wurde laut Diehls Liste der Abtritt mit insgesamt 1.562.500 D-Mark aus der Flick-Kasse, getarnt als Anwaltshonorar, vergoldet.

Bei Kanter handelte es sich, das ist amtsgerichtlich 1972 in Betzdorf/Sieg bescheinigt, »um einen Menschen mit großer

Intelligenz«. Um möglichst viele Erkenntnisse zu sammeln, hat sich diese große Intelligenz vielerlei einfallen lassen. Genutzt hat sie dabei das menschliche Bedürfnis nach Geld und Geltung, genutzt die Gier und die Eitelkeit. Kanter hatte mehr zu bieten als seine »Spezialbriefe« voller großer Scheine, Kanter bestach auch mit immateriellen Gütern, mit der Mehrung gesellschaftlichen Ansehens. Kanter verlieh Orden. Und zwar einen mit einem Namen, der an höchste Ehren denken ließ: »Mérite européen«.

Angelehnt an den Namen des höchsten Verdienstordens »Pour le Mérite«, wie ihn die preußischen Könige geschaffen haben, hat Kanter gemeinsam mit dem französischen NATO-Beamten François Visine 1969 eine entsprechende Ordensstiftung gegründet, die Medaillen in Gold, Silber und Bronze gestaffelt verleiht. Visine wurde Präsident, Kanter Vizepräsident und später Präsident der deutschen Sektion der »Fondation du Mérite européen«. Und er ließ sich 1976, als Flick-Lobbyist voll im Geschäft, selber mit der Medaille »Mérite européen« auszeichnen. »Die mit dem Titel eines Commandeurs des Ordens verbundene Verleihung«, berichtete die *Rhein-Zeitung*, »erfolgte in Anwesenheit von rund 200 Gästen aus acht europäischen Ländern im großen Saal des Rathauses zu Luxemburg.« Kurt Biedenkopf, der CDU-Generalsekretär an der Seite Kohls, hob den Parteifreund im Hause Flick in seiner überschwänglichen Glückwunschadresse auf die Höhe der Geschichtsbücher: »Diese Ehrung reiht Sie nicht nur in die Ordensbruderschaft sehr prominenter europäischer Staatsmänner ein, die sich um die Zukunft und Einigung unseres Kontinents verdient gemacht haben, sondern ist zugleich das äußere Zeichen der Dankbarkeit, die viele gegenüber einem Manne empfinden, der sich über Jahrzehnte hinweg mit viel Mut und Tatkraft in praktischer europäischer Einigungsarbeit bewährt hat.«

Wie das so lief mit der Ordensverleihung, schilderte der Lobbyist Peter Spary aus eigener Erfahrung. Er sei ja auch mal Generalsekretär des Europäischen Drogistenverbandes gewesen, und Kanter habe deshalb gesagt, »ein Mann wie ich muss den Orden bekommen, und ich solle mir einen Redner für die Laudatio aussuchen, und da habe ich für mich den Richard Stücklen ausgesucht«. Der CSU-Vizepräsident des Bundestags sagte dann auch brav bei der Verleihung des Ordens »Mérite Européen in Silber« durch Kanter am 17. Mai 1990 vor gut hundert Gästen in Bonns »Parlamentarischer Gesellschaft« zu: »Es ist mir eine Freude, einen Mann zu ehren, dem heute die hohe Auszeichnung ›Verdienste um Europa‹ verliehen wird.« Spary, zu jener Zeit auch Hauptgeschäftsführer der Mittelstandsvereinigung CDU/CSU, berichtete weiter, dass die Veranstaltung 4.895 D-Mark gekostet habe und als Betriebsausgabe durch die Mittelstandsverlags GmbH bezahlt worden sei, und das sei nie vom Finanzamt beanstandet worden. Kanter habe ihn damals auch gefragt, wer denn noch ausgezeichnet werden solle. »Das ist natürlich gut, wenn man als Lobbyist jemandem mit dem Orden einen Gefallen tun kann«.

Spary stieg danach zum Vizepräsidenten des als gemeinnützig anerkannten Freundes- und Förderkreises Mérite Européen auf, übernahm dessen »Hauptstadtbüro« in Berlins Wilhelmstraße. Das Generalsekretariat in Kanters alter Heimat St. Augustin liegt in den Händen von Ingeborg Smith. Sie war von 1983 an Sekretärin Kanters in dessen Infodienstbüro in der Bonner Welckerstraße. Nachdem ihr Chef 1994 verhaftet worden sei, sagte sie, sei sie nie von Polizei oder Staatsanwaltschaft vernommen worden.

Zu den von Biedenkopf angeführten europäischen Staatsmännern der Ordensbruderschaft »Mérite Européen« zählten neben Luxemburgs Jean-Claude Juncker, dem Polen Donald Tusk oder Österreichs Alois Mock auch die prominenten deutschen Freidemokraten Hans-Dietrich Genscher und Walter Scheel. Beide waren dem Ordensstifter Kanter im Hause Flick in Dankbarkeit verbunden; »wg. Genscher« waren in Diehls Kladden Zahlungen von insgesamt 1,15 Millionen D-Mark, »wg. Scheel« in Höhe von 200.000 D-Mark notiert.

So kam es, dass am 4. Juli 1984 der DDR-Agent Adolf Kanter, Deckname »Fichtel«, assistiert von François Visine, einem deutschen Staatsoberhaupt den »Mérite Européen in Gold« verlieh:

Walter Scheel, 1974 bis 1979 vierter Bundespräsident der Bundesrepublik Deutschland.

Das Gelächter muss groß gewesen sein im Ministerium für Staatssicherheit in Ostberlin.

Ehre, wem Ehre gebührt: Adolf Kanter, Altbundespräsident Walter Scheel und François Visine mit dem »Mérite Européen«.

Nachwort

»Gerade an den erfolgreichen Journalisten werden besonders schwierige innere Anforderungen gestellt. Es ist durchaus keine Kleinigkeit, in den Salons der Mächtigen der Erde auf scheinbar gleichem Fuß, und oft allgemein umschmeichelt, weil gefürchtet, zu verkehren und dabei zu wissen, daß, wenn man kaum aus der Türe ist, der Hausherr sich vielleicht wegen des Verkehrs mit den ›Pressebengeln‹ bei seinen Gästen besonders rechtfertigen muß.«
(Aus Max Weber: Politik als Beruf)

»Sagen, was ist.« (Rudolf Augstein)

Oder auch nicht, zuweilen.

Es gab eine zweite *Spiegel*-Affäre. Wieder erzwang sich ein Staatsanwalt Zugang zur Hamburger Redaktion. Wieder durchsuchten bewaffnete Polizisten in Uniform und Fahnder in Zivil das Büro des Herausgebers und Ersten Chefredakteurs Rudolf Augstein. Wieder wurden Unterlagen beschlagnahmt, diesmal sogar ein Safe abtransportiert.

Doch einiges war anders als bei der ersten *Spiegel*-Affäre im Herbst 1962. Damals hatte die Führung des Hamburger Magazins die Öffentlichkeit zur Hilfe gerufen gegen den – von einem kritischen Artikel über die Einsatzfähigkeit der Bundeswehr ausgelösten – Angriff auf die Pressefreiheit. Anfang 1984, beim zweiten Zugriff der Staatsgewalt, waren die *Spiegel*-Bosse peinlichst auf Diskretion bedacht. Sogar vor den eigenen Redakteuren sollte die Staatsaktion geheim bleiben.

Es gab noch einen Unterschied: Anders als 1962 rückten 1984 auch Beamte der Steuerfahndung mit dem Einsatzkommando an.

Es war montags, kurz nach der großen Redaktionskonferenz, als die Hausdurchsuchung begann. Die Ermittler zogen, ohne den aufgeregt hin und her laufenden Herausgeber des *Spiegel* sonderlich zu beachten, in Augsteins Büro im zwölften Stock des *Spiegel*-Hochhauses an der Brandstwiete Aktenordner aus dem langen Wandregal, durchblätterten Bücher auf versteckte Notizzettel hin, stießen auf ein verschlossenes Schrankfach.

Der Staatsanwalt bat um den Schlüssel. Augstein eilte ins Vorzimmer, kam zurück, ohne Schlüssel, den hatte die dienstfreie Sekretärin mitgenommen. »Aufbrechen, aufbrechen«, rief er, verlangte nach dem Hausmeister. Der wurde gesucht und endlich gefunden. Der Mann machte sich mit einem Fuchsschwanz an die Arbeit.

Die zersägte Tür des übervollen Fachs sprang auf, dem Staatsanwalt fiel ein rosaweißes Gebissteil des Herausgebers vor die Füße, gefolgt von einem braunen Briefkuvert, prall gefüllt, wie sich beim Öffnen zeigte, mit 80.000 D-Mark in kleinen Scheinen. Es handele sich um Lösegeld, erklärte Augstein dem Staatsanwalt, ein Bild sei gestohlen, der Dieb und Erpresser bei der Geldübergabe gefasst worden. Den Umschlag mit den Achtzigtausend habe man weggeschlossen. Sei irgendwie in Vergessenheit geraten. Was das Fach an Papieren barg, sackte der Staatsanwalt ein.

Gefilzt wurde auch das Chefzimmer des Verlagsdirektors Hans Detlev Becker. Der hatte soeben seinen Dienst beim *Spiegel* quittiert. Nachfolger Matthias Ginsberg hatte beim Einzug in Beckers altes Reich, schwarz-weiß eingerichtet in italienischem Designerchic, keinen Schnipsel Papier vorgefunden, alle Schränke waren leer geräumt. Was aber barg wohl der mächtige Safe an der Wand mit dem runden Kombinationsschloss? Hätten auch die Ermittler gerne gewusst. Neuling Ginsberg konnte nicht weiterhelfen. Ihm war der Code nicht hinterlassen worden.

Eine Sekretärin rief bei Becker an, erbat die Safekombination. Becker lehnte ab. Der Staatsanwalt entschied: Den Safe nehmen wir mit. Die Herstellerfirma wurde alarmiert, die schickte zwei kräftige Herren samt Sackkarre in die *Spiegel*-Chefetage. Die beiden lösten den Panzerschrank aus seiner Wandbefestigung, schoben ab. Die Fachmänner in der Firma öffneten das Trumm – leer. Nach einer Woche stand der Safe wieder an seinem angestammten Platz, vom Hersteller ausgestattet mit einem neuen Code, den man doch bitte nicht wieder verschusseln möge.

Augstein und sein Becker hatten gründlich vorgesorgt: Die Ermittler würden nichts wirklich Belastendes finden. Wer Augstein wegen Steuerhinterziehung angezeigt habe, erinnerte sich Ginsberg, sei nie geklärt worden.

Die Angst vor Entdeckung, die Angst vor der großen Blamage war es, weshalb sich Augstein, ausgerechnet Augstein, der Kopf der großen demokratischen Kontrollinstanz *Der Spiegel*, im Spätherbst 1981 über Wochen und Wochen geweigert hatte, die Enthüllungen seiner Redakteure zu veröffentlichen: über das weit ausgewucherte System der Waschanlagen illegaler Parteispenden in der Bundesrepublik, über die gängige Korruption im Alltag der Politik, über den heraufziehenden Flick-Skandal, den versuchten Staatsstreich von oben, also die Amnestie für gekaufte Politiker und ihre Geldgeber. Augstein hatte den Autor, in dieser Zeit Chef des Bonner *Spiegel*-Büros, zu bestechen versucht: »Dirk, wie viel willst Du aus meiner Privatschatulle?«, um das Ganze zu vergessen, und die Antwort erhalten, »Rudolf, auf dem Ohr bin ich taub«. Augstein, beileibe kein Ehrpussel, hatte auch Angst vor Strafe. Der FDP-Bundeswirtschaftsminister Otto Graf Lambsdorff hatte ihn erpresst: Der *Spiegel* solle sich hüten, Alarm zu schlagen. Augstein hänge tief mit drin. So war es. Augstein war verstrickt in jenes Dickicht der Käuflichkeit von Politikern und Politik, in dem auch ein Adolf Kanter alias »Fichtel«, sein Kumpan Eberhard von Brauchitsch und deren Freunde um Helmut Kohl ihr Unwesen trieben. Der Journalist Augstein hatte sich verirrt in die Politik.

Wie ging es da zu? Augstein, Parteimitglied bei den Liberalen seit 1956, hatte der Freien Demokratischen Partei, der FDP, aus seinem schon damals beträchtlichen Vermögen wieder und wieder großzügige Spenden zugewendet. In jenen Jahren war es üblich, dass sich beschenkte Parteien bei ihren Gönnern erkenntlich zeigten. Es gab zum Dankeschön aus den quer durch die deutschen Lande betriebenen Spendenwaschanlagen steuerlich voll absetzbare Quittungen dieser vorgeblich gemeinnützigen Vereine und Vereinigungen, die das Spendengeld an Parteien weiterleiteten. Legal war das nicht. Nicht selten fielen die Belege über angeblich gespendete Beträge wesentlich höher aus als die tatsächlich gezahlten Spenden; das war für die Geber- wie für die Nehmerseite ein lohnendes Geschäft. Die Spender entgingen nicht nur der vom Gesetz geforderten Namensnennung in den Rechenschaftsberichten der Parteien, sie konnten sich auch über Steuerersparnisse wieder reinholen, was sie gezahlt hatte, und sogar mehr als das, wenn die fingierte Quittung nur hoch genug war. Graf Lambsdorff meinte, er hätte Augstein in der Hand. Zum Beispiel wegen einer Spende des *Spiegel*-Verlags vom 9. Januar 1973 in Höhe von 50.000 D-Mark, gezahlt an die Neuwieder Waschanlage »Gesellschaft für Europäische Wirtschaftspolitik e. V.«.

Augstein war im November 1972 von der FDP-Parteispitze an altgedienten Liberalen vorbei in den Bundestag gehievt worden. Walter Scheel und Hans-Dietrich Genscher hatten den prominenten Journalisten mit dem Versprechen gelockt, er könne gleich auf den einflussreichen Posten des Vorsitzenden der FDP-Bundestagsfraktion aufsteigen.

Der *Spiegel*-Chef war von FDP-Chef Scheel in dessen Schwarzwälder Ferienhaus in Hinterzarten eingeladen worden. Dort bedrängte Scheel, erinnert sich Augsteins damalige Partnerin, den Zögernden, er müsse die FDP retten. Die dümpelte kurz vor der Bundestagswahl um die Fünfprozentmarke. Willy Brandts sozialliberale Koalition brauche zum Überleben, schmeichelte Scheel, einen »Giganten« wie Augstein. Selbstverständlich an führender Stelle, als Fraktionsvorsitzender der liberalen Bundestagsabgeordneten. Augstein schlug ein, pumpte eine halbe Million in seinen Wahlkampf, berief den Toilettensitzhersteller Caspar Heinrich Oldemeier, der auch die Schatzmeisterei des FDP-Bezirks Westfalen/Lippe unter sich hatte, zu seinem Wahlkampfleiter, ließ sich von der *Spiegel*-Grafik Wahlplakate liefern. Verlagschef Becker erlaubte sich den Hinweis, das könne Ärger geben, solche Kosten für das Bundestagsmandat als Betriebsausgaben über den *Spiegel* abzurechnen.

Augstein schaffte den Einzug ins Parlament. Die Zusagen wurden nicht eingehalten, wie nicht unüblich bei der FDP dieser Jahre. Der alterfahrene Fraktionschef Wolfgang Mischnick verteidigte sein Amt erfolgreich gegen den Parlamentsneuling, Augstein verlor schon nach 49 Tagen jegliche Lust aufs Herumsitzen als einfacher Abgeordneter. Er legte sein Mandat nieder und kehrte zurück zum *Spiegel*. Die 50.000 D-Mark? Eine Art Bußgeld für die frühe Fahnenflucht, steuerlich begünstigt? Der Journalist Augstein aber war wieder zurück auf seiner, der richtigen Seite.

Es war der Graf gewesen, der Augstein auf krumme Wege führte. Lambsdorff hatte damals das Amt des FDP-Schatzmeisters im FDP-Landesverband Nordrhein-Westfalen inne, war somit zuständig für den Abgeordneten Augstein aus dem Wahlkreis Paderborn-Wiedenbrück. Augstein sollte jedoch nicht in NRW seine Spende abliefern. Das Geld sollte ins benachbarte Rheinland-Pfalz überwiesen werden, in jenes Bundesland, in dem unter dem CDU-Ministerpräsidenten Helmut Kohl paradiesische Zustände für Spendensünder herrschten.

NRW-Lambsdorff hatte in der rheinland-pfälzischen Kreisstadt Neuwied, in der Pfarrstraße 48, eine Briefkastenfirma einrichten lassen. Auf dem Türschild im zweiten Stock des Gebäudes stand der Name der Waschanlage: »Gesellschaft für Europäische Wirtschaftspolitik (GfEW)«. Daneben klebte ein Zettel: »Wenn niemand da ist, bitte bei Rechtsanwalt Doderer klingeln«. Ulrich Doderer war der Nachbar. Es war, stellten die Ermittler fest, sehr selten jemand da.

Die Geschäfte der GfEW wurden bei Lambsdorff in Düsseldorf abgewickelt. Sein angeblich gemeinnütziger Berufsverband in Neuwied, an den gegen Quittung steuerbegünstigte Zuwendungen geleistet werden konnten, war ein reiner Spendenverein. Weit über die vom Gesetz gezogenen engen Grenzen der Steuerbegünstigung legaler Parteispenden hinaus ließen sich dort viele Zahlungen an gemeinnützige Organisationen steuermindernd absetzen: bis zu fünf Prozent des Einkommens oder zwei Promille der Summe aus Umsatz und Löhnen.

In den Ermittlungsakten der Staatsanwaltschaft fand sich eine Kontokarte. Unter der Dachzeile »GfEW (-Neuwied)« ist handschriftlich vermerkt: »1973, 9.1., Spiegel-Verlag, Hbg 50.000,-«. Es blieb nicht bei dieser Zahlung an eine dubiose Adresse. Aktenauszüge: Es flossen von Oktober 1976 bis Januar 1981 Zehntausende Augstein-Mark, gestückelt in Monatsbeträge à 700,– D-Mark in einen anderen Waschsalon des sauberen Grafen, an die »Internationale Wirtschaftspolitische Vereinigung e. V.« in Köln. Am 5. November 1975 hatte der *Spiegel*-Boss, so der Eintrag in der Habenrubrik der Vereinsbücher, auch mal 5.000 D-Mark springen lassen.

Matthias Ginsberg, der spätere *Spiegel*-Verlagsdirektor, hatte sich als FDP-Funktionär während Augsteins Bundestagsintermezzo durch ordentliche Zuarbeit dessen Vertrauen erworben. Dies ging so weit, dass Ginsberg Geldflüsse aus Augsteins Kasse umsteuern durfte. Ginsberg berichtete, es habe ihn gestört, dass der *Spiegel*-Herausgeber Zahlungen an einen Spendensammler der FDP geleistet habe, der, wie das üblich gewesen sei, zehn Prozent der Augstein-Gaben als Provision in die eigene Tasche gesteckt habe. Ginsberg wollte lieber die FDP im heimatlichen Paderborn und den Schatzmeister Oldemeier beglückt sehen. Um »einige kräftige Zehntausende« sei es gegangen. Ob auch Schatzmeister Lambsdorff beim Spendensammeln Provision einstrich? Ginsberg sagte, das wisse er nicht. Er wisse nur ganz generell, dass Spendenbeschaffer bis zu zehn Prozent in die eigene Tasche stecken durften. SPD-Genosse Karl Wienand, engster Vertrauter des Vorsitzenden der SPD-Bundestagsfraktion Herbert Wehner, hatte auf Lambsdorff gezeigt. Der – wie Wienand schwer kriegsversehrte – Lambsdorff habe ihm, dem Wehrmachtskameraden, anvertraut, er sei nach Kriegsende in die Politik gegangen, um das im Osten verlorene Vermögen der baltendeutschen Familie wieder reinzuholen.

Bedroht vom Grafen und bedrängt von seinen Redakteuren, suchte Augstein nach Auswegen. Wie ließ sich der Riesenskandal der gekauften Politik publik machen, ohne sich selbst vom Brett zu schlagen? Es galt, den König zu retten, Winkelzüge mussten sein, ein Damenopfer war fällig.

Hans Detlev Becker, der Verlagsdirektor, ohnehin fürs Finanzielle zuständig, bot sich an. Becker, Mitbegründer des *Spiegel*, der Mann hinter Augstein, gerne im Halbschatten. Er mochte Heimlichkeiten und Geheimdienste, nervte die Redaktion mit Unnahbarkeit, hielt es beim Redaktionskonzept nicht mit Teamarbeit, sondern mit Sozialdarwinismus – jeder gegen jeden, der Beste und Stärkste setzt sich durch. Einem jungen Redakteur, der allein mit dem Herrn Verlagsdirektor im Aufzug stand und verlegen vor sich hin pfiff, schrieb Becker gleich danach eine Hausmitteilung: »Das Musizieren im Aufzug ist nicht gestattet.« Kein ganz feiner Mann auch beim Verprassen von *Spiegel*-Geld. Er, der die Redakteure anhielt, bei Dienstreisen im Bus statt mit dem Taxi vom Flughafen in die Innenstadt zu fahren, ließ sich einen Zwölfzylinder von einem Chauffeur von Hamburg aus an die Côte d'Azur bringen, für Spritztouren im Urlaub. Der Transport per Autozug kam nicht infrage, der Auspuffkrümmer des Sportwagens wäre womöglich beim Auffahren auf den deutschen Eisenbahnwaggon durch einen Aufsetzer beschädigt worden.

Augstein hat des Öfteren, nach langen Kneipenkonferenzen, spätabends auf einen Absacker in sein Haus am Hamburger Leinpfad eingeladen. Es blieb nicht bei einem Absacker. Die jugoslawische Hausdame, vom Hausherrn, im unteren Körperbereich zu vorgerückter Stunde nur noch spärlich bekleidet, stets »liebes Biest« genannt, schaffte unverdrossen Nachschub heran. Der Autor wurde zu später Nacht im Gästezimmer im zweiten Obergeschoss, gleich neben Augsteins Schlafgemach, einquartiert. Man unterhielt sich noch durch die geöffneten Türen.

Bei einem dieser Nachtgespräche ins Dunkle hinein von Bett zu Bett schimpfte er los, was wir da mit unseren Recherchen angerichtet hätten, das komme ihn teuer zu stehen. Und was er jetzt sage, darüber müsse geschwiegen werden, bis der »große Uhrmacher« ihn abberufen habe, seine Lebensuhr abgelaufen sei:

Becker nehme alle Schuld auf sich, für Steuerverfehlungen und so. Zu den vier Prozent der Gesellschaftsanteile, die der ja schon an der Rudolf Augstein GmbH – also der *Spiegel*-Eignerin – halte, bekomme Becker einen zusätzlichen – gewinnberechtigten – Anteil von einem Prozent, der ihm für zehn Jahre zustehen sollte. Wenn das so stimmte, der 2014 verstorbene Becker lässt sich nicht mehr befragen, dann war dieses eine Prozent in jenen Zeiten satter *Spiegel*-Gewinne gut eine halbe Million per anno wert.

Der Preis des Schweigens – bei einem wie Becker selbstredend höher. Was er sonst noch kassierte, davon spülte ein wenig durch Zufall hoch. Ginsberg, sein Nachfolger als Verlagschef, wurde in der Presse zu Unrecht angegriffen, weil er eine Dreckschleuder und Benzinsäuferin als Dienstwagen benutzen würde. Der Jaguar in der Tiefgarage des Hamburger *Spiegel*-Hochhauses war aber Altbesitz, Becker hatte ihn sich zum Abschied schenken lassen. Oder: In einer Verlagskonferenz trug der Personalchef vor, ein *Spiegel*-Mann sei beim Reinigen des Becker'schen Schwimmbads verunglückt. Auf erstaunte Fragen, wieso ein *Spiegel*-Angehöriger beim ausgeschiedenen Verlagschef den Pool putze, wurde mitgeteilt, das gehöre zum *Deal*, Becker lasse sich einige Hilfskräfte für sein Anwesen vom *Spiegel* bezahlen.

Augstein ging auf Distanz zum Sündenbock, 1982 nicht nur ganz und gar zum Schein. Es war für ihn eine willkommene Gelegenheit, Becker loszuwerden. Dessen Nörgeleien an den verlegerischen Führungskünsten des Starktrinkers Augstein hatten den *Spiegel*-Boss seit Längerem geärgert. Augstein lehnte es ab, Beckers Vertrag als Verlagsdirektor zu verlängern.

Lambsdorffs Drohungen waren endlich unterlaufen, jetzt hieß es Feuer frei für das politische Nachrichtenmagazin: Die ersten Enthüllungsgeschichten zur Parteispenden- und Flick-Affäre erschienen – wahre Knaller. Ein entfesselter Augstein ließ es in seinen Kommentaren krachen. Es war höchste Zeit.

Der freiheitliche Rechtsstaat Bundesrepublik Deutschland war in großer Not. Die politische Elite, Regierung und Opposition als Komplizen, war entschlossen, die Verfassung zu brechen, war bereit, das Fundament der bewährten Nachkriegsdemokratie zu zerstören. Helmut Schmidt, Helmut Kohl, Hans-Dietrich Genscher, Franz Josef Strauß sowieso, selbst Willy Brandt und Herbert Wehner, all jene, die sich als Musterdemokraten gaben, wollten sich und ihre Spendengeldgeber vor Strafe schützen, wollten den Grundsatz der Gleichheit vor dem Gesetz brechen, wollten ihre höchst illegalen Geldgeschäfte im Nachhinein straffrei stellen mittels eines Bundestagsbeschlusses für eine umfassende Amnestie. Es war die bis heute schwerste Staatskrise der Bundesrepublik.

Augstein, wenn auch blass umstrahlt von Scheinheiligenschein, brachte den *Spiegel*, das Sturmgeschütz der Demokratie, wie er das Blatt genannt hatte, wieder in Stellung, nahm seine Parteifreunde unter schweren Beschuss. In einem Rundschreiben an die Bundestagsabgeordneten der FDP vom 7. Januar 1982 fetzte er: Er sei »entsetzt, unsere Partei derzeit an der Spitze jener unheiligen Allparteienkoalition zu erblicken, die den Rechtsstaat aus vielleicht ehrenwerten, aber doch überwiegend kurzsichtigen und deshalb auch nicht achtbaren Gründen für eine gewisse Zeit aushaken will [...] Wer sich angesichts solcher Vorgänge nicht schämt, hat keine Scham.« Den Parteichef Genscher forderte er auf, »sich möglichst bald öffentlich von einem Vorhaben zu distanzieren, das er aus verständlichen Gründen vorangetrieben hat, von dem man aber sagen darf, dass es von Anfang an fehlplatziert war. Die Parteien dürfen nicht alles.« Dem Bundeswirtschaftsminister Lambsdorff legte er den Rücktritt nahe: »Er wird zu gegebener Zeit selbst wissen, was er zu tun hat.«

Die liberalen Parteifreunde schossen zurück, aus dem Hinterhalt: Augstein habe doch bei der illegalen Parteienfinanzierung volle Kanne mitgemacht, von den Steuervergünstigungen profitiert. Lambsdorffs Nachfolger im Amt des Schatzmeisters des nordrhein-westfälischen FDP-Landesverbands, der Bundestagsabgeordnete Hans Gattermann, steckte FDP-nahen Journalisten Akten der Schatzmeisterei. In den Bilanzkopien waren sämtliche Namen von Spendern geschwärzt, die der Partei mal 300.000 D-

Mark, mal 80.000 D-Mark oder 200.000 D-Mark zugewendet hatten. Nur ein Name stand – nicht abgedeckt – 57-mal als Geldgeber in den Listen: »Augstein«; einmal war der »*Spiegel*-Verlag« (50.000) als Spender notiert. Peinlich für Augstein. Der Imageschaden für sein Magazin war nicht so riesig, wie von ihm befürchtet. Augsteins Kampfesmut war ungebrochen. Galt es doch, das Vaterland zu retten.

Konrad Adenauer, der erste Bundeskanzler der Bundesrepublik Deutschland, der sich als Erfinder – zum Beispiel des Toasters mit Sichtscheibe oder des innen beleuchteten Stopfeis – einen Namen gemacht hatte, bewies Einfallsreichtum auch bei der verdeckten Parteienfinanzierung. Unterstützt von willigen Helfern in Banken und Industrie tüftelte der »Alte« in den 1950er-Jahren ein System zur Steuervermeidung bei Parteispenden aus.

Über eine angeblich gemeinnützige »Staatsbürgerliche Vereinigung 1954 e. V.« (SV) rauschten fortan Hunderte Millionen D-Mark anonym in die Kassen von CDU, CSU und FDP, später auch der SPD. Obschon bald für illegal erklärt, machte die SV munter weiter und leitete, notdürftig getarnt, Millionen um Millionen am Fiskus vorbei den Parteien zu. Die Namen der Spendengeber aus Industrie und Hochfinanz sollten tunlichst geheim bleiben, das Volk sollte nichts mitbekommen von der im Nachkriegsdeutschland grassierenden politischen Korruption, sollte nichts davon erfahren, wie sich finanzstarke Bosse politische Entscheidungen zu ihren Gunsten erkauften. Gemäß Adenauers Vorbild scherten sich Politiker der Bundestagsparteien über Jahrzehnte hin nicht um das Gebot des Grundgesetzes, weder der Staat noch finanzstarke Personen oder Gruppen dürften die Parteien, die an der politischen Willensbildung mitzuwirken hätten, durch ihre Zuwendungen in Abhängigkeit bringen.

Willig wiesen auch die Nachfolgekanzler ihren Geldgebern verschlungene Umwege, wie über obskure Vereinigungen oder Stiftungen die Geldströme – Hunderte von Millionen – zu schleusen seien. Zur Belohnung gab es steuersparende Spendenquittungen und politische Gefälligkeitsentscheidungen. Man sprühte vor schöpferischer krimineller Energie: Im sogenannten »Kaskadensystem« perlten über Berufsverbände und ihre Unterformationen die goldenen Taler zweckentfremdet und steuerbegünstigt in die Tresore der Parteien. Oder die Spender nahmen den Parteien die Kosten für Personal, Kampagnenmaterial oder/und Inserate ab und verbuchten alles steuerschonend als Betriebsausgaben. Oder es wechselten hohe Geldbeträge in klebrige Hände für Scheingutachten, die sich ertragsmindernd beim Finanzamt geltend machen ließen.

Besonders dreist trieb es Walter Scheel, der sich später im Amt des Bundespräsidenten als moralische Instanz aufspielte. Der Vorgänger Lambsdorffs auf dem Posten des FDP-Schatzmeisters in NRW hatte von 1954 bis 1968 dafür gesorgt, dass die Kasse überquoll. Er knüpfte zwischen Miami, London, Brüssel, Vaduz ein internationales Netz vorgeblich gemeinnütziger Organisationen, an die steuerbegünstigt Spendenmillionen überwiesen wurden, um sogleich heimlich der FDP zuzufließen. Gerne auch nutzte man die damalige bundesdeutsche Gesetzeslage, die Spekulationsgewinne steuerfrei beließ. Also kauften Scheels Liberale über Mittelsmänner angeblich ganze Straßenzüge in den USA auf, angeblich auch in der Bronx von New York. Dem Finanzamt in der deutschen Heimat machte man dann weiß, dabei seien enorme Spekulationsgewinne angefallen; etwa weil Immobilien, die für eine Million Dollar zu haben gewesen wären, wenig später für zehn Millionen Dollar hätten weiterverkauft werden können. Steuerfreier Reingewinn eines solchen Luftgeschäfts mit so gewaschenen Spendengeldern: neun Millionen Dollar.

Die Bundesdeutschen hatten sich mit Scheel einen ausgefuchsten, routinierten Steuersünder, der obendrein ein verkappter Nazi war, zum Staatsoberhaupt bestellt. Der *Spiegel* fand heraus: Scheel war 1942 in die NSDAP eingetreten. Der Freidemokrat verteidigte sich matt, man habe ihn als Wehrmachtsangehörigen – Scheel war Jagdflieger – hinter seinem Rücken in die Hitler-Partei aufgenommen. Wenig später erklärte er, leider könne er sich an das Ganze nicht mehr so genau erinnern.

Anstand? Gewissen? Für die ewig klammen Parteipolitiker der deutschen Nachkriegsdemokratie ein Luxus, den man sich nicht leisten konnte. Man nahm das Geld, von wem auch immer es kam, und stamme es aus Vermögen, zusammengerafft von Verbrechern, die sich mit den schlimmsten Massenmördern der Menschheitsgeschichte gemeingemacht hatten. Helmut Kohl, Franz Josef Strauß oder Otto Graf Lambsdorff wussten ja, welch düstere Vergangenheit der Flick-Konzern hatte. Sie ließen sich kaufen wie zuvor schon Adolf Hitler, Heinrich Himmler, Hermann Göring. Schmiergeldzahlungen waren fest verankert in der Tradition der Firma. Stammvater Friedrich Flick hatte früh gelernt, wie man sich mit Spenden Politiker gewogen macht und deren für ihn höchst profitable Entscheidungen für vergleichsweise kleines Geld erwirbt. Nach dem Ersten Weltkrieg verpflichtete Flick sich die Elite der Weimarer Republik – Gustav Stresemann, Heinrich Brüning, Franz von Papen, Kurt von Schleicher – mittels Geldgeschenken als willige Helfer beim Aufbau seines Industrieimperiums. Ganz groß ins Geschäft kam Flick unter der Nazi-Herrschaft.

Mit Millionenbeträgen förderte der Industrielle den »Führer« und Konsorten. Flick ließ sich zum Wehrwirtschaftsführer befördern, er gehörte zum »Freundeskreis des Reichsführers SS Heinrich Himmler«, auf dessen Sonderkonto er jährlich 100.000 Reichsmark überwies. Die Nazis zeigten sich erkenntlich. Ihr Gönner erhielt bereits 1934 umfangreiche Rüstungsaufträge: Artilleriegranaten, Geschützrohre, Fliegerbomben.

Flick durfte sich am Vermögen jüdischer Industrieller bedienen. Bei den Passagen der Nürnberger Rassengesetzen zur »Arisierung«, den Zwangsverkäufen jüdischen Besitzes, gaben Flicks Hausjuristen Formulierungshilfen, galt es doch, »die Juden daran zu hindern, die Früchte des nationalsozialistischen Aufbauwerkes für sich einzuheimsen« (NS-Propaganda). Flick war es nun, der die jüdischen Beteiligungen an Kohlebergwerken in der Tschechoslowakei, an Erzminen in Lothringen einheimste, der hinter den vorrückenden Wehrmachtstruppen im Osten Industrieanlagen und Rohstoffe einkassierte. Er verdiente prächtig an versklavten Kriegsgefangenen, KZ-Häftlingen und Fremdarbeitern, die in seinen Betrieben schuften mussten, oft bis zum Tode. 1943 gebot Flick über den größten Privatkonzern im Nazi-Reich, er produzierte mehr Waffen, Kohle, Stahl als der Rüstungsriese Krupp.

Im Nürnberger Kriegsverbrecherprozess kam Flick 1947 mit sieben Jahren Haft milde davon, bereits 1950 durfte er das Gefängnis in Landsberg verlassen, amnestiert von den US-Amerikanern, die im heraufziehenden Kampf gegen den Kommunismus auf den bewährten Rüstungsfachmann nicht verzichten mochten. Zwei Jahre nach der Währungsreform, bei der die Bundesbürger 40 D-Mark Startgeld erhalten hatten, verfügte Ex-Häftling Flick dank seiner Stahlwerke und Kohlegruben in Westdeutschland bereits wieder über liquide Mittel von 250 Millionen D-Mark.

»Angesichts der düsteren und kriminellen Vergangenheit der Finanzmacht des Flick-Konzerns«, urteilte Otto Schily, der die Grünen im 1983 eingerichteten Flick-Untersuchungsausschuss des Bundestags vertrat, »ist der fehlende Bruch mit der Kontinuität der Flick-Herrschaft der schlimmste Tatbestand, den der Ausschuss feststellen konnte, schlimmer noch als jeglicher Rechtsbruch, an dem der Flick-Konzern beteiligt war.« Es sei so bewiesen, »daß die gesellschaftlichen Strukturen der Bundesrepublik Deutschland, die Flicks Wiederaufstieg zuließen und begünstigten, große Demokratie-Defizite aufweisen«.

Friedrich Flick und später sein Sohn und Erbe Friedrich Karl Flick mehrten Macht und Milliarden, weiterhin auch mittels Politikerkaufs, mit vielen Millionen, auch in bar, am Fiskus vorbei, selbstverständlich ohne Quittung, zu großen Teilen aus illegal geführten schwarzen Kassen.

Steuerfahndung und Staatsanwaltschaft, durch Zufallsfunde auf die systematische Steuerhinterziehung der Parteien und ihrer Komplizen in der Wirtschaft gestoßen, wühlten sich durch Aktenberge. Die ersten der mehr als 700 Ermittlungsverfahren liefen an, es wurde eng für Geber und Nehmer. Eine »politische Lösung«, so nannte man das in den Hinterzimmern des Parlaments, sollte her. Die Regierungsparteien SPD und FDP und die

Oppositionsparteien CDU und CSU rüsteten sich zum Zangenangriff auf den freiheitlichen Rechtsstaat. Der sollte im Handstreich mittels einer umfassenden Amnestie, einer rückwirkend geltenden Strafbefreiung für Geber und Nehmer, außer Kraft gesetzt werden.

Vorbereitet wurde der Staatsstreich durch eine Viererbande einschlägig bekannter Dunkelmännern, im Spätherbst 1982 heckten sie im Bonner Bundestag die Putschpläne aus. Anführer war Hans-Jürgen Wischnewski, zu dieser Zeit stellvertretender Vorsitzender der SPD, Ex-Staatsminister in Helmut Schmidts Kanzleramt, als »Ben Wisch« im Zwielicht arabischer Umtriebe gerne unterwegs. Die FDP vertrat Fraktionsrechtsexperte Detlef Kleinert, bei den niedersächsischen Liberalen der Schatzmeister und entsprechend belastet, Trinker, laut Willy Brandt nur alkoholisiert als Redner im Plenum »richtig gut«. Hielt sich flüssig und alte Damen bei Laune, indem er ihnen im Nebenberuf Haustierkrankenversicherungen oder Versicherungen gegen den plötzlichen Ausfall des Fernsehers anbot, der sofort ausgetauscht würde. Die Interessen von Franz Josef Strauß vertrat dessen Günstling Karl-Heinz Spilker. Der Jurist und Schatzmeister der CSU hat zu seiner Person ins Handbuch der Bundestagabgeordneten eintragen lassen: »1939 Abitur, Reichsarbeitsdienst, anschließend bis 1945 Kriegsdienst (Schwerversehrter).« Was er sonst noch in der Nazi-Zeit getrieben hatte, behielt er lieber für sich: Gleich nach Kriegsbeginn Eintritt in die SS, Aufstieg zum SS-Obersturmführer. Bei Stalingrad verwundet, trat er 1943 in Joseph Goebbels Propagandaministerium einer Abteilung bei, die unter anderem mit der »Entjudung des deutschen Kulturlebens« beauftragt war. Komplett war der Komplott mit Karl Wienand, ein früherer parlamentarischer Geschäftsführer der SPD-Bundestagsfraktion, enger Vertrauter von Herbert Wehner und Helmut Schmidt. Wienand war Lobbyist der Charterfluggesellschaft »Paninternational«, die 1971 bei einer Notlandung auf einer Hamburger Autobahn 22 Passagiere in den Tod riss. Wegen Steuerhinterziehung wurde der Genosse später mit einer sechsstelligen Geldstrafe belegt, es folgten Untersuchungshaft und Verurteilung wegen Bestechung zu einer zweijährigen Bewährungsstrafe. Als

DDR-Agent kamen ihm dann noch zweieinhalb Jahre Gefängnis und eine Geldstrafe von einer Million D-Mark mit aufs Kerbholz.

FDP-Kleinert hatte den Anschlag auf die Verfassung sorgfältig vorbereitet. Mit dem von ihm formulierten Gesetzestext sollten Regierungsparteien und Opposition die in Artikel 3 des Grundgesetzes verbürgte Gleichheit vor dem Gesetz aufheben. Eine Generalamnestie sollte es geben für alle: für Friedrich Flick und seinen Handlanger Eberhard von Brauchitsch, für *Spiegel*-Augstein und alle anderen, die bei Steuerhinterziehung, bei Schmiergeldzahlungen an Parteien und Politiker beteiligt waren. Untreue, Betrug, Vorteilsannahme durch Minister, Bestechlichkeit und Bestechung, alles sollte in dem Coup mitamnestiert werden. Kleinert hat dafür die Formulierung ausgedacht: »Sind durch eine und dieselbe Handlung Gesetzesverletzungen, für die Straffreiheit gewährt wird, und andere Gesetzesverletzungen begangen worden, so erstreckt sich die Straffreiheit auch auf die anderen Gesetzesverletzungen«. Kleine und große Korrupte wären fein raus gewesen, Spitzenpolitiker ebenso wie die Bosse des Big Business – geschützt vor Strafverfolgung.

Den Anschlag auf geltendes Recht sollten die Parteien nutzen, um in einem Zuge sich die Taschen mit dem Geld der Steuerzahler zu füllen. Der Staat sollte sich entgegen den Bestimmungen des Grundgesetzes an der Finanzierung der Parteien beteiligen. Sie sollten die Parteien obendrein gemeinnützigen Organisationen in etwa gleichgestellt werden, auf dass Spenden in wesentlich höherem Maße als bisher steuerbegünstigt würden.

Die Mitverschwörer Wischnewski, Spilker, Wienand – sie waren total begeistert von Kleinerts Putschpapier. Pech für die politische Klasse und ihre Gönner mit dem großen Geld, denen der Staatsanwalt im Nacken saß: Einer der Planer des Anschlags hielt nicht dicht. Gleich nach dem ersten konspirativen Treffen rief der Mann im Bonner Büro des *Spiegel* an und erstattete dem Autor Bericht über den Inhalt des Gesetzentwurfes von Kleinert, bis in alle Einzelheiten. Hielt uns danach über den Fortgang der streng geheimen Gespräche mit den führenden Leuten der Regierung und der Opposition detailliert auf dem Laufenden. In einem der Aufzüge des »Langen Eugen«, des Abgeordnetenhochhauses im Regierungsviertel am Rhein, steckte er dem Autor ein Briefkuvert zu, darin eine Ablichtung des Kleinert-Papiers. Warum er das tat? Ein Geheimnis, von dem er annahm, dass wir davon wussten, und von dem nur ja nicht die Öffentlichkeit erfahren sollte, förderte die Bereitschaft zur Zusammenarbeit. (Er hat es mit in sein Grab genommen, und da soll es bleiben.) Wir vom Bonner *Spiegel*-Büro hatten endlich genug in den Händen, um Augsteins Widerstand gegen die Veröffentlichung des Spenden- und Flick-Skandals zu brechen.

Die SPD/FDP-Koalitionäre der Regierung Helmut Schmidt gerieten sich über das Kleinert-Konzept in die Haare. Nicht etwa, dass die hohen Herren doch noch Hemmungen und Gewissensbisse bekommen hätten wegen des geplanten Anschlags auf das Grundgesetz und den demokratischen Rechtsstaat. Nein, man misstraute einander, fürchtete wechselseitig, der Partner würde einem die Schuld zuschieben, falls der dreiste Coup scheitere.

Fritz-Joachim Gnädinger (1938–2019), Staatsanwalt aus Konstanz, als Bundestagsabgeordneter Rechtsobmann der Sozialdemokraten, berichtete als Ruheständler dem Autor von jenen turbulenten Tagen: »Kleinert und Wischnewski haben den Entwurf für das umfassende Amnestiegesetz zwar hinbekommen, aber sie sind nicht vorangekommen. Obwohl die engere SPD-Führung und die FDP-Leute sowieso hinter denen standen. Die engere SPD-Führung wollte das Gesetz gegen alle juristischen Bedenken, weil sie darin die Garantie sah für den Fortbestand der sozialliberalen Koalition. Aber Wischnewski ist gescheitert.« Im SPD-Parteipräsidium habe man sich gefragt, wie weiter? »Herbert Wehner hat vorgeschlagen, der Gnädinger soll als Rechtsexperte der SPD-Fraktion einen neuen Entwurf machen. Dies wurde mir aufgetragen. Wischnewski hat mich eingewiesen.«

Gnädinger gab an, er könne sich lebhaft an alles Wesentliche erinnern: »Ich habe dann einen Entwurf gemacht für eine Amnestie und dabei darauf geachtet, den Amnestiebereich auszuweiten, zum Beispiel Delikte wie Untreue und Betrug mit reingenommen. Mein Vorschlag hatte zwei Schwerpunkte. Erstens, sämtliche hinterzogenen Steuern werden nachentrichtet. Zweitens, sämtliche Betroffene, sowohl jene, gegen die bereits ermittelt wurde, wie auch jene, die noch kein Verfahren am Hals hatten, müssen sich offenbaren und an der Aufklärung der Straftaten mitwirken.« Kurzum, »tätige Reue« sollte belohnt werden, dies sei »kein Sondergesetz« gewesen, sagte Gnädinger.

War es doch – da mochte sich der Rechtsexperte noch so sehr bemühen, seinen Vorschlag harmlos aussehen zu lassen. Wie zu Nazi-Zeiten sollte wieder Recht rückwirkend und zeitweilig außer Kraft gesetzt werden. Nach geltendem Recht wird von Strafe nur abgesehen, wenn ein Steuerstraftäter sich den Behörden offenbart und gegen ihn noch kein Verfahren eingeleitet ist. Die Kumpanei aus Regierungs- und Oppositionsparteien wollte geltendes Recht in sein Gegenteil verdrehen.

Gnädinger schilderte die weiteren Abläufe Ende 1981: »Meinen Entwurf habe ich dann im Kanzleramt vorgestellt. Helmut Schmidt saß neben mir und hat mich gelobt. Großartig, ganz großartig seien meine Vorschläge. Hinterher, als die Sache den Bach runter ging, hat er gesagt: Wer hat den Unsinn angeordnet. In dieser Runde im Kanzleramt war er noch, wie alle die anderen auch – Wehner, Brandt, Wolfgang Mischnick, Peter Glotz – der Meinung, man solle es mit meinem Vorschlag versuchen. Brandt war voll dafür. Ihm haben die Vorschläge von mir sehr gut gefallen. Er hat mich bei einem Besuch in meiner Heimatstadt Konstanz sehr dafür gelobt. In seinem Dienstzimmer in Bonn war ich allein mit ihm, er war ganz stark für diese Amnestie. Es ging ihm darum, kann man so die Koalition mit der FDP retten, kann Schmidt Bundeskanzler bleiben? Und er wollte natürlich auch die Genossen schützen, die mit drin hingen.«

An einem Freitag, am 18. Dezember 1981, dem letzten Sitzungstag des Parlaments vor der Weihnachtspause, sollte das dicke Ding gedreht werden. Morgens Tagung der Fraktionen, gleich danach Abstimmung im Bundestag, und der Bundesrat sollte die Amnestie am selben Tag auch gleich durchwinken – so der Plan der Putschisten. Die SPD-Bundestagsabgeordneten fanden auf ihren Tagesordnungszetteln den Gesetzentwurf zwar angekündigt, der Text aber fehlte. Den hatten Mitarbeiter kurz vor der Fraktionssitzung wieder eingesammelt. Die Obergenossen hatte die Angst vor einem Aufstand übermannt. Denn die Abgeordneten kannten den Text – aus dem *Spiegel*. Und der eigene Justizminister, Jürgen Schmude, hatte vor der Sitzung kundgetan, er sehe sich außerstande, für den Entwurf zu stimmen, er werde sich der Stimme enthalten.

Auch wenn der Amnestieputsch scheiterte, die Drahtzieher in den drei Bundestagsaltparteien schafften es immerhin, das ganze Ausmaß der Parteispenden/Flick-Affäre vor den Bürgern zu verbergen. Den Untersuchungsausschuss des Bundestags sabotierten die Abgesandten der Altparteien routiniert. Schützling Kanter, der Flick-Lobbyist mit dem dicken Portemonnaie, wurde nicht vorgeladen. Die neu ins Parlament gelangten Grünen ließ man ins Leere laufen. Otto Schily, für die Grünen im U-Ausschuss, beklagte: »Die haben einfach brutal mit dem Untersuchen aufgehört. Die haben uns im Ausschuss den Stecker rausgezogen.«

Sagen, was war.

Das Urteil gegen Adolf Kanter in gekürzter Fassung

Geschäfts-Nr. 3 StZ 13/94

Das Urteil ist rechtskräftig seit dem 23. März 1995.
Koblenz, den 10. April 1995
[...], Justizhauptsekretär
als Urkundsbeamter der Geschäftsstelle des Oberlandesgerichts

Oberlandesgericht Koblenz

Im Namen des Volkes

Urteil

In der Strafsache

gegen Adolf Josef Kanter,
geboren am 27. März 1925 in P.
deutscher Staatsangehöriger, verheiratet,
wohnhaft: [...] 12 in [...]

wegen geheimdienstlicher Agententätigkeit

hat der 2. Strafsenat – Staatsschutzsenat – des Oberlandesgerichts Koblenz
aufgrund der vom 13. Februar 1995 bis zum 15. März 1995 andauernden Hauptverhandlung
in der Sitzung vom 15. März 1995,
an der teilgenommen haben:

Vorsitzender Richter am Oberlandesgericht Dr. Vonnahme als Vorsitzender,

Richter am Oberlandesgericht Mertens,
Richter am Oberlandesgericht Pott
als beisitzende Richter,

Oberstaatsanwalt beim Bundesgerichtshof Siegmund,
Staatsanwalt Weitzmann
als Vertreter der Bundesanwaltschaft,

Rechtsanwalt Dr. Odenthal, Köln
als Verteidiger des Angeklagten

Justizhauptsekretär B.
als Urkundsbeamter der Geschäftsstelle

für Recht erkannt:

1. Der Angeklagte wird wegen geheimdienstlicher Agententätigkeit zu einer Freiheitsstrafe von zwei Jahren verurteilt.
2. Die Vollstreckung der Freiheitsstrafe wird zur Bewährung ausgesetzt.
3. Dem Angeklagten wird die Fähigkeit, öffentliche Ämter zu bekleiden und Rechte aus öffentlichen Wahlen zu erlangen sowie das Recht, in öffentlichen Angelegenheiten zu wählen oder zu stimmen, für die Dauer von drei Jahren aberkannt.
4. Zulasten des Angeklagten wird der Verfall eines Geldbetrags in Höhe von 20.000 DM (in Worten: Zwanzigtausend Deutsche Mark) unter Bewilligung einer Zahlungsfrist von drei Monaten ab Rechtskraft des Urteils angeordnet.
5. Der Angeklagte trägt die Kosten des Verfahrens und seine notwendigen Auslagen.

Angewendete Vorschriften:
§§ 100 e Abs. 1 StGB a.F., 99 Abs. 1 Nr. 1, 2, Abs. 2 und 5, 56 Abs. 1 und 2, 101, 45 Abs. 2 und 5, 73 Abs. 1 Satz 1, 73 a Satz 1, 73 b StGB

Gründe:

A) Persönliche Verhältnisse und beruflicher Werdegang des Angeklagten

[...]

B) Das strafbare Verhalten des Angeklagten

I. Die Anbahnung und die nachrichtendienstliche Verstrickung des Angeklagten

Kontakte mit Menschen aus der damaligen DDR und sozialistischen Staaten Osteuropas hatte der Angeklagte Anfang der 50er Jahre nicht nur bei Begegnungen im Europahaus in Marienberg, sondern auch bei den kommunistischen „Weltjugendspielen", an denen er als Beobachter und „Gegenagitator" teilnahm. Zu einem nicht näher feststellbaren Zeitpunkt Ende der 50er Jahre, spätestens 1958, trat in Marienberg ein unbekannt gebliebener älterer Herr mit der Bemerkung an den Angeklagten heran, er solle ihm von „alten Freunden" grüßen und der Angeklagte „werde ihn wohl nicht gleich verhaften lassen"..... Neben einem Gedankenaustausch über die allgemeine politische Lage berichtete er dem Fremden dabei insbesondere über seine Tätigkeit im Europahaus in Marienberg. Bei den Unterhaltungen, die unter Hinweis auf die Bedingungen des „Kalten Krieges" schon unter gewissen konspirativen Vorkehrungen stattfanden, erkannte der Angeklagte sehr bald, dass es Aufgabe seines Gesprächspartners war, ihn für den Nachrichtendienst der DDR abzuschöpfen. Dennoch ließ er sich im Weiteren auf diesen Kontakt ein.

Ebenfalls in den 50er Jahren, möglicherweise schon 1950, lernte der Angeklagte anlässlich einer Veranstaltung der Weltjugendspiele einen „Siegfried" kennen, der sich ihm gegenüber als hauptamtlicher Funktionsträger der „Freien Deutschen Jugend" (FDJ) der DDR vorstellte.

Im Jahre 1967 wurde der Angeklagte weiter dadurch in die nachrichtendienstliche Tätigkeit verstrickt, dass ihm das MfS einen Geldbetrag in Höhe von 15.000 DM zukommen ließ. Anlass dafür waren finanzielle Schwierigkeiten, in die der Angeklagte durch die Aufgabe seiner beruflichen Tätigkeit im Europahaus und das sich anschließende langwierige Strafverfahren geriet. Das Geld wurde ihm damals bar in drei Raten zu je 5.000 DM übergeben. Wenngleich der Angeklagte den Namen des unbekannt gebliebenen Überbringers nicht zu nennen vermochte, war er sich der Herkunft des Geldes, die sein damaliger MfS-Instrukteur Dr. K. (B. II. 2. b) ihm zudem bestätigte, von Anfang an bewusst. Obwohl darüber nicht ausdrücklich gesprochen wurde, entwickelte sich mit der Annahme des Geldes bei ihm unterschwellig das Gefühl, nicht mehr ohne weiteres aus der eingegangenen Verbindung mit dem MfS aussteigen zu können.

II. Die nachrichtendienstliche Führung des Angeklagten

1. Registrierung und führende Diensteinheit

Der Angeklagte wurde beim MfS unter dem Decknamen „Fichtel“ geführt. Er war als sogenannte A-Quelle eingestuft, worunter Agenten registriert wurden, die Informationen durch Abschöpfung von Kontaktpersonen beschafften. Die nachrichtendienstliche Führung dieses Vorgangs war dem für die Ausspähung des Bundesministeriums für innerdeutsche Beziehungen zuständigen Referat 5 der Abteilung I der Hauptverwaltung A (HVA) übertragen, dem auch der Führungsoffizier Siegfried W. angehörte. Von 1966 bis 1970 war der damalige Oberstleutnant im MfS Dr. Helmut B. Leiter dieses Referats. In dieser Funktion und später als Oberst und stellvertretender Leiter der Abteilung I war er der verantwortliche Leiter der Operation „Fichtel“. 1970 übernahm Oberst Karl S. die Leitung des Referats I/5 der HVA und damit die Verantwortung für den Vorgang. ....

Mit der operativen Bearbeitung des Inoffiziellen Mitarbeiters (IM) „Fichtel" waren nacheinander drei Führungsoffiziere der HVA betraut. Bis zu seinem gesundheitlich bedingten Ausscheiden im Jahre 1974 war dies der Hauptmann und spätere Major Siegfried W., danach bis Januar 1985 Oberstleutnant im MfS Rudolf F. und anschließend bis zur Auflösung der HVA Major im MfS Rainer G.

2. Das nachrichtendienstliche Verbindungswesen

a) Die Kurierverbindung

Nachdem der „ältere Herr" zu erkennen gegeben hatte, dass das MfS auch an dem Erhalt schriftlichen Informationsmaterials interessiert sei und der Angeklagte sich dazu bereiterklärt hatte, kündigte er ihm „als Briefkasten" die Verwendung einer Kurierin an. Als solche wurde alsdann die in der DDR unter dem Decknamen „Schubert" als Inoffizielle Mitarbeiterin in der HVA des MfS angeworbene Elfriede S. eingesetzt. Diese war nachrichtendienstlich in der Übernahme von Material aus Depots, in der Bestückung von Verstecken, im Empfang operativer Radiosendungen sowie im Abfotografieren schriftlicher Unterlagen ausgebildet worden. Im Juni 1956 zog Elfriede S. von ihren Eltern in Dortmund, bei denen sie nach ihrer kurz zuvor erfolgten Übersiedlung nach Westdeutschland zunächst gewohnt hatte, nach Düsseldorf um. Etwa im Jahr 1958 kam es zu dem ersten Treffen zwischen ihr und dem Angeklagten, das in der Hohe Straße in Köln stattfand. An dem ihr zuvor über Funk mitgeteilten Treffpunkt wurde sie von dem Angeklagten, dem der Ort vonseiten des MfS unter nicht mehr feststellbaren Umständen ebenfalls bekanntgegeben worden war und der sich ihr namentlich vorstellte, angesprochen. In der Folgezeit trafen beide sich im Schnitt etwa einmal monatlich nach zumeist kurzfristiger telefonischer Verabredung an unterschiedlichen Orten, vorwiegend in Nordrhein-Westfalen, einige Male auch in der Wohnung Elfriede S. in Düsseldorf. Die Treffen gestalteten sich so, dass der Angeklagte ihr Berichte diktierte oder ihr in stets großem Umfang schriftliches Material übergab, von dem er annahm, dass es für das MfS von Interesse sei. Die mitstenographierten Berichte schrieb Elfriede S. alsdann mit Schreibmaschine ab und fotografierte sie mit einer ihr eigens zu diesem Zweck von der HVA zur Verfügung gestellten Stativkamera. Ebenso verfuhr sie mit den ihr überlassenen Unterlagen. Während sie die Originale spätestens am nächsten Morgen an den Angeklagten zurückzugeben hatte, leitete sie die belichteten Filme über sogenannte „rollende Tote Briefkästen" an ihre Führungsstelle in der HVA weiter. Wenngleich der Angeklagte über die geheimen Transportwege nicht im Detail unterrichtet war, stand zwischen Elfriede S. und ihm von Anfang an außer Frage, dass das weitergeleitete Material für das MfS bestimmt war und über geheime Kanäle nach dort geschleust wurde.

b) Die Instrukteurverbindung

Vom Jahre 1962 bis zu seiner Auflösung bediente sich das MfS zur Aufrechterhaltung der nachrichtendienstlichen Verbindung des Instrukteurs Dr. Werner K. Dr. K. ist Wirtschaftswissenschaftler. Seit 1951 war er als Mitarbeiter im Verband Deutscher Konsumgenossenschaften (VDK) in der DDR tätig, zuletzt vor seinem Ausscheiden im Jahre 1975 als Mitglied des Vorstands. Daneben war er seit Anfang der 60er Jahre zunächst Inoffizieller Mitarbeiter und ab 1975 Hauptamtlicher Inoffizieller Mitarbeiter des MfS (HIM). Sein Arbeitsbereich dort umfasste die Erforschung des Einflusses der Wirtschaft auf die Politik und auf die Parteien in der Bundesrepublik. Aufgrund seiner fachlichen Kenntnisse und seiner Kontakte in mehrere europäische Länder schien er für eine operative Bearbeitung des Angeklagten in besonderem Maße geeignet.

Die erste Begegnung beider Männer führte das MfS im Jahr 1962 in Dortmund herbei, als der Angeklagte sich anlässlich des Bundesparteitags der CDU dort aufhielt. Zur Vorbereitung hatte Dr. K. von dem Führungsoffizier Siegfried W. eine Beschreibung und ein Foto des Angeklagten sowie nähere Angaben über Zeit und Ort des Treffens erhalten. Mithilfe einer auch dem Angeklagten bekannten Losung gelang es Dr. K., der unter der Legende eines schweizerischen, aus Basel stammenden freiberuflichen Werbefachmanns für westdeutsche Handelsunternehmen als „Hans Frank“ auftrat, den Kontakt zu dem Angeklagten herzustellen. Da Dr. K. dem Angeklagten entweder von dem Führungsoffizier Siegfried W. oder von der Kurierin Elfriede S. angekündigt worden war und Dr. K. zudem sinngemäß erklärte, er komme aus Berlin und solle künftig die Verbindung mit den „Nachrichteninteressierten“ aufrechterhalten, waren dem Angeklagten Funktion und Stellung des Instrukteurs von Anfang an bekannt. Wenngleich er dessen richtigen Namen erst später erfuhr, war ihm zudem auch klar, dass er es jedenfalls nicht mit einem „Schweizer Staatsbürger aus Basel“ zu tun hatte. Zwischen ihm und dem etwa gleichaltrigen Dr. K, der bis zum Ende der nachrichtendienstlichen Verbindung Instrukteur des Angeklagten blieb, herrschte von Anfang an gegenseitige Sympathie, die sich im weiteren Verlauf zu einer engen Freundschaft entwickelte.

In den ersten Jahren von 1962 bis 1967, die zunächst vornehmlich der Schaffung persönlicher Kontakte als Grundlage der nachrichtendienstlichen Verbindung dienten, trafen sich der Angeklagte und Dr. K. bis zu dreimal jährlich und ab 1967 in der für den Angeklagten persönlich und beruflich schwierigen Phase bis zu fünfmal jährlich an nicht mehr näher feststellbaren Tagen in verschiedenen Hotels im Großraum Düsseldorf/ Köln/ Bonn, in denen sich Dr. K. jeweils für mehrere Tage einmietete. Die Begegnungen wurden in der Regel telefonisch oder brieflich abgestimmt. Zu diesem Zweck verfügte der Angeklagte über die private Telefonnummer Dr. K. Die Briefe seines Instrukteurs erhielt der Angeklagte aus Legendierungsgründen unter dem Absender „Dr. Werner“ oder „Hans Frank“. Im Umfeld des Angeklagten wurde Dr. K. als „Dr. Frank“ bekannt.

Mit der zunehmenden Bedeutung des Vorgangs nach dem Eintritt des Angeklagten in die Friedrich Flick KG verdoppelte sich auch die Anzahl der Treffen, die nunmehr etwa zehnmal pro Jahr durchgeführt wurden. Nachdem Dr. K. sich über die Unannehmlichkeiten der häufigen Hotelaufenthalte beklagt hatte, einigte man sich im Jahre 1975 darauf, die Begegnungen künftig in dem Anwesen K. in A. stattfinden zu lassen. Dort betrieb die Schwester Agnes L. des Angeklagten eine Pension, während der Angeklagte einen Schlaf- und einen Büroraum im zweiten und dritten Stock nutzte, die er Dr. K. bei dessen Besuchen zur Verfügung stellte. Ende 1981 übertrug der Angeklagte seinen Anteil an dem Gebäude auf seine Schwester und erwarb als Nebenwohnsitz eine Eigentumswohnung in der [...] in A., wohin von da an auch die weiteren Zusammenkünfte verlegt wurden. Der Angeklagte händigte Dr. K. zu diesem Zweck einen Wohnungsschlüssel aus und stellte ihm ein Zimmer zur Verfügung, in dem er ständig persönliche Sachen deponieren konnte. Somit konnte Dr. K. die Wohnung auch dann jederzeit betreten, wenn der Angeklagte wie gewöhnlich tagsüber arbeitete und nur abends verfügbar war. Die Aufenthalte Dr. K. in der Wohnung erstreckten sich in der Regel über drei bis vier Tage. Sie verringerten sich trotz der mit dem Ausscheiden bei der Flick KG gesunkenen nachrichtendienstlichen Bedeutung des Angeklagten nicht maßgeblich, da Dr. K. in A. weiterhin über eine günstige Bleibe verfügte und der Angeklagte bei seiner beruflichen Arbeit, etwa bei der Abfassung von Berichten, auch seinerseits gern dessen Sachkunde in Anspruch nahm.

Das letzte Treffen dieser Art fand im September 1981 statt. Dr. K. reiste zu diesem Zweck am 26. September als „Gerhard Jennrich" von Ost- nach West-Berlin ein. Die Benutzung der Dubletten-Personalpapiere fiel indessen den Sicherheitsbehörden auf, sodass der angebliche „Jennrich" während der weiteren Fahrt observiert wurde. Dr. K. bemerkte die Beschattung jedoch. Von A. aus setzte er sich deshalb telefonisch mit dem Angeklagten in Verbindung, schilderte ihm den Sachverhalt und erklärte ihm, dass er unverzüglich die Heimreise antreten wolle. Dieser holte ihn daraufhin vereinbarungsgemäß mit dem PKW ab und brachte ihn zum Bahnhof in Koblenz, von wo aus Dr. K. nach Hause zurückfuhr. Zwei Versuche, ihn in der Wohnung in A. festzunehmen, blieben erfolglos, da sich zu den Zeitpunkten der beiden polizeilichen Durchsuchungen niemand dort aufhielt. Um dem Angeklagten im Falle der erwarteten polizeilichen Nachforschungen ein Alibi zu verschaffen, ließ Dr. K. ihm unter dem Datum des 19. November 1983 einen Brief zukommen, in dem ein „Hans Frank" aus Basel sinngemäß erklärte, er habe überstürzt aus der ihm zur Verfügung gestellten Mansarde des Angeklagten abreisen müssen, da seine Mutter überraschend in ein Krankenhaus eingeliefert worden sei. Nach deren Tod müsse er jetzt den Nachlass regeln, sodass die geschäftliche Zusammenarbeit mit dem Angeklagten für längere Zeit unterbrochen werden müsse. Diese Ausführungen entsprachen, wie auch der Angeklagte wusste, nicht der Wahrheit.

Obgleich er in dem nunmehr gegen den unbekannten „Jennrich" eingeleiteten Ermittlungsverfahren mehrfach eingehend als Zeuge vernommen wurde und seine Entdeckung befürchtete, fasste der Angeklagte zu keinem Zeitpunkt den Entschluss, seine nachrichtendienstliche Tätigkeit einzustellen. Überlegungen, sich dem Bundeskriminalamt oder dem befreundeten Eberhard von B. zu offenbaren, verwarf er alsbald wieder. Vielmehr glaubte er, gerade durch eine Fortsetzung der Beziehungen geschützt zu sein und eine Enttarnung verhindern zu können. Zudem fühlte er sich weiterhin menschlich so eng mit Dr. K. verbunden, dass er die Freundschaft zu ihm nicht beenden wollte. Da diesem jedoch nach seiner gelungenen Flucht aus Sicherheitsgründen ein Ausreiseverbot in die Bundesrepublik und das westliche Ausland erteilt wurde, ruhte der Kontakt des Angeklagten zum MfS vorübergehend. Im Jahre 1985 wurde die Verbindung zu Dr. K. jedoch wieder hergestellt, als es der HVA gelang, ein gemeinsames Treffen in Ostberlin zu organisieren. Daran nahmen neben Dr. K. auch der damalige Leiter des zuständigen Referats I/5 Oberst im MfS Gerd M. sowie zeitweise der Abteilungsleiter I Oberst im MfS Rudolf G. teil. Während der sich über mehrere Stunden hinziehenden Zusammenkunft berichtete der Angeklagte über seine zurückliegenden Vernehmungen durch das Bundeskriminalamt und über seine damalige Situation. Wenngleich es zu der Zeit eine konkrete Perspektive für die Weiterführung des Vorgangs zunächst nicht gab, einigten sich die Gesprächspartner darauf, dass Dr. K. den wieder hergestellten Kontakt aufrechterhalten solle. Neben einer gewissermaßen „seelischen Betreuung" des Angeklagten durch Dr. K. war dabei auch an weitere nachrichtendienstliche Aktivitäten gedacht. Schließlich wurde der Beschluss gefasst, ein weiteres Treffen für das nächste Jahr zu planen.

Zu der vorgesehenen weiteren Begegnung mit Dr. K. kam es dann Ende des Jahres 1986 in Belgrad, als der Angeklagte sich aus beruflichen Gründen für zwei Tage dort aufhielt. Gesprächsthemen waren private Probleme des Angeklagten, seine berufliche Situation sowie seine geschäftliche Tätigkeit und die von ihm betreute Klientel. Ferner wurden Überlegungen angestellt, wie man im Falle einer erneuten Störung es Kontakts die Verbindung aufrechterhalten bzw. wiederherstellen könne. Ein bereits bei dieser Gelegenheit ins Auge gefasstes und im Einzelnen noch abzustimmendes zweites Treffen mit Dr. K. in Belgrad, an dem noch ein weiterer Mitarbeiter des MfS teilnahm, fand im Oktober 1988, die letzte vor der Wende liegende Begegnung nachrichtendienstlichen Charakters im Februar 1989 in Ost-Berlin statt. (B. II. 3.).

3. Führungstreffs

Vom Ende der 60er Jahre bis 1980, also insbesondere während der in besonderem Maße interessanten beruflichen Tätigkeit des Angeklagten für die Friedrich Flick KG, organisierte das MfS zahlreiche Treffen zwischen diesem und leitenden Offizieren der HVA, vornehmlich mit dem damaligen Leiter des für die Bearbeitung des Vorgangs „Fichtel" zuständigen Referats I/5 Oberstleutnant Karl S. Diese Treffen, an denen stets auch Dr. K. teilnahm, fanden sowohl in Ostberlin als auch im Ausland statt. Letzteres war gewöhnlich der Fall, wenn sich der Angeklagte aus dienstlichen Gründen ohnehin dort aufhielt.

Die erste einem gegenseitigen Kennenlernen dienende Begegnung fand im Jahre 1968/69 in einem Restaurant in Ostberlin statt. Teilnehmer war außer dem Angeklagten und Dr. K. ein weiterer, nicht mehr zu ermittelnder Mitarbeiter des MfS. Karl S. war diesmal noch nicht anwesend.

Den ersten persönlichen Kontakt hatten der Angeklagte und S. im Jahre 1971. In einem Ostberliner Gästehaus wurden beide im Beisein des stellvertretenden Abteilungsleiters I der HVA Willi O. miteinander bekanntgemacht, nachdem S. im Jahr zuvor die Leitung des Referats I/5 von seinem Vorgänger Dr. Helmut R. übernommen hatte. Neben einer allgemeinen Konversation ging es vornehmlich um die Klärung, in welchem Rahmen der Angeklagte dem MfS künftig von Nutzen sein könne. Dabei standen hier als auch bei den nachfolgenden Treffen jeweils wirtschaftspolitische Fragen im Vordergrund. Sowohl bei dieser als auch bei den weiteren Begegnungen war dem Angeklagten bekannt, dass seine Gesprächspartner dem MfS angehörten. Ein ausdrücklicher Hinweis darauf war weder vonseiten des MfS üblich noch zur Information des Angeklagten erforderlich. Schon die äußeren Bedingungen machten ihm deren Zugehörigkeit zum Staatsapparat der DDR deutlich. So wurde der Angeklagte jedenfalls bei den ersten Zusammenkünften in Ostberlin nach der Anreise mit der S-Bahn am Bahnhof Friedrichstraße noch vor der Passkontrolle von Dr. K. oder einem anderen Mitarbeiter der HVA in Empfang genommen und ohne die sonst üblichen Förmlichkeiten weitergeleitet.

Bei einem weiteren Zusammensein in Ostberlin im Jahre 1975 erhielt der Angeklagte aus Anlass seines fünfzigsten Geburtstags als Geschenk eine Pferdestatue aus Meißner Porzellan.

Bei einem der in der Zeit von 1970 bis 1976 in Ostberlin durchgeführten Führungstreffen nahm auch der Oberstleutnant im MfS Dr. Helmut R. teil.

Im Jahre 1976 folgte eine Begegnung in Warschau, als der Angeklagte sich dort als Mitglied des Verbandes arabischer Pferdezüchter aus Anlass einer Pferdeauktion aufhielt. Auf Vorschlag Dr. K. trafen beide sich ein- oder zweimal zum Abendessen. ....

Ein weiteres Treffen ...fand 1977 in einem in Bahnhofsnähe gelegenen Restaurant in Kopenhagen statt, als der Angeklagte sich zu einem Kongress der dänischen Europabewegung dort aufhielt.

Derselbe Kreis traf sich ferner zu nicht feststehender Zeit aus Anlass der kommunistischen „Weltjugendspiele“ einmal in Helsinki.

Im Jahre 1978/1979 hielt sich der Angeklagte zu einer zweitägigen Arbeitstagung im Zusammenhang mit der Entwicklung der Europahäuser in Wien auf. Nachdem er Tagungszeit und Hotelunterkunft mitgeteilt hatte, traf er sich mit Dr. K., Karl S. und Rudolf F. in einem Lokal in der Wiener Altstadt, um vor einem geselligen Beisammensein zunächst einen Informationsaustausch über interessierende Fragen der allgemeinen weltpolitischen Entwicklung vorzunehmen. In der Folgezeit fand in Wien noch eine weitere ähnliche Begegnung statt.

In den 70er Jahren reiste der Angeklagte mindestens sechsmal nach Algier. Bei einem oder zwei dieser Aufenthalte verabredete er sich mit Dr. K., Karl S. und Rudolf F. in Restaurants.

Zu dem letzten Treffen mit Karl S. kam es 1980 in einem Gästehaus in Ostberlin. S., der nunmehr zu den rückwärtigen Diensten wechselte, übergab bei dieser Gelegenheit den Vorgang an seinen Nachfolger, den stellvertretenden Abteilungsleiter Harald E. Teilnehmer waren außer den genannten Personen auch Rudolf F. sowie Generalleutnant Werner G., der damalige Stellvertreter des HVA-Leiters Markus W. Zwar war S. in der zurückliegenden Zeit an noch weiteren Zusammenkünften mit dem Angeklagten interessiert gewesen. Diese waren jedoch an dessen Terminkalender gescheitert.

Nach der den Kontakt zu Dr. K. wiederherstellenden Begegnung im Jahre 1985 in Ostberlin und dem Treffen mit ihm allein im Jahre 1986 in Belgrad kam es zu dem bereits erwähnten (B. II. 2. b) nächsten Führungstreffen anlässlich einer Balkanreise des Angeklagten im Oktober 1988 in dem Gästehaus der DDR in Belgrad. Teilnehmer war neben Dr. K. noch Oberst Harald F. Themenschwerpunkt war wie bei dem ersten Belgrader Treffen die berufliche und persönliche Lage des Angeklagten.

Zu der letzten, bereits im Vorjahr in Belgrad ins Auge gefassten Begegnung kam es zwischen dem 15. und 18. Februar 1989 in einer konspirativen Wohnung in Ostberlin, als der Angeklagte sich anlässlich einer Reise zur Konrad Adenauer Stiftung in West-Berlin aufhielt. Auf Initiative des Angeklagten hatte Dr. K. zuvor mit der Leitung des MfS Rücksprache genommen, die ihrerseits dem Wunsch zu einem weiteren Zusammentreffen entsprochen hatte. Anwesend bei dem etwa dreistündigen Gespräch war neben dem Angeklagten und Dr. K. noch Oberst Gerd M. Erörtert wurde auch dieses Mal wieder die persönliche und berufliche Situation des Angeklagten. Angesichts der heraufziehenden politischen Veränderungen sprachen die östlichen Gesprächspartner, die dabei auf den Angeklagten bedrückt wirkten, aber auch die Politik Gorbatschows, die Lage in den osteuropäischen Staaten und deren Auswirkungen auf die DDR an. Gleichwohl war auch jetzt noch kein Abschied auf Dauer beabsichtigt. Vielmehr wurde ein weiteres Treffen nachrichtendienstlichen Charakters für Anfang 1990 vereinbart. Diese Abrede wurde jedoch durch die allgemein bekannte politische Entwicklung, die auch zur Auflösung des MfS führte, gegenstandslos.

III. Der Verratsumfang

Der Angeklagte berichtete dem MfS während der gesamten Dauer seiner rund 30-jährigen nachrichtendienstlichen Tätigkeit durch seine Kontaktpersonen, insbesondere die Kurierin S. und den Instrukteur K., umfassend über seine politischen Beziehungen und über alle wesentlichen Erkenntnisse, die er im Rahmen seiner vielfältigen beruflichen Aktivitäten gewann, und übergab hierzu auch umfangreiches schriftliches Material, das beim MfS mehrere Leitzordner an Operativakten füllte.

1. Vor der Anstellung des Angeklagten bei der Friedrich Flick KG weitergegebene Informationen (1958–1973)

Vom Beginn der nachrichtendienstlichen Verstrickung bis zur Aufnahme seiner Tätigkeit für den Flick-Konzern informierte der Angeklagte die HVA ausführlich über die Arbeit des Europa-hauses Marienberg, das deutsch-französische Jugendwerk, die damit verbundene deutsch-französische Zusammenarbeit und die europäische Integration. Neben mündlicher Informationsübermittlung übergab er verschiedene ihm zugängliche Schriftstücke wie Seminarunterlagen, Rede- und Vortragsmanuskripte sowie Ergebnisberichte über die im Europahaus abgehaltenen Veranstaltungen. Des Weiteren berichtete der Angeklagte damals über die rheinland-pfälzische Landespolitik, über seine Tätigkeit in der rheinland-pfälzischen CDU, über seine Teilnahme an den Tagungen der CDU-Sozialausschüsse und über den damaligen Rheinland-Pfälzischen Ministerpräsidenten Dr. Helmut K., den er persönlich kannte und von dem er annahm, dass er als kommender Mann in der CDU eine politische Karriere in Bonn vor sich habe. Auch dieses Thema war Inhalt von Gesprächen mit Dr. K. Von dessen nachrichtendienstlicher Arbeitsaufnahme an bis zum Ausscheiden der Kurierin S. im Jahre 1970 bediente der Angeklagte sich zur Weitergabe von Informationen an das MfS parallel beider Personen.

Die von dem Angeklagten übermittelten Informationen waren zwar umfangreich und aus Sicht der HVA auch wissenswert, operativ indessen wenig verwertbar. Größere Bedeutung hatte dagegen perspektivisch gesehen der Kontakt des Angeklagten zur CDU in Rheinland-Pfalz und namentlich zu dem späteren Bundeskanzler Dr. K. Denn für den Fall des Wechsels Dr. K. in die Bundespolitik erhoffte man sich, dass auch der Angeklagte dort eine interessante Position erreichen könnte. Dies entsprach der beim MfS nicht unüblichen Denkweise, über den Tag hinaus auf Personen zu setzen, bei denen man die Tendenz zu einer den eigenen Zwecken dienenden Fortentwicklung sah. Hinsichtlich des Angeklagten erfüllte sich diese Erwartung indessen nicht.

2. Während der Anstellung des Angeklagten bei der Friedrich Flick KG weitergegebene Informationen (1974–1981)

Während nach der Beendigung der Tätigkeit im Europahaus Marienberg auf der Leitungsebene der HVA immer wieder Überlegungen angestellt wurden, ob die Weiterführung des Vorgangs von seinem informativen und operativen Wert her noch sinnvoll sei, gewann die Angelegenheit erheblich an Bedeutung, als der Angeklagte Anfang der 70er Jahre unter Hinweis auf seine Freundschaft zu Eberhard von B. gegenüber Dr. K. andeutete, in das Bonner Büro des Flick-Konzerns einzutreten. Denn damit tat sich die Chance auf, Einblicke in Interna des politischen und wirtschaftlichen Geschehens in Bonn zu nehmen und insbesondere Erkenntnisse über den Einfluss der Industrie auf die Politik im Sinne der östlichen Interpretation der marxistischen Gesellschaftstheorie zu gewinnen. Perspektivisch gesehen waren dabei zudem die engen persönlichen Beziehungen des Angeklagten zu dem in der Konzernspitze der Flick KG und als Verbindungsmann zum Bundesverband der Deutschen Industrie (BDI) tätigen Eberhard von B. von Interesse. Als dieser später in den Jahren 1978/79 im Gespräch für die Nachfolge des Präsidenten des BDI stand, erhoffte man sich aufgrund entsprechender Andeutungen des Angeklagten gegenüber Dr. K., dass auch er ihm dorthin nachfolgen werde. Von B. übernahm diese Aufgabe jedoch nicht.

Innerhalb der oben dargelegten Aufgabenstellung des Bonner Flick Büros kümmerte der Angeklagte sich speziell um die Kontakte zu den Parteien CDU/CSU und FDP, zu in Bonn akkreditierten Auslandsvertretungen und zu dem Verbindungsbüro der EG in Brüssel, welches unter anderem der Kontaktpflege zwischen der Staatengemeinschaft und der Wirtschaft diente. Seine Tätigkeit brachte wöchentlich mehrere unmittelbare Begegnungen mit Politikern und hohen Beamten, insbesondere aus den genannten Parteien, mit sich. So führte er häufig Gespräche mit dem ehemaligen Generalsekretär der CDU Kurt B., mit dem damaligen Geschäftsführer der FDP Dr. Fritz F., dem ehemaligen Leiter der CDU-Planungsgruppe und Leitenden Beamten im Familienministerium Dr. Wahnfried D., dem Leiter des Büros des damaligen Oppositionsführers Dr. Helmut Kohl und späteren Ministerialdirektor im Bundeskanzleramt Horst T., dem Leiter des Büros des früheren Fraktionsvorsitzenden der CDU Dr. Alfred D., dem ehemaligen Staatsminister im Bundeskanzleramt Dr. Philipp J. sowie dem damaligen Bundestagsabgeordneten und späteren Parlamentarischen Staatssekretär im Bundesministerium der Finanzen Dr. Friedrich V. Über den mit seinen Gesprächspartnern gepflegten Gedanken- und Informationsaustausch hatte der Angeklagte sowohl in mündlicher als auch in schriftlicher Form die Konzernleitung in Düsseldorf zu unterrichten.

In weiteren in regelmäßigen Abständen zu erstellenden allgemeinen schriftlichen Berichten hatten der Angeklagte und der Leiter des Bonner Büros Dr. Walter S. die Konzernspitze über interessierende Themen wie etwa den Stand von Gesetzgebungsverfahren, die Auswertung von wirtschaftspolitischen, finanzpolitischen und wirtschaftsstrukturellen Ausarbeitungen der Bundesregierung sowie die Ausführungen wichtiger Politiker vor der Bundespressekonferenz zu informieren. Darüber hinaus teilten sie in ihren Berichten auch ihre eigenen Wertungen über den Konzern berührende politische Entwicklungen mit. Schließlich hatten sie über die Tätigkeit des Bonner Büros Jahresrechenschaftsberichte vorzulegen. Wenngleich diese Berichte keine geheimen Fakten enthielten, bekamen sie gleichwohl eine gewisse Originalität durch die in ihnen enthaltenen Analysen, Konzeptionen und Prognosen. Über die von ihm selbst gefertigten Schriftstücke hinaus hatte der Angeklagte auch Zugang zu sämtlichen Geschäftsberichten der zum Flick-Konzern gehörenden Unternehmen und zu Mitteilungen der erweiterten Geschäftsleitung der Flick-Gruppe. Denn die Werbung für die Konzeptionen und die industriellen Vorhaben der Gruppe im politischen und kirchlichen Bereich setzte aufseiten des Angeklagten einen möglichst lückenlosen Informationsstand voraus. Dieserhalb befanden er und Dr. S. sich auch in gutem und engem Kontakt mit der Konzernverwaltung in Düsseldorf, wo der Angeklagte sich mindestens vierteljährlich aufhielt, und mit den Entscheidungsgremien wesentlicher Konzerngesellschaften. Infolgedessen beschränkte sich der Kenntnisstand beider nicht nur auf Tatsachen, die jedermann zugänglich waren oder irgendwann ohnehin bekannt geworden wären, sondern auch auf konzerninterne Denkvorgänge, die jedenfalls nach dem Verständnis der Konzernspitze den Charakter von Geschäftsgeheimnissen hatten und mit höchster Sensibilität und Vertraulichkeit zu behandeln waren.

Während der gesamten Dauer seiner Tätigkeit im Bonner Büro der Flick-Gruppe hatte der Angeklagte ferner Einblick in die Vergabe von Geldern an Politiker und Parteien, insbesondere zur Wahlkampfunterstützung. An Spenden des Unternehmens bis zu einer Höhe von 10.000 DM wirkte er unmittelbar dergestalt mit, dass er zu Anfang eines Jahres eine Vorschlagsliste mit einem Gesamtvolumen zwischen 100.000 und 200.000 DM erstellte und sie der Konzernspitze vorlegte. Soweit diese die Vorschläge genehmigte, nahm der Angeklagte die entsprechenden Einzelanweisungen vor. Wenngleich er an der Zuteilung größerer Spendenbeträge, die sich die Konzernleitung in Düsseldorf allein vorbehalten hatte, nicht selbst mitwirkte, hatte er gleichwohl gesprächsweise davon Kenntnis. Von letzteren, später als die „Flick-Affäre" bekanntgewordenen Vorgängen wusste er auch, dass die „Spendenbeträge" teilweise nach außen verschleiert über gemeinnützige Einrichtungen an die Parteien und Politiker flossen und der Flick-Konzern so unrechtmäßig einen Großteil der Gelder als Steuererstattungen zurückerhielt.

Weitere Informationsquellen erschlossen sich dem Angeklagten, indem er als Verleger und Eigentümer des Pontes-Verlages und als Mitglied des „Vereins europäischer Journalisten" Presseausweise erhielt, die ihm den Zugang zu allen öffentlichen Sitzungen des Bundestages und zu Besprechungen mit Abgeordneten ermöglichten.

Als Inhaber vorbezeichneter Ausweise war er ferner in den Verteiler des Bundespresseamtes aufgenommen. Auch standen ihm Informationen des Parlamentarischen Pressedienstes der SPD zur Verfügung. Aus den Parteizentralen verschaffte er sich Berichte und Analysen über den Ausgang bevorstehender Wahlen sowie Entwürfe von Parteiprogrammen zukünftiger Parteitage.

Zugang hatte er schließlich auch zu den Wirtschaftsanalysen, insbesondere zu den Herbst- und Frühjahrsgutachten der sogenannten „Fünf Weisen". In dem Büro selbst hatte der Angeklagte zudem alle täglich dort eingehenden Drucksachen zu sichten, darunter solche gängiger Informationsdienste sowie die von den Referaten für Öffentlichkeitsarbeit der Ministerien, Fraktionen und Parteien versandten Unterlagen.

Über die im Rahmen der beschriebenen Tätigkeit erlangten Kontakte und Erkenntnisse berichtete der Angeklagte der HVA. Mündlich informierte er seinen Instrukteur Dr. K. etwa über Kontakte zu Beamten und Politikern – vornehmlich aus CDU und FDP – und deren Einschätzungen zu politischen und wirtschaftspolitischen Themen, über Verbindungen zu Journalisten, Organisationen und Institutionen sowie über berufliche und politische Probleme, über Vorkommnisse in dem Bonner Büro der Flick KG und über die von ihm persönlich sowie von der Konzernspitze vorgenommenen Spendenaktionen an Politiker und Parteien.

In erheblichem Umfang gab der Angeklagte ferner schriftliche Unterlagen an Dr. K. weiter. Dazu gehörten unter anderem Wirtschaftsanalysen, speziell die Wirtschaftsgutachten der „Fünf Weisen", Meinungsumfragen zu Wahlen und Wahlanalysen, vom Bundespresseamt für die Medien herausgegebene Materialien, Gesetzesentwürfe und Parteitagsprogramme. Zu der Tätigkeit des Flick-Konzerns gab er sämtliche Geschäftsberichte, Berichte über die innere Struktur des Konzerns und über dessen Geschäftsbeziehungen in die USA, Berichte über die wirtschaftliche Tätigkeit der einzelnen Konzernunternehmen, Lagebeurteilungen und Redemanuskripte weiter.

Auf dem Gebiet von Rüstungsangelegenheiten war der Flick-Konzern in den Beteiligungsgesellschaften Krauss-Maffei mit dem Panzer „Leopard" und bei der Dynamit Nobel mit verschiedenen Produkten tätig. Ferner gab es auch im Beteiligungsbereich Daimler-Benz Rüstungsgüter. Infolgedessen lieferte der Angeklagte in den Jahren 1975 bis 1980 gelegentlich auch Unterlagen aus dem rüstungswirtschaftlichen Bereich. Nähere Feststellungen zu Art, Umfang, Wertigkeit und Geheimhaltungsinteresse des Materials vermochte der Senat indessen nicht zu treffen.

Dr. K., der den Angeklagten im Verlauf der Unterhaltungen teilweise auch gezielt ausfragte, erhielt von der HVA in der Regel keine bestimmten Vorgaben. Die Fragen entwickelte er vielmehr selbst. Im Anschluss fertigte er alsdann jeweils Gesprächsberichte und gab diese zusammen mit den von dem Angeklagten erhaltenen Unterlagen an die HVA weiter.

Bei den übergebenen Unterlagen handelte es sich überwiegend um öffentlich zugängliche Papiere. Die den Flick-Konzern betreffenden Schriftstücke entstammten meistens dem allgemeinen Geschäftsgang. Gleichwohl blieb das MfS an dem Vorgang interessiert. Von besonderer Bedeutung erschien ihm dabei die Spendentätigkeit des Flick-Konzerns, über die der Angeklagte bereits vor den Veröffentlichungen in westlichen Medien berichtete. Aufgrund der nachrichtendienstlichen Informationen des Angeklagten, ergänzt durch entsprechende Veröffentlichungen im Nachrichtenmagazin „Der Spiegel", vermochte es sich schon früh ein Gesamtbild von Entstehung und Entwicklung der „Flick-Affäre" zu verschaffen. Gerade dieser Komplex schien die Einflussnahme der Wirtschaft auf politische Entscheidungsprozesse in besonderem Maße zu bestätigen. Die Berichte hierüber wurden denn auch innerhalb der HVA nicht, wie das von dem Angeklagten zuvor gelieferte Material, an die für die Auswertung üblicherweise zuständige Abteilung VII, sondern direkt an die Leitungsebene der HVA gegeben. Der hohe Stellenwert, den der Operativvorgang in dieser Zeit hatte, wird auch dadurch deutlich, dass sich Leitende Mitarbeiter der HVA mehrfach mit dem Angeklagten trafen. (B. II. 3.).

3. Nach dem Ausscheiden des Angeklagten bei der Friedrich Flick KG weitergegebene Informationen (1982–1989)

Nach der Spendenaffäre und der Auflösung des Bonner Flick-Büros reduzierten sich die Kontakte des Angeklagten insbesondere zu führenden Politikern in erheblichem Maße. Gleichwohl hielt das MfS die nachrichtendienstliche Verbindung im Hinblick auf die von dem Angeklagten vorgenommene Reaktivierung seines eigenen „Bonner Büros" im politischen Mittelpunkt der Bundesrepublik auch weiterhin aufrecht. In diesem beruflichen Rahmen beschäftigte er sich nunmehr vornehmlich mit der Beratung von Unternehmen mittlerer Größe und gab Kenntnisse und schriftliche Unterlagen, die er über seine Klientel, darunter die Schottel Werft in Spay, erlangte, an die HVA weiter. Bis 1988 lieferte er zudem Informationen aus seiner fortbestehenden ehrenamtlichen Tätigkeit und zu wirtschaftlichen Fragen, insbesondere zu Entwicklungen in sozialistischen Ländern und zu damit verbundenen wirtschaftlichen Maßnahmen der EG. Überwiegend handelte es sich dabei um selbst gefertigte Unterlagen, in der Regel sogenannte Abschöpfinformationen, zusätzlich aber auch Drucksachen aus dem Verteiler des Bundespresseamtes, die Dr. K. zunächst vorsichtete und alsdann nach und nach in Abständen von ein bis zwei Monaten an die Auswertungsstelle der HVA weiterleitete. Dort wurden sie von dem zuständigen Auswerter Michael L. mit der Note 3 als „durchschnittlich" eingestuft. Eine besondere Relevanz hatten sie für ihn nicht.

IV. Nachrichtendienstliches Entgelt und Motivation des Angeklagten

Neben der Zuwendung der 15.000 DM im Jahre 1967 erlangte der Angeklagte aus seiner Agententätigkeit keine nennenswerten finanziellen Vorteile. Für das Führungstreffen im Jahre 1977 in Kopenhagen erhielt er die Flugkarte im Wert von etwa 600 DM. Die Kosten für die An- und Abreise sowie für die Hotelunterkunft anlässlich der sonstigen Treffen trug er selbst, da er sie gewöhnlich als Dienstreisekosten verbuchen konnte. Die Restaurantrechnungen übernahm indessen stets das MfS. Für die Aufenthalte in der Eigentumswohnung des Angeklagten in A. zahlte Dr. K. für den Tag 100 DM. Darüber hinaus lud er gelegentlich zum Essen ein. Zwei- oder dreimal erhielt der Angeklagte Mitte bis Ende der 70er

Jahre der Übung des MfS entsprechend anlässlich besonderer Feiertage der DDR in Ostberlin Prämien von 500 oder 1.000 DM. Zum 50. Geburtstag bekam der Angeklagte, dessen Vorliebe für Pferde bekannt war, die Statue eines solchen Tieres aus Meißner Porzellan, anlässlich eines späteren Geburtstages die eines weißen Huhnes gleicher Herkunft geschenkt. Die vom MfS für seine Agententätigkeit ins Gespräch gebrachte Verleihung von Verdienstorden lehnte er ab.

Betreffend den Vorgang „Fichtel" existiert ein Reisebeleg des MfS über 20.000 US-Dollar von September 1988, der vermutlich mit dem Führungstreffen in Belgrad im Oktober 1988 in Verbindung steht. Hinweise, dass dem Angeklagten daraus Bargeld zugeflossen ist, haben sich allerdings nicht ergeben.

Vorstehende Feststellungen belegen, dass mit Ausnahme der Zeit nach Beendigung der Tätigkeit im Europahaus Marienberg im Jahre 1967 finanzielle Anreize bei der Ausübung nachrichtendienstlicher Tätigkeit nicht im Vordergrund standen. Ein gewichtiges Motiv des Angeklagten lag jedenfalls in der Anfangszeit vielmehr in dem Bestreben, zur Verständigung der Völker und Staaten und damit zum Erhalt des Friedens beizutragen. Außer durch seine humanistische und von der christlichen Lehre geprägte soziale Grundeinstellung sah er sich insbesondere durch seine Erlebnisse im Konzentrationslager in Dachau dazu veranlasst, den Dialog auch mit Fremden und Andersdenkenden zu suchen. Davon nahm er kommunistische Gesprächspartner, denen er schon früh, unter anderem in Marienberg und bei den Weltjugendspielen, begegnete, nicht aus, zumal er zwischen dem von sozialistischer Seite propagierten Humanismus und dem Linkskatholizismus, dem er sich zugehörig fühlte, Gemeinsamkeiten sah. Auch wollte er, von der Idee eines zusammenwachsenden Europas begeistert, diese Entwicklung nicht auf den westlichen, von der EG und der NATO bestimmten Teil des Kontinents beschränkt sehen. Der kommunistischen Ideologie des SED-Regimes mit ihrer stark atheistischen Ausrichtung brachte der Angeklagte allerdings keine Sympathie entgegen.

Angesichts der von der DDR auf vielen Gebieten betriebenen Politik, die er z.B. im Hinblick auf die Geschehnisse an der Berliner Mauer und die Beteiligung an der Niederwerfung des „Prager Frühlings" im Jahre 1968 seinen östlichen Gesprächspartnern gegenüber wiederholt kritisierte, war er sich auch zunehmend bewusst, dass er durch sein Tun zu tatsächlichen positiven Veränderungen letztlich nichts beizutragen vermochte und dass er insoweit einer Illusion angehangen hatte. Zumindest in der Anfangszeit übte vordergründig zudem die nachrichtendienstliche Verbindung mit der Vorstellung einen funktionsfähigen fremden Geheimdienst hinter sich zu haben, schon als solche auf den Angeklagten als jungem Menschen einen gewissen Reiz aus; eigenem Bekunden zufolge fühlte er sich dabei selbst wie eine Art „James Bond". Später nach dem Ausscheiden des Angeklagten bei der Flick KG im Jahre 1981 und der Flucht Dr. K. im September 1983 vermochte dieselbe Vorstellung ihm das Gefühl zu vermitteln, trotz zunehmender Bedeutungslosigkeit in gewisser Weise noch wichtig genommen zu werden.

Mit dem Auftreten Dr. K., dem der Anklagte von Beginn an mit Sympathie begegnete und mit dem ihn zunehmend echte Freundschaft verband, kam eine starke persönliche Komponente als weiteres Motiv für die geheimdienstliche Tätigkeit hinzu. Gerade sie war für den Willen des Angeklagten bedeutsam, die Zusammenarbeit mit dem MfS auch nach der Flucht Dr. K. im September 1983 nicht abzubrechen. Über den belastenden Gedanken an den fortlaufenden Vertrauensbruch gegenüber seinem anderen langjährigen Freund Eberhard von B., dem er insbesondere mit der Anstellung bei der Flick KG viel zu verdanken hatte, versuchte der Angeklagte sich innerlich mit der Vorstellung hinwegzuhelfen, diesem jedenfalls „nicht persönlich" geschadet zu haben.

V. Beweiswürdigung

[...]

VI. Rechtliche Würdigung

Das Verhalten des Angeklagten, an dessen voller strafrechtlicher Verantwortlichkeit keine Zweifel bestehen, erfüllt zunächst die Voraussetzungen des § 100 e Abs. 1 StGB a.F. Der Angeklagte hat schon spätestens im Jahre 1958 mit dem Auftreten des unbekannt gebliebenen „älteren Herrn" in Marienberg zu einer Einrichtung außerhalb des räumlichen Geltungsbereichs dieses Gesetzes verräterische Beziehungen aufgenommen und unterhalten, welche die Mitteilung von Staatsgeheimnissen zum Gegenstand hatten. Das Ministerium für Staatssicherheit der ehemaligen DDR war eine solche Einrichtung. Die von dem Angeklagten unterhaltenen Beziehungen waren auch auf die Mitteilung von Staatsgeheimnissen gerichtet. Insoweit bleibt festzustellen, dass der Begriff „Staatsgeheimnis" im Sinne des § 100 e StGB nicht so eng begrenzt war, wie dies seit Inkrafttreten des § 93 StGB n.F. der Fall ist. Die tatbestandlichen Voraussetzungen des § 100 e StGB a.F. sind deshalb bereits dann erfüllt, wenn nach den Vorstellungen der Beteiligten die Verbindung möglicherweise zum Verrat von Staatsgeheimnissen, sei es durch einen Partner oder durch einen Dritten, führt und es mindestens einem der Partner in dem konkreten Fall wenigstens auch auf die Erlangung von Staatsgeheimnissen ankommt (vgl. BGHSt 6, 333; 15, 230, 231; BGH in NJW 1963, 2283).Der Angeklagte war sich dessen bewusst, dass das MfS ein Interesse an der Ausspähung wirtschaftlicher und politischer Vorgänge zeigte und in seiner Stoßrichtung auf die Erlangung allgemeiner Staatsgeheimnisse abzielte. Er hat daher mit der Übermittlung der unter B. III. 1. genannten Informationen vorsätzlich die tatbestandlichen Voraussetzungen des § 100 e StGB a.F. verwirklicht.

Mit seinem Verhalten nach Außerkrafttreten des § 100 e StGB a.F. am 1. August 1968 durch das 8. Strafrechtsänderungsgesetz vom 25. Juni 1968 – BGBl I, 741 ff. – hat der Angeklagte den damit zugleich in Kraft getretenen Tatbestand des § 99 Abs. 1 Nr. 1 StGB erfüllt. Er hat bis zur Einstellung der Arbeit des MfS Ende 1989/Anfang 1990 für den Geheimdienst einer fremden Macht eine geheimdienstliche Tätigkeit gegen die Bundesrepublik Deutschland ausgeübt, die auf die Mitteilung und Lieferung von Tatsachen, Gegenständen und Erkenntnissen gerichtet war.

Es ist allgemein bekannt, dass es sich bei der HVA des MfS der ehemaligen DDR um eine Einrichtung handelte, die für die politische Führung der DDR unter Verwendung konspirativer Methoden systematisch Nachrichten über die Bundesrepublik Deutschland sammelte (vgl. OLG Celle – Urteil vom 8. Mai 1992 – OJs 13/90).

Bei Würdigung des Gesamtverhaltens des Angeklagten entsprach seine Tätigkeit für das MfS durchgehend dem äußeren Bild dessen, was für die Arbeit von Agenten und anderen Hilfspersonen solcher Dienste kennzeichnend ist (vgl. BGHSt 24, 369, 371 ff.; Dreher/Tröndle, StGB, 47. Aufl., § 99 Rdnr. 2 m.w.N.). Der geheimdienstliche Charakter zeigte sich insbesondere darin, dass der Angeklagte beim MfS unter einem Decknamen als Inoffizieller Mitarbeiter registriert, nachrichtendienstlicher Führung unterstellt (B. II. 1.) und von der als Kurierin geschulten Inoffiziellen Mitarbeiterin Elfriede S. (B. II. 2. a), dem als Instrukteur eingesetzten Hauptamtlichen Mitarbeiter Dr. Werner K. (B. II.2. b) und von Führungsoffizieren dieses Geheimdienstes (B. II. 3) betreut wurde. Jedenfalls Elfriede S. bediente sich zur Weiterleitung der von dem Angeklagten erhaltenen Informationen und Unterlagen typischer konspirativer und heimlicher Methoden wie der Mikrofotographie und der Bestückung „Toter Briefkästen“ (vgl. Dreher/Tröndle, aaO).

Die geheimdienstliche Tätigkeit des Angeklagten richtete sich von Anfang an mit dessen Wissen und Billigung gegen die Interessen der Bundesrepublik Deutschland. Hierzu gehören alle Angelegenheiten des Staates, die Bereiche der Wissenschaft und Wirtschaft ebenso wie die Bereiche der Politik und der Sicherheit (vgl. BVerfGE 57, 250, 263 f., 267; BGHSt 29, 325, 327 ff.). Mithin läuft auch die Ausspähung politischer und wirtschaftlicher Angelegenheiten (zur Wirtschaftsspionage vgl. Dreher/Tröndle, aaO; Rdnr. 5), wie sie das MfS mithilfe des Angeklagten betrieb, den Interessen der Bundesrepublik zuwider (vgl. KG-Urteil vom 4. Juli 1985 – 1 OJs 19/85-2/85).

Nicht erforderlich ist, dass die gelieferten Informationen geheim waren und ihre Übermittlung einen tatsächlichen Nachteil oder eine konkrete Gefahr für die Bundesrepublik herbeiführte oder der Angeklagte dies anstrebte (vgl. Stree in Schönke/Schröder, StGB, 24. Aufl., § 99 Rdnr. 14 und 17). Es genügt vielmehr, dass das allgemeine Interesse der Bundesrepublik an der Abwehr der Spionagetätigkeit durch einen fremden Geheimdienst berührt war, soweit diese wie hier auf die umfassende Ausforschung aller in den Bereich der Bundesrepublik einbezogenen wirtschaftlichen und politischen Angelegenheiten ausging (vgl. BVerfGE 57, 250, 267; BGHSt 29, 325, 331) und der DDR Material zur Vorbereitung politischer und wirtschaftspolitischer Entscheidungen gegen die Bundesrepublik Deutschland oder zur Vorbereitung weiterer Ausspähungen verschaffen konnte (vgl. KG, aaO).

Die Straftatbestände der §§ 100 e StGB a.F., 99 StGB stellen ein Dauerdelikt dar (vgl. BGHSt 28, 169, 171, 173). Nach den Feststellungen hat der Angeklagte die nachrichtendienstliche Verbindung von Beginn an bis zur Auflösung des MfS Ende 1989/ Anfang 1990 zu keinem Zeitpunkt erkennbar endgültig abgebrochen. Vielmehr hielt er sich sowohl nach der Flucht seines Instrukteurs im September 1983 als auch nach dem letzten Treffen im Februar 1989 in Ostberlin jeweils zu weiterer nachrichtendienstlicher Zusammenarbeit bereit. Deren bloßes Ruhen bedeutete keine Beendigung der Tat (vgl. BGHSt 28, 169, 174).
Folglich war zum Zeitpunkt seiner die Verfolgungsverjährung erstmals unterbrechenden verantwortlichen Vernehmung durch das Bundeskriminalamt vom 13. April 1994 das Verfahrenshindernis der Verjährung noch nicht eingetreten (§§ 78 Abs. 1, Abs. 3 Nr. 4, 78 c Abs. 1 Satz 1 Nr. 1 StGB).

C. Rechtsfolgen

1. Die gegen den Angeklagten festzusetzende Strafe war dem Strafrahmen des § 99 Abs. 1 StGB zu entnehmen (§ 2 Abs. 2 StGB), der Geldstrafe oder Freiheitsstrafe bis zu fünf Jahren vorsieht.
[...]

Bei Abwägung aller für und gegen den Angeklagten sprechenden Umstände hielt der Senat eine Freiheitsstrafe von zwei Jahren für angemessen.

2. Die Vollstreckung dieser Strafe konnte zur Bewährung ausgesetzt werden, weil neben einer zweifelsfrei günstigen Kriminalprognose nach der Gesamtwürdigung von Tat und Persönlichkeit des Angeklagten besondere Umstände im Sinne des § 56 Abs. 2 StGB vorliegen. Darunter fallen solche Umstände, die im Vergleich mit gewöhnlichen, durchschnittlichen, allgemeinen oder einfachen Milderungsgründen von besonderem Gewicht sind und eine Strafaussetzung trotz des erheblichen Unrechts- und Schuldgehalts der Tat, wie er sich in der Höhe der Strafe widerspiegelt, als nicht unangebracht und den vom Strafrecht geschützten Interessen nicht zuwiderlaufend erscheinen lassen (vgl. BGH in BGHR, StGB, § 56 Abs. 2, Gesamtwürdigung, unzureichende 1). Bei dieser Bewertung reicht es aus, dass auch Umstände, die bei einer Einzelbewertung nur einfache, durchschnittliche Milderungsgründe sind, durch ein Zusammentreffen das Gewicht und die Bedeutung besonderer Umstände erlangen können (vgl. BGH in NStZ 1990, 488, 489).
[...]

3. In Anbetracht der Bedeutung der Verfehlung und der darin liegenden umfangreichen Verletzung der Loyalitätspflichten gegenüber dem Staat erscheint es dem Senat auch angebracht, dem Angeklagten für die Dauer von drei Jahre die Fähigkeit, öffentliche Ämter zu bekleiden und Rechte aus öffentlichen Wahlen zu erlangen, sowie das Recht, in öffentlichen Angelegenheiten

zu wählen und zu stimmen, abzuerkennen (§§ 101, 45 Abs. 2 und 5 StGB; siehe auch § 101 Abs. 1 StGB a.F.).

4. Schließlich war der Verfall eines Geldbetrages anzuordnen, der dem von dem Angeklagten aus seiner Agententätigkeit erzielten Gewinn entspricht (§§ 73 Abs. 1 Satz 1, 73 a Satz 1 StGB; siehe auch §§ 101 Abs. 2, 86 Abs. 3 StGB a.F.). Auf der Grundlage der im Jahre 1967 erhaltenen 15.000 DM und der sonstigen festgestellten finanziellen Vorteile (B. IV.) hat der Senat diesen Betrag auf mindestens 20.000 DM geschätzt (§ 73 b StGB). Dass der Angeklagte in diesem Umfang noch bereichert ist, ist für den Verfall des Wertersatzes nicht Voraussetzung (Dreher(Tröndle, aaO, § 73 a Rdnr. 3).

Die Härtevorschrift des § 73 c StGB führte zu keinem anderen Ergebnis. Angesichts der zuvor erwähnten guten Vermögensverhältnisse des Angeklagten stellt die Maßnahme keine unbillige Härte für ihn dar (§ 73 c Abs. 1 Satz 1 StGB). Ebenso wenig hat das Gericht von der Möglichkeit nach § 73 c Abs. 1 Satz 2 StGB Gebrauch gemacht. Die darin vorgesehene Ermessensentscheidung, von der Anordnung abzusehen, richtet sich nach den Umständen des Einzelfalles, so auch nach dem Anlass, der zu einem etwaigen Wegfall der Bereicherung geführt hat. Gründe, die danach den Verfall als unangemessen hätten erscheinen lassen, sind nicht gegeben (vgl. BGHSt 33, 37, 40). Das gilt namentlich für den Erhalt der 15.000 DM im Jahre 1967. Angesichts seiner Schwierigkeiten nach der Aufgabe der Leitung des Europahauses in Marienberg war dem Angeklagten dieses Geld willkommen. Dass er es aber zur Behebung einer auf andere Weise schwerlich abwendbaren Notlage für sich und seine Familie hätte bekommen und verbrauchen müssen, war seinen eigenen Angaben nicht zu entnehmen (vgl. BGHSt 38, 23, 25).

[...]

6. Die Kostenentscheidung beruht auf § 465 StPO.

Bildnachweis

S. 75 Nicht ermittelbar

S. 168 Julia Frank-Schafhausen

S. 199 Nicht ermittelbar

Trotz intensiver Bemühungen konnten Rechteinhaber und Rechteinhaberinnen nicht ermittelt werden. Diese mögen sich bitte mit dem Verlag J. H. W. Dietz Nachf. in Verbindung setzen.